Ein Porträt meines Vaters
von George W. Bush

# GEORGE W. BUSH

# Ein Porträt meines Vaters

Aus dem amerikanischen Englisch von Paul Fleischmann

KOCH

Impressum

Der Autor: George W. Bush
Deutsche Erstausgabe 2015

Amerikanische Originalausgabe mit dem Titel
„41 – A Portrait Of My Father“
ISBN: 978-0-553-44778-1


by Crown Publishers, an imprint of the Crown Publishing Group, a division of Random House LLC, a Penguin Random House Company, New York.

Coverfoto: © White House photograph by Eric Draper / Courtesy George W. Bush Presidential Library and Museum
Ölbild Seite 2 © Präsident George W. Bush
Foto des Ölbildes auf Seite 2 © Grant Miller
Lektorat/Korrektorat: Dr. Matthias Auer
Übersetzung: Paul Fleischmann
Layout und Satz: Thomas Auer, www.buchsatz.com
Druck: FINIDR s.r.o.



ISBN 978-3-85445-485-4
Auch als E-Book erhältlich mit der ISBN 978-3-85445-486-1



Printed in the Czech Republic

# INHALT

In Liebe, für Mutter und Dad

# ANMERKUNG DES AUTORS

EIN PAAR MONATE, nachdem wir aus dem Weißen Haus ausgezogen waren, luden Laura und ich Tim Lawson mit seiner Frau Dorie McCullough Lawson auf unsere Ranch im texanischen Crawford ein. Ich hatte Tim, der ein echter Künstler und kein Amateur wie ich ist, damit beauftragt, einige Ansichten von den von uns so geliebten Landstrichen zu malen.

Während Tim also die einheimischen Präriegräser und Eichen beobachtete, unterhielten Dorie und ich mich über ihren Vater, David McCullough, den angesehenen Historiker und mit dem Pulitzer-Preis ausgezeichneten Biografen von John Adams. Ich erzählte ihr, dass es eines der Highlights meiner Präsidentschaft gewesen sei, ihn kennenzulernen.

Nachdem sie mich bezüglich seines Wohlbefindens sowie seiner nächsten Projekte auf den neuesten Stand gebracht hatte, sagte Dorie: »Sie sollten wissen, dass es mein Vater bei seinen Studien zu John Adams wirklich sehr bedauerte, dass es keine ernsthaften Berichte und Darstellungen seitens seines Sohnes John Quincy Adams gab.«

Natürlich wusste sie über die Verbindung zwischen mir und John Quincy Bescheid: Wir sind die einzigen Präsidentensöhne, die selbst als Präsidenten amtierten. »Im Interesse der Geschichtsschreibung«, meinte Dorie, »sollten Sie ein Buch über Ihren Vater schreiben.«

Zu jener Zeit arbeitete ich gerade an Memoiren zu meiner eigenen Präsidentschaft. Aber Dories Idee bereitete den Boden, auf dem schließlich dieses Buch wachsen sollte.

Ich vermute, dass es in Zukunft viele Bücher geben wird, die sich mit George Herbert Walker Bush – dem Mann und seiner Präsidentschaft –

auseinandersetzen. Einige davon werden sich der Materie objektiv nähern. Das tut dieses hier nicht. Mein Buch ist eine Hommage – ein persönliches Porträt des außergewöhnlichen Mannes, den ich meinen Vater nennen darf.

Ich behaupte nicht, jeden Aspekt seines Lebens oder seiner Jahre im öffentlichen Dienst abzudecken. Ich hoffe aber, demonstrieren zu können, warum George H.W. Bush ein großer Präsident war und ein sogar noch besserer Vater ist.

Es war ein großes Vergnügen, dieses Buch zu schreiben. Ich hoffe, es ist ein ebensolches Vergnügen, es zu lesen.

# ANFÄNGE

IM SPÄTEN MAI 2014 erhielt ich einen Anruf von Jean Becker, der langjährigen Stabschefin meines Vaters. Sie kam sofort auf den Punkt.

»Ihr Vater will an seinem 90. Geburtstag einen Fallschirmsprung machen. Was halten Sie davon?«

Ungefähr 18 Monate zuvor hatte sich Jean bezüglich der Vorkehrungen für die Bestattung meines Vaters bei mir gemeldet. Er hatte wegen einer Lungenentzündung fast einen Monat im Krankenhaus verbracht, und viele befürchteten bereits, dass dieser gute Mann bald das Zeitliche segnen würde. Er konnte nicht mehr gehen und ermüdete sehr schnell. Bei meinen Telefonaten mit ihm jammerte Dad nie. Selbstmitleid ist kein Bestandteil von George Bushs DNA. Und nun hoffte er, einen weiteren Fallschirmsprung in Angriff nehmen zu können – den achten seines Lebens, darunter auch jener, den er aus einem Torpedobomber heraus unternahm, als er von japanischen Flugabwehrstellungen im Jahr 1944 über dem Pazifik getroffen worden war.

»Bist du dir sicher, dass er das machen will?«, fragte ich

»Absolut«, meinte sie.

»Was sagen denn die Ärzte?«

»Manche erlauben es, andere sind dagegen.«

»Und was ist mit Mutter?«

»Sie hat Bedenken. Sie weiß, dass er es tun will. Allerdings befürchtet sie, dass ihn der Sprung überanstrengen könnte und er danach nicht mehr fit genug ist, die Geburtstagsfeier zu genießen, die sie für ihn an diesem Abend geplant hat.«

Nach einer Denkpause sagte ich: »Ich glaube, er sollte es tun.«

»Warum?«

»Weil es ihm das Gefühl geben wird, jünger zu sein.«

In Wahrheit zählte meine Meinung jedoch nicht viel. Nachdem er bereits an seinem 85. Geburtstag gesprungen war, verkündete mein Dad, auch an seinem 90. Geburtstag springen zu wollen. Und George H.W. Bush steht zu seinem Wort.

Ein paar Wochen später trafen Laura und ich zu den Geburtstagsfeierlichkeiten in Kennebunkport, Maine, ein. Die Planung des Sprungs war bereits abgeschlossen, die Feier arrangiert, und auch Mutter schien mittlerweile überzeugt.

Am Nachmittag vor dem Sprung saß ich neben Dad auf der Veranda seines geliebten Walker's Point, dem Bush-Anwesen, das sich auf einer in den Atlantik hineinreichenden Felszunge befindet. Ich hatte eine Meeresansicht gemalt und trug mit Ölfarbe befleckte Cargohosen. Ein paar friedvolle Minuten lang starrten wir beide schweigend auf den Ozean hinaus.

»Worüber denkst du nach, Dad?«, fragte ich.

»Es ist einfach nur so schön«, sagte er, ohne dabei seinen Blick von der See abzuwenden. Es schien, als hätte er damit alles gesagt, was er hatte sagen wollen.

Still saßen wir ein paar weitere Minuten so da. Dachte er etwa über den Sprung nach? Sein Leben? Gottes Gnade? Ich wollte ihn nicht unterbrechen.

Dann sprach er: »Gibt es denn diese Hosen auch in Sauber?«

Ich lachte, etwas, das ich mein ganzes Leben lang mit meinem Vater getan habe. Diese Bemerkung war typisch. Weder der Sprung noch sein Leben bereiteten ihm Sorgen. Er ruhte in sich selbst und ließ andere an seiner Freude teilhaben.

Der Morgen des Geburtstags am 12. Juni war kühl und grau. Es wehte eine leichte Brise mit vielleicht 25 Stundenkilometern. Zuerst befürchteten wir, dass die Wolken eventuell eine Änderung der Logistik erzwingen würden. Glücklicherweise entschieden die erfahrenen Fallschirmjäger der All Veteran Group, die den Sprung koordinierten, dann aber, dass die Sicht in Ordnung sei. Die Mission blieb auf Schiene.

Die Crew ließ den Helikopter, einen Bell 429, an. Er stand auf dem saftig grünen Rasen vor dem einstöckigen Holzhaus, das meinem Dad auf Walker's Point als Bürogebäude diente. Mein Vater trug einen maßgeschneiderten schwarzen Sprunganzug, den ein Aufnäher mit der Aufschrift »41@90« zierte. Vor dem Abflug umfasste sein Programm noch die Einholung der Wetterfreigabe, eine Kontrolle seines Gurts sowie ein Interview mit meiner Tochter Jenna, einer Korrespondentin der TV-Show *TODAY*. Sogar angesichts seines unmittelbar bevorstehenden Sprungs nahm er sich gerne die Zeit, um seine Enkelin zu unterstützen.

»Was wünschst du dir für deinen 90. Geburtstag?«, fragte Jenna ihn ganz direkt.

»Dass alle meine Enkelkinder glücklich sind«, antwortete er. »Ich hoffe, dass ihr Leben genauso wie meines seit 90 Jahren ist – voller Freude.«

Allerdings fügte er noch einen weiteren Wunsch hinzu, nämlich den, »dass sich der Fallschirm öffnen möge«.

Sowohl seine Familie als auch seine Freunde versammelten sich um die Landezone, den Rasen der Kirche meiner Eltern, St. Ann's, wo Dad bereits fünf Jahre zuvor gelandet war. Außerdem hatten seine Eltern hier vor 93 Jahren geheiratet. Meine Mutter drückte es auf die ihr eigene Art wie folgt aus: Falls er den Sprung nicht überleben sollte, habe er es wenigstens nicht weit zu seiner Grabstätte.

Ungefähr um 10 Uhr 45 kam eines der Mitglieder des Sprungteams auf mich zu.

»Mr. President«, sagte er, »Ihr Vater ist in der Luft.«

Ein paar Minuten später konnten wir einen kleinen Punkt in der Luft erkennen. Es war der Hubschrauber, der sich in zwei Kilometer Höhe befand. Nachdem er einen Kreis über der Kirche geflogen war, konnten wir erkennen, wie sich einige Fallschirme öffneten. Zwei gehörten den Springern, die damit betraut waren, den Sprung meines Dads auf Video festzuhalten. Ein weiterer war in Rot, Weiß und Blau gehalten und trug Dad sowie das Springer-Ass Mike Elliott, der schon zum dritten Mal mit ihm sprang und insgesamt bereits auf 10.227 Sprünge zurückblicken konnte. Unter dem Jubel der Menge näherte sich das Sprungtandem dem Boden.

»Die sind aber wild unterwegs«, sagte mein Bruder Marvin leicht besorgt.

Er hatte Recht. Der Wind hatte den Fallschirm vom Kurs abgebracht, aber Mike korrigierte die Richtung während des finalen Sinkflugs. Dad plumpste zu Boden, rutschte ein paar Meter über die Erde und fiel schließlich vornüber aufs Gesicht.

Die Menge hielt den Atem an. Hatte er sich etwa wehgetan? Niemand bewegte sich, bis ihn die Bodencrew aufhob und ihn in seinen Rollstuhl setzte. Die Enkelkinder stimmten im Chor »Happy Birthday« an, um ihre Besorgnis zu überspielen.

Schließlich teilte sich vor ihm das Meer aus Uniformen, und George H.W. Bush lächelte.

Mutter und ich gingen auf Dad zu. Sie beugte sich über ihn und gab ihm einen Kuss. Darauf schüttelte ich ihm die Hand und umarmte ihn.

»Wie hat es sich angefühlt?«, fragte ich.

»Kalt«, meinte er.

»Ich bin jedenfalls stolz auf dich, Dad«, sagte ich. »Das war ein toller Sprung.«

Er deutete auf seinen Partner. »Mike hat die ganze Arbeit gemacht«, erwiderte er.

Dieser Moment war beispielhaft für den Charakter von George Bush: Er war immer wagemutig und couragiert, strebte stets nach neuen Abenteuern und Herausforderungen. Er war aber auch stets bescheiden und teilte gerne die Anerkennung mit anderen. Er lenkte die Aufmerksamkeit von sich weg und weigerte sich, mit seinen Leistungen zu prahlen. Und am meisten ging er in seiner Familie und seinem Glauben auf. Nichts machte ihn glücklicher, als an einem Ort, den er mit so vielen schönen Erinnerungen verband, von seiner Ehefrau, seinen Kindern und Enkeln umgeben zu sein.

Nach dem Sprung kehrte Dad zurück nach Walker's Point, um zu essen, ein Nickerchen zu machen und sich danach auf die abendliche Geburtstagsfeier mit 250 Familienmitgliedern, Freunden und Vertretern seiner ehemaligen Regierungsmannschaft vorzubereiten. Zum Mittagessen belohnte er sich selbst mit einer Bloody Mary. Dann rief ihn sein

Freund Arnold Schwarzenegger an, der Filmstar und ehemalige Gouverneur von Kalifornien.

»Alles Gute zum Geburtstag«, wünschte Arnold, »für den härtesten Neunzigjährigen, den ich kenne!«

Ich stimmte mit Arnolds Einschätzung überein. George H.W. Bush hat für viele Menschen in vielerlei Hinsicht ein gutes Beispiel abgegeben. Er ist entschlossen, sein Leben voll auszuschöpfen – bis zum Schluss.

WALKER'S POINT, die Kulisse, vor welcher sich der Geburtstagssprung meines Vaters abspielte, ist ein passender Ort, um mit der Geschichte von George Herbert Walker Bush zu beginnen. Die idyllischen elf Morgen umfassen eine zerklüftete Landzunge, die sich von der Südostküste Maines in der Nähe von Kennebunkport in den Atlantischen Ozean erstreckt. Der Großvater meines Vaters, sein Namenspatron George Herbert Walker, hatte das Grundstück um die Jahrhundertwende erstanden. G.H. Walker, den seine Familie und Freunde Bert riefen, nahm in jeder Lebenslage leidenschaftlich an Wettbewerben teil. In seinen jungen Jahren spielte er wettkampfmäßig Polo und hielt außerdem sogar kurzfristig in Missouri den Titel des Schwergewichtsmeisters im Boxen. Später war er dann ein ausgezeichneter Golfer, der daran beteiligt war, den Walker Cup, ein Golfturnier zwischen amerikanischen und britischen Amateuren, ins Leben zu rufen.

Bert Walkers kompetitiver Charakter übertrug sich auch aufs Geschäftsleben, wo er sich einen Ruf als tatkräftiger Unternehmer erwarb. Im Alter von 25 gründete er seine eigene Investmentfirma in seiner Heimatstadt St. Louis. Nach ein paar erfolgreichen Jahren begab er sich dann auf eine größere Bühne, New York City. Dort verbündete er sich mit einem weiteren geschickten Investor namens William Averell Harriman und wurde zum Präsidenten von W.A. Harriman & Company ernannt. Bert Walker scheute sich nicht, Geld zu riskieren, und schon gar nicht, es auszugeben. Er besaß eine Yacht, mehrere Rolls Royce sowie Immobilien an der ganzen Ostküste – darunter eben auch Walker's Point, das sich als einzige davon noch immer im Familienbesitz befindet.

Als Vater zeichnete Bert Walker erzieherische Strenge gegenüber seinen Söhnen aus. Sein Jüngster – er hieß Lou – kreuzte einst betrunken zu einem Turnier für gemischtes Doppel im Tennisclub von Kennebunkport auf. Die ganze Familie hatte sich für diese Veranstaltung versammelt. Als Bert Walker, der mit Krawatte um den Hals am Spielfeldrand stand, die Verfehlung seines Sohnes auffiel, zerrte er ihn vom Platz. Wieder zurück auf Walker's Point ließ er Lou in seinem Büro antreten. Bert Walker machte ihm klar, dass sein Benehmen das Ansehen der Familie befleckt habe. Dann sprach er die Strafe aus: Er durfte nicht wie vorgesehen für das nächste Semester an die Universität von Yale zurückkehren, sondern wurde dazu verdonnert, ein Jahr in den Kohleminen von Pennsylvania zu schuften. Betrunken zum Tennis zu erscheinen, war unhöflich und respektlos – und ein solches Fehlverhalten wurde nicht geduldet.

Ganz im Gegensatz dazu, wie er seine Söhne behandelte, überschüttete Bert Walker seine beiden Töchter hingegen mit Zuneigung. Seiner jüngeren Tochter Dorothy, die 1901 in Kennebunkport zur Welt kam, begegnete er besonders warmherzig. Und im Gegenzug vergötterte Dorothy Walker ihren Vater. Irgendwie gelang es ihr, einerseits ein paar seiner besten Eigenschaften zu erben und andererseits mit Blick auf sich selbst seine rauen Ecken und Kanten ein wenig abzuschleifen. Später sollte sie diese Qualitäten ihrerseits an ihren Sohn George Herbert Walker Bush weitergeben.

Wie schon ihr Vater hatte auch meine Großmutter einen unstillbaren Appetit auf Wettbewerb. Meine Mutter bezeichnete sie einmal als »kompetitivste lebende Person«. Dies war ein Titel, den sie sich bei allen erdenklichen Wettkämpfen – vom Tennis bis zum Flohhüpfen – redlich verdient hatte. So forderte sie einmal eine Freundin heraus, von Walker's Point bis zum Kennebunk River Club, der fast zwei Kilometer entfernt lag, zu schwimmen. Da sie dachte, sie würde bloß scherzen, gab die Freundin nach ein paar hundert Metern auf. Meine Großmutter legte jedoch im eisigen Wasser des Atlantiks die volle Distanz zurück. Ihre legendärste Heldentat war allerdings die Teilnahme an einem innerfamiliären Softball-Spiel, als sie bereits im neunten Monat schwanger war. Sie schlug dabei einen Homerun und verkündete, nachdem sie die Homebase überquert hatte, dass die Wehen eingesetzt hätten.

Meine Großmutter hatte indes ihre Begeisterung zum Zeitpunkt des Triumphs unter Kontrolle, blieb stets demütig und verlangte von ihren Kindern, es ihr gleichzutun. Sie erwartete, dass man als Sieger würdevoll war, sich als Verlierer sportlich verhielt und sich immer Mühe gab, jederzeit sein Bestes zu geben. Sie wies ihre Kinder an, ihre persönlichen Leistungen herunterzuspielen und die Anerkennung für selbige mit anderen zu teilen. Ihre oberste Regel war dabei, dass man niemals angeben dürfe. Wie sie die Dinge sah, war Arroganz gänzlich unattraktiv und etwas, das jemand, der über Selbstvertrauen verfügte, nicht nötig hatte. »Niemand mag einen Prahlhans«, pflegte sie zu sagen.

Als mein Vater noch ein Kind in Greenwich, Connecticut, war, erkundigte sich meine Großmutter bei ihm, wie eines seiner Baseballspiele verlaufen sei.

»Es war toll«, antwortete er. »Ich habe einen Homerun gemacht.«

»Das ist schön, George«, erwiderte sie.

Dann aber fühlte sie ihm auf den Zahn »Aber wie hat sich das *Team* geschlagen?«

Ein anderes Mal erklärte mein Dad ihr, dass er ein Tennismatch verloren habe, weil er nicht zu seinem Spiel habe finden können.

»Du hast doch noch gar kein Spiel«, schalt sie ihn. »Wenn du dir mehr Mühe gibst, dann entwickelst du vielleicht eines.«

Die Lektionen meiner Großmutter in puncto Demut blieben meinem Vater sein ganzes Leben im Bewusstsein. Während des Präsidentschaftswahlkampfes im Jahr 1988 begleitete ich ihn in den National Press Club in Washington D.C. Er war dort, um sein Wissen in Bezug auf Weltpolitik zu teilen beziehungsweise Fragen aus dem Publikum zu beantworten. George Bush kannte die politischen Sachverhalte in- und auswendig. Sein Umgang mit Fragen bezüglich der Beziehungen zur Sowjetunion und Mittelamerika glich einem Parforce-Ritt.

Zum Abschluss erkundigte sich der Moderator dann noch unbeschwert bei meinem Vater, warum er denn eine rote Krawatte umgebunden habe.

Diese Frage erwischte ihn auf dem falschen Fuß. Von meinem Stuhl aus, der neben dem Rednerpult stand, konnte ich ihn dabei beobachten, wie er um eine Antwort rang. Ich versuchte einzusagen: »Weil ich Bratensaft auf meine blaue gespritzt habe.«

Er griff den selbstironischen Spruch auf, und der ganze Saal explodierte vor Lachen. Doch dann ruinierte er den Moment, indem er hinzufügte: »*Dafür* hat man einen Sohn.«

Das war typisch für meinen Vater. Mir wäre es egal gewesen, nicht als Urheber der Pointe genannt zu werden, schließlich wollte ich ja nur, dass er gut dastand. Aber George Bush war einfach zu bescheiden, um das so stehenzulassen …

Dorothy Walker Bush war eine tiefgläubige Frau. Sie las ihren Kindern jeden Morgen während des Frühstücks Bibelverse vor. Eine ihrer Lieblingsstellen war aus dem Buch der Sprüche, 27,2: »Ein anderer rühme dich, und nicht dein eigener Mund.« Von der Familie erwartete sie, dass sie jeden Sonntag zur Kirche ging – üblicherweise entweder in die Christ Church in Greenwich oder St. Ann's in Kennebunkport.

Obwohl Religion eine zentrale Rolle in ihrem Leben einnahm, brachten sie ihre Überzeugungen nie dazu, über andere streng zu richten. Ihr Glaube war fest und unnachgiebig und erlaubte es ihr, in überschwänglichem Maße Liebe zu schenken. Wenn ich an sie denke, kommen mir die Worte *engelsgleich* und *selig* in den Sinn. Eine meiner liebsten Erinnerungen ist, wie wir sie und meinen Großvater in Greenwich besuchten, als ich noch klein war. Sie kitzelte meinen Rücken, wenn wir uns vor dem Schlafengehen niederknieten, um ein Gebet aufzusagen: »Müde bin ich, geh zur Ruh …«

Meine Großmutter brachte meinem Vater eine spezielle Form der Liebe entgegen. So berichtete mir einst sein Bruder Jonathan: »Mom liebte uns alle, aber deinen Vater liebte sie noch mehr.« Und er fuhr fort: »Das Erstaunliche daran ist, dass ihm dafür niemand grollte. Wir liebten ihn ja auch.« Es sagt viel über meine Großmutter und meinen Vater aus, dass die Familie so dachte. Als Dorothy im Alter von 91 Jahren verstarb, nannte sie Dad »das Licht der Familie … die Kerze, um die sich alle Motten scharten«. Von allen Einflüssen in seinem Leben trug niemand mehr dazu bei, seinen Charakter zu formen, als seine Mutter.

IM HERBST DES JAHRES 1919, kurz nachdem sie ihren 18. Geburtstag gefeiert hatte, lernte Dorothy Walker in ihrer Heimatstadt St. Louis Prescott Bush kennen. Er maß 1 Meter 93 und wog 90 kg, ohne dabei auch nur ansatzweise fettleibig zu sein. Er hatte rabenschwarze Haare, eine tiefe Baritonstimme und ein großes, breites Lächeln. Prescott Bush war zum Haus meiner Großmutter gekommen, weil er ihre ältere Schwester Nancy, die er unlängst in einem lokalen Geselligkeitsverein kennengelernt hatte, besuchen wollte. Als er Dottie Walker sah, wie sie nach einem nachmittäglichen Tennismatch den Raum betrat, war er hin und weg. Bald schon beruhte das Gefühl auf Gegenseitigkeit.

So wie Dorothy Walker war auch Prescott Bush im Mittleren Westen aufgewachsen. Sein Vater, S.P. Bush, betrieb in Columbus im Bundesstaat Ohio einen Fertigungsbetrieb namens Buckeye Steel. Als begeisterter Sportsmann half S.P. dabei, eine lokale Baseballliga zu organisieren, stand als Assistenztrainer beim Football-Team von Ohio State in Diensten und war außerdem noch Mitbegründer des Scioto Country Club, der über einen von Donald Ross entworfenen Golfplatz verfügte, auf dem Bobby Jones 1926 die U.S. Open gewann und ein junger Jack Nicklaus, der es später noch weit bringen sollte, zu spielen lernte.

Nachdem er seine Kindheit in Columbus verbracht hatte, verschlug es Prescott Bush an die Ostküste, konkret nach Rhode Island, wo er die Internatsschule St. George's besuchte. Er war ein exzellenter Schüler und so wie schon sein Vater ein ausgezeichneter Athlet. Seine besten Sportarten waren Baseball und Golf. Auch wenn er jetzt vielleicht nicht unbedingt als ein Jack Nicklaus durchging, so war mein Großvater dennoch wohl der beste Golfer, der in unserer Familie je das Eisen schwang. Er war fast Zeit seines Lebens ein sogenannter Scratch-Golfer, trat bei den U.S. Senior Open an und vollendete mehr als nur einmal eine Runde mit weniger Schlägen als er zum entsprechenden Zeitpunkt Lebensjahre auf dem Buckel hatte.

Das College besuchte Prescott in Yale. Es war sein eigener Großvater James Smith Bush gewesen, der am Anfang dieser Familientradition stand. Der herausragende First Baseman seines Baseballteams war außerdem als Golfer so gefragt, dass er vom Golf-Team regelmäßig für die schwersten Begegnungen aufgestellt wurde. An manchen Tagen drosch er vormittags Bälle über den Golfplatz und nachmittags über die Baseballanlage. Außerdem hatte er auch eine großartige Stimme. Er sang im Yale Glee Club und bei den Whiffenpoofs. Obwohl wir einige von Prescotts Qualitäten vererbt bekamen, ließ das Gesangstalent beim männlichen Teil des Familienastes meines Vaters leider immer mehr nach …

1916, kurz bevor er sein Abschlussjahr antrat, gehörte mein Großvater zu einer Handvoll von Yale-Studenten, die sich freiwillig zum aktiven Dienst bei der Nationalgarde Connecticuts meldeten. Als die USA schließlich in den Ersten Weltkrieg eintraten, setzte Lieutenant Bush als Offizier der Feldartillerie nach Frankreich über, wo er zehn Wochen unter dem Kommando von General John »Black Jack« Pershing an der Front verbrachte. Nach der Kapitulation Deutschlands diente er noch als Besatzungssoldat, bevor er letztlich im Rang eines Captains nach Hause zurückkehren durfte. Seine Entscheidung, sich freiwillig zu melden, sollte bei meinem Vater im Übrigen einen tiefen Eindruck hinterlassen und dazu führen, dass er selbst eine Generation später den gleichen Entschluss fasste.

Nach dem Krieg nahm Prescott Bush eine Stelle als stellvertretender Leiter bei Simmons Hardware in St. Louis an, wo ihm auch schon bald Dorothy Walker über den Weg laufen sollte. Sie heirateten schließlich 1921 in der St. Ann's-Kapelle in Kennebunkport. (Ich glaube aber kaum, dass sie sich damals den Fallschirmsprung, der 93 Jahre später stattfinden sollte, hätten vorstellen können.) Als Geschenk ließ Bert Walker dem jungen Ehepaar einen Bungalow auf Walker's Point errichten. Das Haus steht heute noch und wird mittlerweile von meiner Schwester Dorothy bewohnt, die nach unserer Großmutter benannt ist.

In den ersten Jahren ihrer Ehe waren meine Großeltern stets auf Achse. Prescott Bush nahm geschäftliche Herausforderungen in St. Louis und Kingsport, Tennessee, sowie Columbus, Ohio, an. Schließlich akzeptierte er eine leitende Stelle bei einer in der Gummiverarbeitung tätigen Firma namens Stedman Products in South Braintree im Bundesstaat Massachusetts. Meine Großeltern fanden ein Haus in Milton, und zwar just in der Adams Street, die nach jener politisch engagierten Familie benannt war, aus der einst die US-Präsidenten John und John Quincy Adams hervorgegangen waren. Ebendort erblickte am 12. Juni 1924 George Herbert Walker Bush das Licht der Welt.

Es sollte aber nicht allzu lange dauern, bis Prescott Bush erneut seine Zelte abbrechen musste. 1925 erhielt er eine Anstellung bei der U.S. Rubber Company in New York City, weshalb er mit seiner Familie nach Greenwich, Connecticut, ungefähr 50 Kilometer nordöstlich von Manhattan gelegen, übersiedelte. Greenwich war die Stadt, in der mein Vater heranwachsen und meine Großeltern den Rest ihres Lebens verbringen würden.

EINE DER LEKTIONEN, die mein Vater und ich von Prescott Bush lernten, war die, wie wichtig es war, Freundschaften zu schließen und zu erhalten. Während seiner Zeit in Yale hatte Prescott Bush sich mit Roland Harriman, der Bunny gerufen wurde, angefreundet. (Ich konnte nie ganz begreifen, wie ein Mann den Spitznamen »Bunny« erhalten konnte.) Kurz nach der Ankunft meines Großvaters in New York schlug Bunny vor, dass er sich ihm anschließen könne und ihm ins Investmenthaus W. A. Harriman folgen solle. Diese Firma hatte sein älterer Bruder Averell gegründet, und Bert Walker war ihr Präsident. Mein Großvater nahm das Angebot an. Das Vertrauen in Bunny überwog jegliche Zweifel, die er vielleicht angesichts der Vorstellung gehabt haben mag, für seinen Schwiegervater zu arbeiten. So öffnete eine gut gehegte Freundschaft meinem Großvater die Tür zu einer letztlich 30 Jahre andauernden Karriere im Investmentbanking. Schließlich wurde er zu einem der geschäftsführenden Teilhaber der Firma, die in weiterer Folge mit Brown Brothers fusionierte, fortan unter dem Namen Brown Brothers Harriman tätig war und eine der angesehensten und erfolgreichsten Firmen der Wall Street werden sollte. Außerdem agierte sie parteiübergreifend. Averell Harriman, ein Demokrat, wurde später Gouverneur des Staates New York und gehörte zu den wichtigsten Köpfen in den Regierungsmannschaften der demokratischen Präsidenten Roosevelt und Truman. Prescott Bush, sein Sohn und seine Enkelsöhne hingegen sollten der Republikanischen Partei aktiv die Treue halten.

Prescott Bush lehrte seine Kinder, dass der Maßstab für ein sinnvolles Leben nicht das Geld, sondern der Charakter sei. Er betonte, dass finanzieller Erfolg stets die Verpflichtung mit sich bringe, der Gesellschaft und der Nation, die ihn ermöglicht hatte, zu dienen. Er war ein früher Wortführer und fleißiger Spendensammler für die USO, eine Organisation, die unser Militär sowie unsere Veteraninnen und Veteranen unterstützt. Außerdem betätigte er sich als Funktionär in der United States Golf Association, bevor er schlussendlich sogar ihr Präsident wurde – eine Position, die sein Schwiegervater Bert Walker zuvor ebenfalls schon bekleidet hatte. Zudem war er auch noch ein engagierter Unterstützer des United Negro College Fund. Zwei Jahrzehnte lang fungierte er ferner als Moderator der Greenwich Representative Town Meetings. Dabei handelte es sich um eine Tätigkeit, der er ehrenamtlich nachging und die überaus zeitintensiv war. Während seine Freunde zu Dinner-Partys gingen oder Karten spielten, hing er am Telefon und versuchte Hausbesitzer zu überzeugen, doch Nutzungsrechte für den Merritt Parkway, einen wichtigen Highway, der Connecticut mit New York verbindet, zur Verfügung zu stellen. Seine engagierte Art, anderen zu dienen, war einer der wichtigsten Werte, die Prescott Bush seinen Kindern vermitteln konnte – und später sollte mein Vater dies dann auch an mich und meine Geschwister weitergeben.

Prescott Bush lebte nach dem Credo, dass man sein Wort, wenn man es jemandem gab, auch halten musste: 1963 ließ sich Nelson Rockefeller von seiner Frau scheiden und heiratete eine ehemalige Wahlhelferin, die wiederum ihren Ehemann und ihre beiden gemeinsamen Kinder verlassen hatte. Obwohl er und Rockefeller Parteifreunde waren, verurteilte ihn mein Großvater in einer Rede an einer Mädchenschule in Greenwich, die im *Time*-Magazine als »eine der schärfsten öffentlichen Brandreden der jüngeren Vergangenheit« beschrieben wurde. Mein Großvater stellte die Frage, ob das Land nun schon so weit verkommen sei, »dass der Gouverneur eines großartigen Staates – jemand, der eventuell sogar nach einer Nominierung als Präsident der Vereinigten Staaten strebt – seine brave Ehefrau, die Mutter seiner erwachsenen Kinder, im Stich lassen und sich von ihr scheiden lassen kann und dann eine junge Mutter von vier Jugendlichen dazu überredet, ihren Ehemann sowie ihre vier Kinder zu verlassen, um den Gouverneur zu heiraten«. Offensichtlich scheute Prescott Bush nicht davor zurück, seinen Überzeugungen Ausdruck zu verleihen. Ich kann mir nur ausmalen, was er sagen würde, wenn er sehen könnte, wie es um unsere heutige Gesellschaft bestellt ist …

Obwohl mein Großvater in puncto Moral strenge Ansichten vertrat, hatte er auch eine heitere Seite. Er sang liebend gerne, und einige seiner glücklichsten Momente verlebte er beim Singen mit der Familie oder bei den Proben mit den Gesangsquartetten, die er zusammenstellte. Er lachte laut und freute sich über einen guten Witz – vorausgesetzt, die Pointe war jugendfrei. Mehr als nur einmal stürmte er aus dem Zimmer, wenn jemand eine Zote zum Besten gab. 1959 wurde mein Großvater als »Präsidentschaftskandidat« des Alfalfa Clubs, einer fixen Größe im gesellschaftlichen Leben Washingtons, aufgestellt. Mit seiner Dankesrede eroberte er das Publikum im Sturm.

»Von meinem Stab verlange ich das gleiche Pflichtbewusstsein, das ich selbst an den Tag lege«, verkündete er. »Und tatsächlich braucht keiner meiner Leute mehr als 80 Schläge [beim Golf]. Um die stolze Tradition eines Thomas Jefferson fortzusetzen, versuchen wir uns nach dem Grundsatz zu richten: Die beste Regierung ist die, welche am wenigsten regiert.« Als er die Opfer ansprach, die meine Großmutter für ihren Umzug nach Washington hatte bringen müssen, paraphrasierte er Nathan Hale: »Ich bereue nur, dass ich bloß eine Frau habe, die ich für mein Land geben kann.« Viele Jahre später sollten sowohl mein Vater als auch ich und mein Bruder Jeb als Präsidentschaftskandidaten des Alfalfa Clubs in seine Fußstapfen treten.

Dad machte seinen Vater zu seinem Idol. In vielerlei Hinsicht gestaltete er sein eigenes Leben nach dem Vorbild Prescott Bushs: Auch er meldete sich freiwillig zum Kriegsdienst, zeichnete sich als Geschäftsmann aus und diente in weiterer Folge seinen Mitbürgern. Ich erinnere mich an den Stolz im Gesicht meines Vaters, wenn er seinen Freunden erzählte, dass sein Vater Senator gewesen sei. Ich gehe davon aus, dass er sich, unmittelbar nachdem er 1989 bei seiner Einführung in das Amt des Präsidenten den Eid ablegte, gewünscht hätte, diesen Moment mit seinem Vater teilen zu können. Daher war es umso erfreulicher für mich, meinen Dad bei meinen eigenen Vereidigungen 2001 und 2005 umarmen zu dürfen.

ALS KLEINER JUNGE liebte es mein Dad, mit seinem älteren Bruder Pres (Prescott Bush Jr., benannt nach meinem Großvater) zu teilen. Jedes Mal, wenn er ein Geschenk oder ein neues Spielzeug bekam, rannte mein Vater zu Pres, bot es ihm an und sagte: »Nimm die Hälfte.« Als er ein neues Fahrrad bekam, wollte er Pres die Hälfte überlassen, indem er diesen in eines der Pedale treten ließ. Mein Großvater fing deshalb sogar an, ihn »Nimm die Hälfte« zu nennen.

Prescott und Dorothy Bush bestanden auf einer rigorosen Schulausbildung für ihre Kinder. Dad verbrachte die ersten acht Jahre seiner Schullaufbahn an der Greenwich Country Day School, einer Privatschule, die von ortsansässigen Familien gegründet worden war. Seine frühesten Erinnerungen an die Schule stehen in starkem Kontrast zu meinen eigenen. An der Greenwich Country Day School wurden viele der Kinder am Morgen mit dem Auto, hinter dessen Steuer der Chauffeur der jeweiligen Familie saß, abgeliefert. An der Sam Houston Elementary im texanischen Midland hingegen gingen die meisten Kinder zu Fuß oder fuhren mit ihren Fahrrädern.

Die Highschool, die Prescott und Dorothy Bush für ihre beiden ältesten Söhne aussuchten, war die Phillips Academy in Andover, Massachusetts. Meine Großeltern entschieden sich für diese Schule wegen ihres exzellenten akademischen Rufs und da es ihnen ein Anliegen war, dass ihre Söhne auch Jungs aus anderen Teilen des Landes kennenlernten.

Andover stellte sich als wertvolle Erfahrung heraus, genauso wie auch für mich, als ich eine Generation später dort zur Schule ging. Sowohl mein Vater als auch ich profitierten von der Disziplin und der akademischen Herausforderung. Auch machten wir wichtige Erfahrungen abseits des Klassenzimmers. Als Teenager, die zum ersten Mal auf sich selbst gestellt waren, lernten wir, unabhängig zu sein, hart zu arbeiten und Freundschaften zu schließen.

In Andover zeigte mein Dad seine ihm ureigenen Führungsqualitäten. Seine Mitschüler fühlten sich von ihm angezogen und wollten ihm folgen. Seine Teamkameraden wählten ihn zum Kapitän der Baseball- und Fußballmannschaften sowie zum Spielertrainer des Basketballteams. Er überwachte die Spendensammlungen der Schulkapelle und wurde in seinem Abschlussjahr zum Schülervertreter gewählt.

Obwohl mein Vater auf dem Campus ein großes Tier war, ließ er sich seinen Ruf nicht zu Kopf steigen: Eines Tages wurde ein jüngerer Schüler namens Bruce Gelb von ein paar älteren Jungs schikaniert, möglicherweise sogar, weil er einer der wenigen jüdischen Schüler an der Schule war. Als mein Dad das mitbekam, befahl er ihnen, damit aufzuhören. Sie gehorchten ihm. George Bush ging seines Weges und dachte nicht weiter darüber nach. Bruce Gelb allerdings schon. Er erinnerte sich immer daran, dass einer der beliebtesten Jungs auf dem Campus gegenüber seinem Leid nicht die Augen verschlossen hatte. Er wurde später ein lebenslanger engagierter Unterstützer meines Vaters – und mein Vater berief ihn in einige wichtige Regierungsämter. So machte er ihn etwa zum amerikanischen Botschafter in Belgien und zum Direktor der United States Information Agency.

DAS INTERNAT LEGTE großen Wert auf sein Motto »Das Ende hängt vom Anfang ab« – und George Bush war mit einem guten Anfang gesegnet. Seine Familie liebte ihn, bot ihm eine hervorragende Schulausbildung und vermittelte ihm gute Charaktereigenschaften. Er schloss viele Freundschaften, beeindruckte seine Lehrer und zeichnete sich im Sport aus. Er hatte bald auch seinen nächsten Schritt vor Augen, denn mein Dad war in Yale angenommen worden, wo er in die Fußstapfen seines Vaters treten würde.

Dann, am 7. Dezember 1941, veränderte sich plötzlich alles. Dad und ein paar seiner Mitschüler überquerten gerade den Schul-Campus nahe der Kapelle, als sie erfuhren, dass die Japaner Pearl Harbor bombardiert hatten. Schon am nächsten Tag formierten sich vor den Rekrutierungsbüros des ganzen Landes lange Warteschlangen voller Freiwilliger.

Jeder Junge im Alter meines Vaters stand vor der gleichen Entscheidung: sich zum Kriegsdienst zu melden oder den vorbestimmten Lebensweg weiter zu verfolgen. Die Ratschläge, die mein Vater erhielt, wiesen alle in dieselbe Richtung. In jenem Jahr hieß der Redner bei der Abschlussfeier in Andover Harry Stimson, Präsident Roosevelts Kriegsminister und ein Absolvent der Internatsschule. Er drängte die Schulabgänger, das College zu besuchen, und versicherte ihnen, dass ihnen auch später noch die Möglichkeit offenstehe, sich zum Militär zu melden. Prescott Bush war absolut der gleichen Meinung. Er empfahl meinem Dad, nach Yale zu gehen und einen Weg zu finden, die Kriegsanstrengungen von dort aus zu unterstützen.

Und es gab noch einen weiteren triftigen Grund für meinen Dad, in der Heimat zu bleiben. Während der Weihnachtsferien in seinem Abschlussjahr hatte er in Greenwich an einer Tanzveranstaltung in einem Country Club teilgenommen. Als er sich gerade mit Freunden unterhielt, stach ihm plötzlich die Schönheit eines Mädchens am anderen Ende des Raums ins Auge. Barbara Pierce war 16. Er selbst war 17. Er hätte sie gerne zum Tanzen aufgefordert, doch gab es da ein Problem: Er konnte keinen Walzer tanzen. Also blieb ihnen nichts anderes übrig, als sich bloß zu unterhalten. Er fand heraus, dass sie aus Rye im Bundesstaat New York stammte und ein Internat in South Carolina besuchte. Sie verstanden sich auf Anhieb und verabredeten sich für den darauffolgenden Tag bei einer Weihnachtsparty im Apawamis Club in Rye.

An diesem Abend spielte die Band keinen Walzer, und so konnte George H.W. Bush Barbara auf die Tanzfläche bitten. Zwischen ihnen bestand sofort ein Gefühl der Zuneigung, und die beiden wollten in Kontakt bleiben. So trafen sie sich etwa beim Abschlussball der Internatsschule in Andover wieder. An diesem Abend gab er ihr dann zum Abschied einen Gute-Nacht-Kuss. Sie besteht darauf, dass es überhaupt ihr erster war. Keiner von beiden kann sich gut daran erinnern, über was sie sich damals unterhielten, aber sie wissen noch, dass sie sich gegenseitig zum Lachen brachten – und ehe sie sich versahen, verliebten sie sich ineinander.

Ein Thema, das sie allerdings sehr wohl besprachen, war die Entscheidung meines Dads, sich dem Militär anzuschließen. Mein Vater erklärte meiner Mutter, wie sehr ihn die Attacke auf Pearl Harbor empöre. Der Mord an 2.400 unschuldigen Menschen schürte in ihm die gleiche redliche Empörung, wie sie viele Amerikaner – mich eingeschlossen – nach den Terroranschlägen vom 11. September verspürten. Auch empfand er ein Gefühl der Verpflichtung seinem Land gegenüber. Sein Vater hatte schließlich stets betont, dass die Annehmlichkeiten, die sie genießen durften, gekoppelt seien an die Verpflichtung, im Gegenzug auch wieder etwas zurückzugeben. Um die Bibel zu zitieren: »Wem viel gegeben wurde, von dem wird viel zurückgefordert werden.« George Bush erkannte, dass ihm sehr viel gegeben worden war. Er befand sich in der körperlichen Verfassung, seinen Dienst zu leisten, und verspürte die Verpflichtung, dies auch zu tun. So teilte er meiner Mutter mit, dass er sich als Flieger den Seestreitkräften anzuschließen gedenke.

Bis zu diesem Zeitpunkt in seinem Leben hatte sich George Bush noch nicht mit vielen schweren Entscheidungen herumschlagen müssen. Auch hatte er noch nie gegen den Willen seines Vaters gehandelt. Aber Dad hatte seinen Beschluss gefasst und war sich ganz sicher. Nach der Abschlusszeremonie an seiner Highschool sah er seinem Vater in die Augen und sagte: »Ich werde mich melden.« Mein Großvater schüttelte ihm die Hand, da er seine Entscheidung respektierte. Von da an konnte mein Dad auf die volle Unterstützung seines Vaters zählen.

George H.W. Bush verpflichtete sich am 12. Juni 1942, seinem 18. Geburtstag. Zwei Monate später begleitete ihn sein Vater zur Penn Station in New York, wo er einen Zug nach North Carolina bestieg, um seine militärische Ausbildung zu beginnen. Als mein Vater da am Bahnsteig stand, umarmte ihn der so strenge wie imposante Prescott Bush. Zum ersten Mal in seinem Leben sah Dad seinen Vater weinen.

# KRIEG

JEDER PILOT ERINNERT SICH an seinen ersten Flug. In meinem Fall war das, als ich 1968 in einer Cessna 172 von der Moody Air Force Base in Valdosta, Georgia, abhob. Für meinen Vater fand dieser Moment 1942 in einer offenen Stearman N2S-3 auf der Wold-Chamberlain Naval Air Base in Minneapolis statt. Die Kadetten nannten dieses Flugzeug »die gelbe Gefahr«, weil es gelb angestrichen und es mitunter recht gefährlich war, es zu fliegen. Der andere Spitzname, der diesem Fluggerät anhaftete, lautete »Waschmaschine«, was sich auf die Anzahl der Kadetten bezog, die aus der Pilotenausbildung im Schleudergang »hinausgespült« wurden.

Mein Dad beschrieb seinen ersten Alleinflug als einen der größten Spannungsmomente seines Lebens. Ich weiß genau, was er damit meinte. Es ist ein beglückendes Gefühl, in einem Cockpit zu sitzen, die Startbahn entlang zu beschleunigen und sich schließlich in die Lüfte zu erheben. Das Flugzeug kümmert es nicht, woher du kommst, wo du zur Schule gegangen bist oder wer deine Eltern sind. Alles, was zählt, sind deine Flugkenntnisse und dein Können. Tom Wolfe nannte das den »Stoff, aus dem die Helden sind«.

Im winterlichen Minnesota flog Fähnrich George Bush beinahe jeden Tag unter frostigen Bedingungen. Dort lernte er, sich in der Luft wohlzufühlen und auf Schnee und Eis zu landen – eine wertvolle Fähigkeit, aber keine, die im Südpazifik dann sonderlich gefragt ist.

Piloten sagen, dass man sich größer fühle, nachdem man zu fliegen gelernt habe. Im Falle meines Vaters traf das sogar buchstäblich zu. Als ihm sein kommandierender Offizier im Juni 1943 in Corpus Christi schließlich seine goldenen Flugabzeichen anheftete, war er seit seinem Eintritt in die Streitkräfte um sechs Zentimeter gewachsen und maß nun 1 Meter 88. Er war noch nicht ganz 19 Jahre und somit der jüngste Pilot in der United States Navy.

Nach der Fliegerausbildung bekam Dad noch einen kurzen Urlaub zugestanden, bevor er sich seinen nächsten Befehlen würde widmen müssen. Er verbrachte ihn mit seiner Familie in Maine. Seine Mutter hatte großzügigerweise noch einen besonderen Gast eingeladen: Barbara Pierce, die mittlerweile am Smith College studierte, aber gerade Sommerferien hatte. So waren meine Eltern zwei Wochen lang in Maine absolut unzertrennlich. Als der Urlaub zu Ende ging, fassten sie den Entschluss, sich heimlich zu verloben.

Lange ließ sich ihre Verlobung allerdings nicht geheim halten. Im Dezember 1943, kurz vor der Indienststellungszeremonie für den Flugzeugträger USS *San Jacinto*, der meinen Dad zum Kampfeinsatz transportieren sollte, beschlossen meine Eltern, ihre Familien über ihre Heiratsabsichten zu informieren. Zu ihrem großen Erstaunen schien jedoch bereits jeder Bescheid zu wissen. Ihre Liebe zueinander war einfach offensichtlich. Wie mein Vater meiner Mutter schrieb: »Ich liebe dich, mein Schatz, von ganzem Herzen, und zu wissen, dass du mich auch liebst, bedeutet mir alles. Wie oft habe ich schon an die unermessliche Freude gedacht, die uns eines Tages zuteilwerden wird. Wie glücklich sich unsere Kinder schätzen werden, dich zur Mutter zu haben.« (Diese Zeilen stammen aus einem ihrer wenigen noch erhaltenen Briefe aus Kriegszeiten. Die anderen gingen leider während ihrer etlichen Umzüge verloren.) Nach der Einweihungszeremonie für das Kriegsschiff steckte meine Großmutter meinem Dad einen Verlobungsring zu, der mit einem Sternsaphir besetzt war, den ihre Schwester Nancy beigesteuert hatte. Etwas später, noch am selben Tag, überreichte er ihn Barbara. Sie trägt ihn heute noch – obwohl sie gelegentlich vermutet, dass der Stein in Wirklichkeit nur aus Blauglas besteht …

* * *

IM JANUAR 1944, nachdem er ein intensives eineinhalbjähriges Trainingsprogramm durchlaufen hatte, meldete sich Fähnrich Bush schließlich zum Einsatz an Bord der USS *San Jacinto*. Das Schiff war nach jener Schlacht benannt, in der General Sam Houston den mexikanischen Caudillo Santa Anna bezwingen konnte. Als vage Vorschau auf das Leben, das meinen Dad noch erwartete, wehten auf dem Flugzeugträger sowohl das Sternenbanner als auch die Lone-Star-Flagge des Staates Texas.

Der junge Navy-Pilot schloss sich einer Reihe von Fliegern an, mit denen er gemeinsam das Geschwader VT-51 bilden sollte. Jack Guy kam aus dem ländlichen Georgia und hatte seinen Job als Bankkassierer hinter sich gelassen, um sich der Navy anzuschließen. Lou Grab war im kalifornischen Sacramento aufgewachsen, wo sein Vater eine Tankstelle besaß. Stan Butchart kam aus Spokane im Bundesstaat Washington und hatte schon immer vorgehabt, Pilot zu werden. Die Mitglieder des Geschwaders hatten alle wenig miteinander gemein. Im Internat hatte George Bush gelernt, wie er zu Mitschülern aus verschiedenen Teilen des Landes eine Beziehung aufbauen konnte. Beim Militär konnte er nun lernen, das Gleiche mit Menschen zu tun, die über einen anderen sozialen Hintergrund als er selbst verfügten.

Mein Vater brachte Leute liebend gern zum Lachen. So dachte er sich etwa auch Spitznamen für jeden aus. (Erinnert euch das vielleicht an jemanden?) Stan Butchart wurde »Butch« gerufen. Jack Guy wurde zu »Jackoguy«, was er seiner mittleren Initiale zu verdanken hatte. Auch mein Vater selbst erhielt einen speziellen Namen. Während eines Trainingsmanövers nahe der Küste Marylands flog er sehr niedrig über einen Strand und erspähte einen Zirkus, der unter ihm errichtet wurde. Offenbar hatten die Zirkustiere keine Erfahrung mit Kampffliegern. So versetzte der Flugzeuglärm die Elefanten in Panik, die sich daraufhin losrissen und durch die Stadt trampelten. Von da an riefen Dads Kumpels ihn »Ellie the Elephant«. Er reagierte, indem er anfing, das Trompetengeräusch eines Elefanten zu imitieren, was er im Verlauf des Krieges anscheinend immer weiter verfeinerte. Ich habe ihn das nie machen hören, obwohl es manchmal, als er Vorsitzender des Republican National Committee war, sehr gut gepasst hätte.

Das Flugzeug, mit dem er die Elefantenpanik auslöste, war eine TBF/TBM Avenger – ein Torpedobomber. Die Avenger war die größte einmotorige Maschine, die von einem Flugzeugträger aus zum Einsatz kam. An Bord fanden der Pilot, zwei Besatzungsmitglieder sowie vier über 200 Kilogramm schwere Bomben Platz. Um die Bewaffnung unterbringen zu können, hatte das Flugzeug einen ausgebeulten Bauch, was ihm den liebevollen Spitznamen »schwangerer Truthahn« einbrachte.

Die Avenger war ein schweres Fluggerät und nicht gerade einfach zu manövrieren. Die größte Herausforderung war dabei, den Flieger auf der schmalen, auf und ab schaukelnden Landebahn eines Flugzeugträgers zu landen. Eine ordentliche Landung verlangte Konzentration, Genauigkeit und Teamwork. Ein Pilot musste sich im richtigen Winkel nähern, sich an die Flaggensignale eines Landeoffiziers halten und dann einen der Fanghaken erwischen, damit man nicht am anderen Ende der Landebahn vom Schiff herunterrutschte. Als Präsident war ich selbst einmal als Passagier an Bord einer S-3B Viking bei einer Landung auf dem Flugzeugträger USS *Abraham Lincoln* dabei. Ich hatte seit jeher den größten Respekt vor den Piloten, die auf Flugzeugträgern dienten, aber nach dieser Erfahrung verdoppelte sich dieser Respekt sogar noch.

Im Frühling 1944 stach die *San Jac* mit Kurs auf den Pazifik in See. Mein Vater saß im Cockpit seiner Avenger für seinen ersten Katapultstart vom neuen Flugzeugträger. Wie er seiner Mutter schrieb, war er »äußerst froh darüber, dass die Maschine funktionierte«. Am 20. April war der Flugzeugträger bereits von Norfolk, Virginia, aus durch den Panamakanal und hinaus nach Pearl Harbor im Pazifischen Ozean gefahren. Die Crew sah dort die verbrannten Überreste der USS *Utah* sowie der *Arizona*, was den Männern in Erinnerung rief, warum sie sich überhaupt im Krieg befanden – und wer der Feind war, der ihnen schon bald gegenüberstehen würde.

Die Monate nach Pearl Harbor waren betrüblich gewesen, da die japanische Kriegsmaschinerie sich ihren Weg durch den gesamten pazifischen Raum bahnte. Ab dem Frühling 1942 waren überhaupt nur noch Australien und Neuseeland als alliierte Bollwerke übrig. Das Blatt begann sich im Mai dieses Jahres allerdings zu wenden, als amerikanische und australische Seestreitkräfte den Vormarsch der Japaner bei der Schlacht im Korallenmeer einen Dämpfer versetzten. Einen Monat später fuhren die USA schließlich ihren ersten großen Sieg bei der Schlacht um Midway ein. Von da an begann die Navy einen Feldzug von Insel zu Insel, um alle japanisch besetzten Gebiete zu befreien, mit dem ultimativen Ziel vor Augen, letztlich Japan selbst anzugreifen.

Die erste Mission der *San Jac* bestand darin, die japanischen Stellungen auf Wake Island anzugreifen. Der Einsatz verlief erfolgreich, aber die Gefechte forderten auch erste Opfer. Bei einem Patrouillenflug verschwand Dads Zimmerkumpel und bester Freund auf dem Flugzeugträger, Jim Wykes, vom Radarschirm. Auch Suchmannschaften konnten ihn nicht finden. Er und seine beiden Crewmitglieder wurde vermisst gemeldet, und schon bald war klar, dass sie nicht zurückkehren würden. Mein Vater litt unter dem Verlust seines Freundes. Er verstand, dass der Tod zum Krieg nun einmal dazugehörte, doch dies war eine sehr persönliche Angelegenheit.

Wenige Tage später verfasste er einen von Herzen kommenden Brief an Jims Mutter. »Ich kenne ihren Sohn gut und habe mich lange genug glücklich schätzen dürfen, mich zu seinen engsten Freunden zu zählen«, schrieb er. »Sein liebenswerter Charakter und seine uneingeschränkte Tugendhaftigkeit haben ihm den Respekt und die Freundschaft jedes Offiziers und jedes gemeinen Mannes im Geschwader eingebracht.« Er fuhr fort: »Sie haben einen liebenden Sohn verloren. Und wir einen geliebten Freund.«

Dies war aber nur der erste von vielen solchen Briefen, die mein Vater an die Familien gefallener Kameraden verschickte. Jahrzehnte später sollte er als Präsident erneut ähnliche Briefe schreiben müssen. Ebenso ich selbst. Natürlich kann nichts, was in so einem Brief steht, den Verlust eines lieben Menschen wiedergutmachen. Aber der simple Akt, eine solche Botschaft zu schreiben und damit seine Anteilnahme zu zeigen, kann dabei helfen, den Schmerz einer trauernden Familie zu lindern.

Nach dem Einsatz bei Wake Island fuhr die *San Jac* Richtung Saipan. Mitte Juni geriet der Flugzeugträger dann plötzlich unter Beschuss durch japanische Kampfflieger. Als das Startkatapult die Avenger meines Vaters in die Luft bugsierte, sank schlagartig der Öldruck. Der Motor setzte aus. Die einzige Option war eine Wasserlandung. Fähnrich Bush lenkte das Flugzeug in den Ozean, kam zuerst mit dem Heck auf und schlitterte über die Wasseroberfläche. Er und seine Crew kletterten auf einen der Flügel, bliesen ein Rettungsfloß auf und paddelten vom Flugzeug weg, während unter Wasser die Bomben an Bord der Avenger detonierten. Ein amerikanischer Zerstörer, die *C.K. Bronson*, fischte sie dann mithilfe eines Ladenetzes aus dem Wasser. Es sollte nicht das letzte Mal sein, dass George Bush auf ein Rettungsfloß angewiesen sein würde.

Fliegen war gefährlich, aber das traf auch auf das Leben auf einem Schiff zu. Eines Nachts befand sich mein Vater gerade im Dienst auf Deck, als sich ein Flugzeug im Landeanflug auf den Flugzeugträger befand. Der Pilot schätzte allerdings die Entfernung falsch ein, verfehlte den Landehaken und donnerte in ein Geschütz. Der Pilot, die Crew sowie einige Unbeteiligte wurden dabei getötet. Dad sah das zuckende Bein des Piloten auf Deck liegen, bevor ein Unteroffizier ein paar Matrosen befahl, sauber zu machen und sich auf weitere Landungen vorzubereiten.

Solche Erfahrungen müssen tiefe Spuren bei einem zwanzigjährigen Jungen hinterlassen haben. Je mehr ich über die Schrecken des Zweiten Weltkrieges erfuhr, desto mehr bewunderte ich George Bush und die vielen anderen seiner Generation, die damals ihrem Land dienten.

VON ALL DEN grauenvollen Tagen, die George H.W. Bush durchleben musste, war indes keiner dramatischer als der 2. September 1944. Die Piloten des Geschwaders waren bereits früh auf und versammelten sich zu einem Briefing bezüglich einer Mission, bei der ein Funkturm auf der stark befestigten Insel Chichi Jima zerstört werden sollte. Die Anlage war der wichtigste Kommunikationsknotenpunkt der Bonin-Inseln, denen eine Schlüsselfunktion bei der Verteidigung des japanischen Reiches zuwuchs.

Mein Vater flog praktisch immer mit denselben beiden Crewmitgliedern, dem Kanonier Leo Nadeau und dem Funker John Delaney. Aber an diesem Tag bat ein Lieutenant Junior Grade namens Ted White darum, als Kanonier mitkommen zu dürfen. White, der Waffenoffizier des Geschwaders und Yale-Absolvent, wollte die Waffensysteme im Einsatz begutachten. Dad warnte ihn, dass womöglich ein heißer Ritt bevorstehe. Erst am Tag zuvor waren sie über Chichi Jima unter schweren Beschuss geraten. White bestand allerdings darauf, mitzukommen, woraufhin mein Vater einlenkte, und auch der Skipper, Lieutenant Don Melvin, gab sein Einverständnis.

Gegen 7 Uhr 15 stiegen vier Avengers von der *San Jac* auf und flogen in Formation Richtung Chichi Jima, während ihnen Hellcat-Jagdflugzeuge von oben herab Rückendeckung gaben. Das Flugzeug meines Vaters, in dem nun White als Kanonier und Delaney als Funker saßen, sollte als drittes dem Ziel entgegenstürzen. Als sie schließlich in den Sinkflug übergingen, gerieten sie unter Flak-Beschuss seitens der japanischen Stellung. Leuchtspurgeschosse durchschnitten den Himmel, und explodierende Sprengsätze erfüllten die Luft mit schwarzem Rauch. Plötzlich wurde die Avenger durchgerüttelt und taumelte bugwärts. Die Maschine war getroffen worden. Rauch drang ins Cockpit, und ein Feuer breitete sich auf den Flügeln in Richtung der Treibstofftanks aus.

Mein Dad war entschlossen, die Mission durchzuziehen. Er setzte seinen Sturzflug mit 300 Stundenkilometern fort, warf die Bomben ab, traf das Ziel, drehte scharf ab und entfernte sich von der Insel. Er hatte gehofft, neuerlich eine Wasserlandung hinlegen zu können, doch das Flugzeug stand bereits in Flammen und ihm rannte die Zeit davon. Die einzig verbleibende Option war, auszusteigen.

»Wir springen ab!«, rief er seinen Crewmitgliedern über die Sprechanlage zu.

Dann legte er die Maschine leicht in die Kurve, um den Druck auf die Crew-Luke zu verringern. Er nahm an, dass Delaney und White absprangen.

Da ihm nur mehr Sekunden blieben, öffnete er seine Gurte, stieg aus dem Cockpit und zog die Reißleine seines Schirms.

Doch der Sprung verlief nicht nach Plan. Mein Vater erlitt einen Cut am Kopf, und das Heck des Flugzeugs fügte seinem Fallschirm einen Riss zu. Er schlug hart auf dem Wasser auf und ging unter. Als er wieder auftauchte, blutete sein Schädel, und er musste sich übergeben, da er zu

Schon als junger Mann an der Phillips Academy zeigte George Bush große Führungsqualitäten. Seine Mitschüler fühlten sich von ihm angezogen und wollten ihm folgen. *George Bush Presidential Library and Museum (GBPLM)*

George Bush verpflichtete sich an seinem 18. Geburtstag zum Militärdienst und wurde zum jüngsten Piloten in der Navy. Sein Flugzeug wurde am 2. September 1944 über dem Pazifik abgeschossen. *(GBPLM)*

Lieutenant George Bush heiratete Barbara Pierce am 6. Januar 1945 während seines Heimaturlaubs. Dad sagt, dass der Stein auf dem Verlobungsring ein Sternsaphir sei, obwohl Mutter immer noch den Verdacht hegt, dass es sich eigentlich um Blauglas handelt. *(GBPLM)*

Ich kam am 6. Juli 1946 zur Welt, als Dad in Yale studierte. Es ist nur schwer vorstellbar, wie er alles hinbekam – Vorzeigestudent, Spitzenathlet, loyaler Freund und hingebungsvoller Ehemann und Vater. Wie es Mutter ausdrückte: „Er war ein harter Arbeiter." *(GBPLM)*

Als Kapitän des Baseballteams von Yale traf Dad in seinem Abschlussjahr auf Babe Ruth. Einem Fotografen gelang dabei ein Schnappschuss mit Symbolcharakter: Ein großer Mann, der auf das Ende seines Lebens zusteuerte, traf auf einen anderen, dessen Leben erst gerade so richtig losging. *(GBPLM)*

Die Familie stand für Dad immer an erster Stelle. Walker's Point in Kennebunkport, Maine, kommt gleich dahinter. Hier feiern wir das silberne Hochzeitsjubiläum von Prescott und Dorothy Bush im Jahr 1947. *(GBPLM)*

Ich hatte einen Abzug von diesem Foto von 1949 mit Mutter und Dad und seinen Eltern, Dorothy und Prescott Bush, bei mir im Oval Office. Ich bin meinen Eltern ewig dankbar, dass sie mich im westlichen Texas aufzogen. *(GBPLM)*

Ein paar meiner schönsten Kindheitserinnerungen, die ich an unsere Jahre im Westen von Texas habe, drehen sich um die Momente, die ich mit Dad verbrachte. Wie mein Bruder Jeb es ausdrückte, war George H.W. Bush der Erfinder der „Quality Time". *(GBPLM)*

Ich in Midland mit Dad, meiner Großmutter und meiner Schwester Robin. Bevor Robin später im selben Jahr an Leukämie starb, sagte sie zu Dad: „Ich liebe dich mehr, als die Zunge sagen kann." *(GBPLM)*

Mit Dad bei der Taufe des „Skorpions“, der revolutionären Ölbohrinsel seiner Firma. Seine Erfahrung in leitender Position bei Zapata Offshore half ihm dabei, den Führungsstil zu entwickeln, den er auch in den folgenden Jahren pflegen sollte. *(GBPLM)*

Die Wahlkampftouren mit meinem Vater waren eine spannende Erfahrung. Für all jene, die mit ihm unterwegs waren, konnte es allerdings ermüdend werden, die gleiche Rede immer und immer wieder anhören zu müssen – vielleicht war das ja auch der Grund, weshalb Mutter begann, für die Freiwilligen im Tross Tapisserien anzufertigen. *(GBPLM)*

Die Lehre, die George Bush 1964 aus seinem ersten Wahlkampf im Rennen um einen Sitz im Senat zog, lautete, dass es Wahlen gab, die man einfach nicht gewinnen konnte. Die Niederlage tat zwar weh, schmälerte jedoch weder seine Begeisterung für Politik noch sein Bedürfnis, seinem Land zu dienen. *(GBPLM)*

1966 wurde George Bush ins Repräsentantenhaus gewählt. Mutter zog mit ihm in die Hauptstadt und gewöhnte sich rasch an Washington.
*(GBPLM)*

Aus Respekt und persönlicher Sympathie beschloss Dad, zur Andrews Air Force Base zu fahren, um dem ehemaligen Präsidenten seine Aufwartung zu machen. In der großen Menschenmenge konnte man noch ein paar andere Kongressabgeordnete erspähen – doch Dad war der einzige Republikaner vor Ort.
*(GBPLM)*

Nach Dads erfolglosem Wahlkampf um einen Senatssitz im Jahr 1970 machte ihn Richard Nixon zum Botschafter bei den Vereinten Nationen. Nach Watergate, als George Bush Vorsitzender des Republican National Committee war, schrieb er einen privaten Brief an ihn: „Ich bin mittlerweile der festen Überzeugung, dass ein Rücktritt für dieses Land und diesen Präsidenten am besten wäre.“ *(GBPLM)*

Als Gastgeber einer Zusammenkunft anlässlich des kamerunischen Nationalfeiertags in der Residenz des Botschafters im Waldorf Astoria. Als UN-Botschafter meisterte Dad die Kunst der persönlichen Diplomatie. *(GBPLM)*

viel Meerwasser geschluckt hatte. Außerdem war er mit einer Portugiesischen Galeere – einer Qualle – in Berührung gekommen. Er schwamm blind vor Wut fort von der Insel, die nur wenige Kilometer entfernt lag.

Dann sah er, wie Doug West, einer seiner Kameraden, mit den Flügeln seiner Avenger auf ein Objekt auf der Wasseroberfläche deutete. Es handelte sich um ein gelbes, mit Luft gefülltes Rettungsfloß. Einer der Piloten hatte es abgeworfen, nachdem er mitbekommen hatte, dass eines der anderen Flugzeuge abgestürzt war. Mein Dad kletterte auf das Floß und fing an, seine Hände als Paddel zu benützen. Am Himmel über ihm feuerten die amerikanischen Flugzeuge eine Salve nach der anderen ab, um einen Verband kleiner Boote, mit denen die Japaner den abgeschossenen Piloten gefangen nehmen wollten, von ihrem Plan abzubringen.

Im Verlauf der nächsten drei Stunden paddelte er unter der brütenden Sommersonne gegen die Strömung an und betete darum, gerettet zu werden. Irgendwie gelang es ihm durchzuhalten. Ich werde nie genau wissen, was ihm dabei durch den Kopf ging. Womöglich musste er an die Lektionen, die ihm seine Eltern erteilt hatten, zurückdenken: sich so viel Mühe wie möglich zu geben, niemals aufzugeben und stets daran zu glauben, dass Gott einen Weg finden würde, ihn zu retten.

Erschöpft vom Paddeln erspähte er schließlich einen schwarzen Punkt auf dem Wasser. Zuerst glaubte er, sich ihn nur einzubilden, aber letztlich handelte es sich tatsächlich um ein Periskop. Als Nächstes fürchtete er, dass es sich um ein japanisches U-Boot handeln könnte. Als es sich ihm aber näherte und auftauchte, konnte er das Logo der US-Navy erkennen. Die USS *Finback* fischte meinen Vater dann ein paar Minuten vor Mittag aus dem Wasser. Zwei Matrosen griffen ihn bei den Armen und zogen ihn vom Rettungsfloß auf ihr Schiff empor. »Willkommen an Bord, Sir«, sagte einer der beiden Männer zu ihm. »Es ist eine Freude, an Bord kommen zu dürfen«, erwiderte er, was selbstverständlich eine massive Untertreibung war.

Es ist eine bemerkenswerte historische Fußnote, dass ein gewisser Fähnrich Bill Edwards die Ankunft meines Vater auf der *Finback* mit seiner Handkamera von Kodak einfing. Jahrzehnte später sollte ein landesweites Publikum die Aufnahmen, die diesen Morgen im Pazifik wiedergeben, zu Gesicht bekommen: Amerikanische Soldaten retten darauf einem zwanzigjährigen Piloten, der später Präsident der Vereinigten Staaten sowie der Vater eines weiteren werden sollte, das Leben.

IN DEN TAGEN nach dem Abschuss dachte mein Vater ununterbrochen an seine Crewmitglieder Delaney und White. Keiner von beiden war gefunden worden. An Bord der *Finback* wurde er von Albträumen, in denen er alles noch einmal durchleben musste, heimgesucht. Nachdem er aufgewacht war, fragte er sich stets, ob er nicht mehr für seine Männer hätte tun können. Nur einen Tag nach seiner Rettung schrieb er einen Brief an seine Eltern, in dem er erklärte, dass er sich » so schrecklich verantwortlich für ihr Schicksal« fühle. Schlussendlich sollte er später erfahren, dass Augenzeugen beobachteten, wie eines der beiden Besatzungsmitglieder aus dem Flieger ausgestiegen war, sich aber sein Fallschirm nicht öffnete. Der andere war mit an Sicherheit grenzender Wahrscheinlichkeit noch an Bord der Maschine ums Leben gekommen.

Mein Vater schrieb auch an die Familien von Delaney und White. Er übermittelte sein Beileid und brachte zum Ausdruck, dass er gerne in der Lage gewesen wäre, mehr für sie zu tun. Delaneys Schwester Mary Jane antwortete ihm. »Sie sagen in Ihrem Brief, dass Sie mir gerne helfen wollen«, schrieb sie. »Nun, da gibt es eine Möglichkeit, und zwar indem Sie aufhören, sich auf irgendeine Weise für den Absturz und das Schicksal Ihrer Männer die Schuld zu geben. Vielleicht würde ich Ihnen ja die Schuld dafür geben, wenn Jack Sie nicht stets als besten Piloten des Geschwaders bezeichnet hätte.«

Doch trotz ihrer Worte fühlte sich Dad weiterhin irgendwie schuldig am Tod seiner Besatzungsmitglieder. Er blieb jahrzehntelang mit ihren Familien in Verbindung. Als er schließlich über 40 Jahre später zum Präsidenten gewählt wurde, lud er die Schwestern Delaneys und Whites zu einem Privatbesuch ins Weiße Haus ein.

Während Dads Interview mit Jenna an seinem 90. Geburtstag, also beinahe 70 Jahre nach dem Abschuss, erkundigte diese sich, ob er immer noch an die Mitglieder seiner Crew denke.

»Ich denke die ganze Zeit an sie«, antwortete er ihr.

MEIN VATER VERBRACHTE ungefähr einen Monat auf der *Finback*, bevor er sich schließlich wieder seinem Geschwader anschloss. Obwohl er in dieser Zeit nur wenige offizielle Aufgaben zu erfüllen hatte, stürzte er sich kopfüber ins Alltagsleben an Bord des Unterseeboots. Er freundete sich mit der Crew an und brachte dabei so viel wie möglich über den Betrieb des U-Boots in Erfahrung. Unter anderem meldete er sich freiwillig als Zensor der Post, die nach Hause geschickt wurde, um zu vermeiden, dass geheime Informationen preisgegeben wurden. Er las dabei Briefe von Farmerjungs, die sich nach der letzten Ernte erkundigten, sowie einsamen Seemännern, die ihrem Schatz zu Hause ewige Liebe schworen. Die Streitkräfte versorgten ihn jedenfalls mit einer Art von Bildung, die man weder in Andover noch in Yale erwerben konnte.

Zusätzlich fungierte er als freiwillige Wache an Deck der *Finback*, auch in der Nacht. Jahre später erinnerte er sich noch an diese stillen Momente unter dem schwarzen Nachthimmel mitten im Pazifik als Augenblicke voller Klarheit. Er dachte viel daran, wie dankbar er für seine Familie war. Auch dankte er Gott dafür, dass er ihm geholfen hatte, als er es am nötigsten gehabt hatte. Und er träumte von Barbara, dem Mädchen, das er liebte und heiraten wollte.

Nach seiner Zeit auf der *Finback* wurde meinem Vater Heimaturlaub angeboten. Obwohl ich mir sicher bin, dass er liebend gerne sowohl Barbara als auch seine Familie gesehen hätte, fühlte er sich jedoch verpflichtet, zu seinem Geschwader zurückzukehren. So ging er Anfang November erneut an Bord der *San Jac*. Im Dezember erhielten die Männer schließlich einen ganzen Monat Landurlaub.

Lieutenant Bush kam am Weihnachtsabend 1944 am Bahnhof von Rye, New York, an. Als er auf den Bahnsteig trat, sah er die Frau, an die er in den Monaten auf See so oft gedacht hatte. Mutter und Dad hatten eigentlich geplant, erst nach dem Krieg zu heiraten, doch sie hatten dann in den Monaten der Trennung entschieden, es zu tun, sobald er heimkäme. Da alles so kurzfristig über die Bühne ging, mussten sie das Datum der Eheschließung sogar von Hand auf den Einladungen eintragen: 6. Januar 1945.

Als er an seinem 90. Geburtstag gefragt wurde, was der glücklichste Moment seines Lebens gewesen sei, sagte Dad, dass es sich um jenen handele, an dem Mutter und er geheiratet hätten. Die Hochzeit meiner Eltern war typisch für die Kriegszeiten: Mein Dad trug seine blaue Navy-Uniform und Mutter ein weißes Kleid sowie einen Schleier, den ihr Dorothy Walker Bush geliehen hatte. Ein paar der Navy-Kumpels meines Vaters sowie sein Bruder Jonathan machten sich als Platzanweiser nützlich. Sein älterer Bruder Pres, der gerade erst in der Vorwoche geheiratet hatte, war sein Trauzeuge. Mein Vater sagte zu, mit meiner Mutter den ersten Tanz zu tanzen, warnte sie aber vor, dass es das letzte Mal sei, das er dies in der Öffentlichkeit tue. Offenbar hatte er noch keinen Schimmer davon, dass er sehr viel später auf insgesamt zwölf Bällen anlässlich der Vereidigung des Präsidenten tanzen würde.

NACH EINER KURZEN Hochzeitsreise nach Sea Island in Georgia kehrte mein Vater zum Kampfeinsatz zurück. Seine Aufgabe bestand darin, die letzte Phase des Krieges, die Invasion des japanischen Festlandes, mit vorzubereiten. Die Japaner hatten ihre vorgelagerten Inseln erbittert verteidigt, und die Mission versprach, blutig zu werden. Während er sich auf einer Basis in Maine darauf vorbereitete, hörte er am 12. April 1945 im Radio vom Tod Präsident Roosevelts. Obwohl mein Vater mit ein paar der innenpolitischen Entscheidungen Roosevelts, die den Einfluss der US-Regierung dramatisch ausweiteten, nicht konform ging, respektierte er ihn dennoch als seinen obersten Befehlshaber und betrauerte den Verlust der nationalen Leitfigur während einer solch gefahrvollen Zeit.

Vizepräsident Harry Truman wurde noch am selben Tag vereidigt. Da ich selbst zu meiner Zeit als Präsident hinter demselben Schreibtisch wie er saß, kann ich mir ausmalen, wie schwer es gewesen sein muss, so plötzlich zwischen zwei großangelegten militärischen Operationen übernehmen zu müssen und außerdem noch die Verantwortung für das Geheimprogramm bezüglich der Entwicklung einer geheimen Nuklearwaffe zu tragen. Nur wenige Monate später musste er eine der schwierigsten Entscheidungen treffen, mit der sich je ein Präsident konfrontiert sah.

Als das massive Bombardement Tokios es nicht schaffte, den japanischen Widerstand zu brechen, erteilte er schließlich den Befehl, Atombomben auf Hiroshima und Nagasaki abzuwerfen. Er wusste, dass der Blutzoll ein entsetzlich hoher sein würde. Doch der Einsatz dieser neuen verheerenden Waffe erstickte auch die Kampfbereitschaft des Feindes und rettete somit viele amerikanische Leben, womöglich auch jenes meines Dads. Jedenfalls verteidigte mein Vater Präsident Trumans Entscheidung stets als mutig und richtig.

Mutter und Dad zogen nach Virginia Beach, wo er stationiert war und auf seinen nächsten Einsatz wartete. Dort war es auch, wo sie schließlich von der Kapitulation Japans erfuhren. Meine Eltern, die anderen Piloten sowie deren Familien stürmten auf die Straße, um gemeinsam zu feiern. Dann begaben sie sich in eine Kirche, wo sie Gott dankten.

Am 2. September 1945, auf den Tag ein Jahr, nachdem mein Vater über Chichi Jima abgeschossen worden war, fand sich die japanische Delegation an Bord der USS *Missouri* ein, um die die formelle Kapitulation zu unterzeichnen.

Alles in allem verbrachte mein Vater etwas mehr als 1.200 Stunden im Dienste der Navy in der Luft. Er flog 58 Kampfeinsätze und landete insgesamt 126 Mal erfolgreich auf einem Flugzeugträger. Allerdings war es ein anderer Flug, der seiner Familie am meisten in Erinnerung bleiben sollte. Um das Kriegsende zu feiern, zischte er nämlich in seiner Avenger über Walker's Point hinweg, während seine Lieben am Boden jubelten und schluchzten.

Am 18. September 1945 – drei Jahre und drei Monate nach seinem Eintritt in die Navy an seinem 18. Geburtstag – wurde George H.W. Bush ehrenhaft aus dem Dienst entlassen. Er hatte im Krieg alles gegeben. Er hatte überlebt. Und Amerika hatte gesiegt.

WIE DIE MEISTEN VETERANEN hielt sich auch mein Vater nicht lange damit auf, vom Krieg zu berichten. Er wollte nicht noch einmal die schlimmen Details der Kampfhandlungen durchleben müssen und sah sich selbst auch nicht als Kriegshelden. Ihm zufolge hatte er bloß seine Pflicht getan und wollte nun mit seinem Leben weitermachen.

Auch war er der Meinung, dass sein Beitrag im Vergleich zu denjenigen, die ihr Leben gelassen hatten, verblassen würde. Freunde und Familie mit Geschichten über seine eigenen Erfahrungen zu unterhalten, wäre für ihn gewesen, als würde er jene, die das ultimative Opfer gebracht hatten, entehren.

Mutter war hingegen mehr als bereit dazu, Dads Erlebnisse mit mir zu teilen. Sie und ich saßen gemeinsam auf dem Boden und blätterten oft durch die Erinnerungshefte, die sie während seiner Zeit in der Navy angelegt hatte. Dort sah ich etwa Schnappschüsse von seinen Kumpels an Bord der *San Jac*, Muscheln, die er für Mutter auf wunderschönen Pazifikinseln gesammelt hatte, sowie ein Stück Gummi vom Floß, das ihm das Leben gerettet hatte. Ich bat ihn darum, mir Geschichten zu erzählen, aber er ließ sich nicht erweichen. Ich brauchte Jahre, um zu begreifen, welche Wirkung der Krieg auf sein Leben gehabt hatte.

Der Krieg hatte zur Folge, dass mein Vater und auch viele andere seiner Generation im Schnellverfahren erwachsen werden mussten. Im Alter von 22 Jahren hatte er bereits etliche Schlachten geschlagen und Freunde sterben sehen. Er hatte sein Leben riskiert und es beinahe selbst verloren. Nun wusste er aber auch, dass er mit Druck und Risiko umgehen konnte. Außerdem hatte er die Befriedigung erfahren, die einen erfasst, wenn man sich selbstlos in den Dienst anderer stellt – eine Erfahrung, die ihn sein Leben lang antreiben sollte.

2002 unternahm mein Vater eine Reise zurück an den Ort seines Abschusses. Begleitet wurde er dabei von CNN-Nachrichtensprecherin Paula Zahn sowie dem Historiker James Bradley, dem Autor von *Flyboys*, einem guten Buch über amerikanische Piloten, die über Chichi Jima abgeschossen wurden. Als er sich der Insel näherte, warf der 78-jährige Mann, der einst der jüngste Pilot der Navy war, zwei Kränze in den Ozean, um seine beiden Besatzungsmitglieder Delaney und White zu ehren. Als er auf der Insel ankam, hatten sich 2.000 Inselbewohner versammelt, um ihn willkommen zu heißen.

Dort traf er außerdem auch auf einen Mann, der als Soldat der japanischen Armee am Tag des Abschusses Dienst auf Chichi Jima tat. Der Mann war persönlich Zeuge geworden, wie amerikanische Piloten, die in Gefangenschaft geraten waren, Opfer von Folter, Hinrichtungen und Kannibalismus wurden. Sein Bruder war in Hiroshima durch die Atombombe ums Leben gekommen, und dennoch hegte er keinen Groll gegen die USA. Ganz im Gegenteil: Die Gräueltaten der japanischen Regierung auf Chichi Jima hatten ihn so erzürnt, dass er sogar den Namen eines der Marines, der auf der Insel exekutiert worden war, angenommen hatte. Er hatte später in der US-Botschaft in Tokio gearbeitet und dabei geholfen, die Beziehungen zwischen den beiden Ländern zu verbessern.

Als die beiden ehemaligen Feinde beieinanderstanden, ihre Köpfe mit grauen Haaren bedeckt, erzählte der Mann meinem Vater mehr über den Tag, an dem er abgeschossen worden war. Er bestätigte etwa, dass die Japaner Boote geschickt hätten, um meinen Vater gefangen zu nehmen, wobei ihm vermutlich das gleiche abscheuliche Schicksal wie den anderen amerikanischen Gefangenen gedroht hätte. Der Mann beschrieb, wie die Boote von ihrem Vorhaben abkamen, als sie die anderen Avenger-Piloten unter Feuer nahmen. Als sich die *Finback* schließlich den Geschützen des Feindes preisgab, um meinen Vater an Bord zu ziehen, brachte einer der Kameraden des japanischen Mannes seine Verwunderung zum Ausdruck, dass die Amerikaner so viel Einsatz zeigten, einen einzigen Piloten zu retten. Eines war dem Mann zufolge klar: Ihre eigene Führung hätte das nie für sie getan. Wie sehr sich das doch vom Denken unserer eigenen Nation unterscheidet. Amerika pflegt die stolze Tradition, niemals einen Soldaten auf dem Schlachtfeld zurückzulassen – und so sollte es auch in Zukunft bleiben.

Seit seinen frühesten Tagen war George Bush ein Mann, der Tugendhaftigkeit, Loyalität und Einsatzbereitschaft zu schätzen wusste. Dies waren Eigenschaften, die ihm seine Mutter und sein Vater beigebracht hatten. Und die USA beziehungsweise vor allem ihre Bürger in Uniform verkörpern diese Ideale. Dies war das Land, für dessen Verteidigung mein Vater alles aufs Spiel gesetzt hatte. Und es war das Land, das er eines Tages anführen würde.

# WESTWÄRTS

EINST FRAGTE ICH MEINE MUTTER, wie sie und mein Vater es fertiggebracht hätten, beinahe 70 Jahre lang eine glückliche Ehe zu führen. »Wir beide waren stets bereit, dem anderen drei Viertel des Weges entgegenzukommen«, sagte sie. Sie meinte damit, dass ihnen ihre Ehe wichtiger war, als sie sich selbst es waren. Sie waren willens, ihre eigenen Bedürfnisse hinter denen des jeweils anderen hintanzustellen.

Mein ganzes Leben lang legten Mutter und Dad diese selbstlose Liebe an den Tag. Immerhin durchquerte sie ja für ihn auch drei Viertel des Landes …

Die Entscheidung, von New Haven in Connecticut, wo mein Vater 1948 seinen Abschluss in Yale machte, in den Westen von Texas zu übersiedeln, sollte das Leben meiner Eltern maßgeblich beeinflussen. Indem er sich mit seinem roten Studebaker von den Möglichkeiten, die ihn an der Wall Street erwartet hätten, räumlich entfernte, ging George H.W. Bush seinen ganz eigenen, unkonventionellen Weg, ließ sich auf ein Risiko ein und folgte seinen nach Unabhängigkeit strebenden Instinkten. Meine Eltern lernten, dass sie auch in einem schwierigen Klima und unter fremden Menschen überleben und sogar aufblühen konnten. Sie ließen sich auf ein Geschäft ein, das für seine Aufs und Abs berüchtigt war, und legten das Fundament für eine starke Ehe – eine dauerhafte, lebenslange Partnerschaft, die profunde Prüfungen überstand, viel Freude bereitete und ein inspirierendes Beispiel für mich und meine Geschwister abgab. Und sie machten mir noch ein weiteres Geschenk: Mein ganzes Leben war ich George und Barbara Bush dankbar dafür, dass sie mich im Westen von Texas aufzogen.

IM NOVEMBER 1945 legte George H.W. Bush also seine Uniform ab und schrieb sich in Yale ein. Wie bei vielen Vertretern seiner Generation hatte das College aufgrund des Krieges warten müssen. Viele der neuen Studenten waren bereits Eltern, und ab dem 6. Juli 1946, als ich im Grace-New Haven Hospital zur Welt kam, gehörten auch Mutter und Dad dazu. Sie nannten mich George Walker Bush, nach meinem Vater und meinem Urgroßvater – aber unter Verzicht auf das »Herbert«. Ich erinnere mich daran, dass ich meine Mutter einst fragte, warum ich denn kein lupenreiner »Junior« sei. »Sohn, die meisten Formulare haben nicht genug Platz für fünf Namen«, meinte sie. Ich ließ mir mit meiner Niederkunft jedenfalls Zeit und betrat diese Welt erst, nachdem meine Großmutter Dorothy Walker Bush meiner Mutter eine ordentliche Dosis Rizinusöl verabreicht hatte – was somit auch mein erster Kontakt mit dem Ölgeschäft war.

Mutter und Dad lebten weniger als eine Stunde von seinen Eltern in Greenwich entfernt, doch muss sich New Haven wie Welten entfernt von Prescott und Dorothy Bushs Haus in der Grove Lane angefühlt haben. Meine Eltern mieteten zuerst ein winziges Apartment in der Chapel Street. Außerdem hatten sie auch noch einen schwarzen Pudel, der auf den Namen Turbo hörte. Als ich schließlich geboren wurde, mussten sie jedoch ausziehen, da der Vermieter zwar Hunde, allerdings keine Babys gestattete. Sie fanden daraufhin eine Bleibe in der Edwards Street. Dieses Mal erlaubte der Besitzer seinen Mietern, ein Baby zu haben, doch war es nun der Hund, der unerwünscht war. Zum Glück fand Turbo ein neues Zuhause in der Grove Lane. In ihrem letzten Jahr in New Haven zogen meine Eltern in ein großes Haus in der Hillhouse Avenue, das von ungefähr einem Dutzend Familien bewohnt wurde. Mutter lacht immer noch darüber, wie sie meine Stoffwindeln in Sichtweite des Yale-Präsidenten, der nebenan wohnte, auf die Wäscheleine hängte.

Meine Eltern genossen ihre Jahre in New Haven. Jeglicher College-Stress verblasste neben den Erfahrungen, die mein Vater im Krieg hatte durchleben müssen. Das heißt aber nicht, dass er die Sache auf die leichte Schulter genommen hätte. Wie üblich nahm George Bush die Aufgabe mit vollem Einsatz in Angriff. Er arbeitete hart in den Unterrichtsräumen, wurde mit der Aufnahme in die akademische Ehrengesellschaft Phi Beta Kappa ausgezeichnet und schaffte innerhalb von zweieinhalb Jahren seinen Abschluss. Außerdem war er Mitglied der Studentenverbindung Delta Kappa Epsilon. Er war sehr kontaktfreudig und gewann viele neue Freunde. An ihrem ersten Thanksgiving in Yale fand Dad heraus, dass einige seiner Kameraden nicht nach Hause reisen konnten, um mit ihren Familien zu feiern, weshalb er gleich zehn von ihnen zu uns zum traditionellen Mahl einlud. Mutter erinnerte ihn zwar daran, dass wir keinen Speisesaal zur Verfügung hätten, aber das war egal. Meine Eltern und ihre Freunde verteilten sich stattdessen auf die Sofas und auf dem Boden und ließen sich den ersten Thanksgiving-Truthahn, den meine Mutter je zubereitete, schmecken. Dieses spontane Festmahl sollte indes bloß eine Vorschau sein auf das, was alles noch folgen sollte. Über die Jahre hinweg standen die vielen Eigenheime meiner Eltern für Freunde und Familie stets offen. Obwohl sie sich mitunter ein wenig über den nie abreißenden Strom an Gästen mokierte, war Mutter dennoch immer eine freundliche Gastgeberin.

Mein Dad schloss nicht nur Freundschaften, er pflegte sie auch. Noch Jahrzehnte später stand er im regelmäßigen Kontakt mit seinen alten College-Freunden. Einer dieser alten Kommilitonen hieß Lud Ashley und stammte aus Toledo, Ohio. Wie Dad ging auch Lud irgendwann in die Politik. Im Gegensatz zu meinem Vater war er allerdings ein liberal ausgerichteter Demokrat. In Washington standen sie sich bei einigen der hitzigsten Diskussionen ihrer Zeit gegenüber. Jedoch wirkte sich das nie negativ auf ihre Beziehung aus. Sie verbrachten immer noch Zeit miteinander und amüsierten sich zusammen wie seinerzeit in den Neunzehnvierzigern, als sie in Yale studierten. Wer einmal ein Freund von George Bush war, der genoss diesen Status sein Leben lang.

Die Lieblingsbeschäftigung meines Dads, der er im Rahmen seines Studiums nachgehen konnte, fand jeweils an Frühlingsnachmittagen auf dem Yale Field statt. Wie er später formulierte, belegte er als Hauptfach Wirtschaft und als Nebenfach Baseball. Er war Kapitän seines Teams und spielte so wie schon sein Vater vor ihm auf der ersten Base. Mutter und ich besuchten fast alle seine Heimspiele. Während ihrer Schwangerschaft saß sie in einem extrabreiten Sitz, der für den ehemaligen Rechtswissenschaftsprofessor William Howard Taft entworfen worden war. Sie liebte es, selbst Statistiken zu führen, und es gehörte zu meinen Lieblingsbeschäftigungen als kleiner Junge, diese tabellarischen Spielberichte von den Matches meines Vaters zu studieren. Die Yale-Mannschaft erreichte 1947 und 1948 die College World Series, die Endspiele um die Meisterschaft der College-Auswahlen. Im ersten Jahr unterlagen sie dabei der University of California-Berkeley und im Jahr darauf dem Team der University of Southern California, den Trojans. (Für echte Baseball-Feinschmecker: die Cal Bears, so der Name des gegnerischen Teams von 1947, wurden von Jackie Jensen angeführt, der 1958 zum wertvollsten Spieler der American League gewählt wurde, und die USC Trojans wurden im Jahr darauf, 1948, vom legendären Rod Dedeaux betreut.)

Der spektakulärste Moment meines Dads als Baseballspieler am College trug sich auf dem Wurfhügel zu. Dort traf er nämlich im Frühling seines Abschlussjahres auf Baseball-Ikone Babe Ruth, der ihm ein signiertes Exemplar seiner Autobiografie für die Bibliothek von Yale überreichte. Einem Fotografen gelang dabei ein Schnappschuss mit Symbolcharakter: Ein großer Mann, der auf das Ende seines Lebens zusteuerte, traf auf einen anderen, dessen Leben gerade erst so richtig losging.

Es ist schwer vorstellbar, wie es meinem Vater gelang, alles unter einen Hut zu bringen – er war ein ausgezeichneter Student, ein herausragender Athlet, ein Mann mit einem großen Freundeskreis sowie ein hingebungsvoller Ehemann und Vater. Meine Mutter formulierte es so: »Er war ein harter Arbeiter.« Das stimmt. George Bush verschwendete keine Zeit und füllte jede Minute des Tages mit Aktivitäten aus.

OBWOHL DER WICHTIGSTE Augenblick meines Vaters auf dem Spielfeld die Gesellschaft Babe Ruths einschloss, hieß sein wahrer Baseball-Held Lou Gehrig. Dad bewunderte sein Geschick, seine Beständigkeit und seine Bescheidenheit und träumte davon, in Gehrigs Fußstapfen treten zu können und in der Major League als Profi zu spielen. Nach einem Spiel für das Team von Yale streckten tatsächlich ein paar interessierte Spielerbeobachter ihre Fühler nach ihm aus. Mein Dad war ein exzellenter Feldspieler, jedoch verhinderte seine Schlagstatistik schließlich eine Karriere bei den Profis. Sein Trainer Ethan Allen brachte es auf den Punkt: »Gutes Feldspiel, schlechter Schläger.«

Eine andere Option schlug er wiederum selbst aus. Im Juni 1948 erhielt er einen überraschenden Brief von Gerry Bemiss, einem Freund aus Kindertagen. Offenkundig war ihm zu Ohren gekommen, dass mein Vater das Priesteramt anstrebe. Obwohl mein Vater seit jeher ein religiöser Mann gewesen war, schwebte ihm jedoch keine Laufbahn in den Reihen des Klerus vor. »Nie habe ich auch nur daran gedacht, ein ›Mann des Tuches‹ zu werden – allerhöchstens einer des Tisch- oder Lendentuches«, schrieb er.

Eine Möglichkeit wäre sicher gewesen, für seinen Onkel George Herbert Walker Jr., genannt Herbie, zu arbeiten. Herbie vergötterte meinen Vater. In späteren Jahren beschlich mich das Gefühl, dass die Aufmerksamkeit, die er meinem Vater zuteilwerden ließ, auf Kosten der Zuneigung ging, die er seinen eigenen Söhnen hätte entgegenbringen sollen. Auf jeden Fall versicherte er ihm, dass er ihm eine verlockende Stelle in seiner Wall-Street-Firma reserviert habe. Ebenso machte auch Brown Brothers Harriman, die Firma Prescott Bushs, meinem Vater ein ernsthaftes Angebot.

Es war keine große Überraschung, dass George H.W. Bush ein gefragter Mann war. Wenige konnten sich gleichzeitig mit den drei Attributen Kriegsheld, Phi Beta Kappa und Kapitän des Baseballteams schmücken. Dad wog die Angebote von der Wall Street mit gebührendem Ernst ab, schließlich respektierte er die Arbeit seines Vaters und hätte auch gerne seinen Wirtschaftsabschluss beruflich genutzt. Außerdem wäre ein Job in der Finanzwelt lukrativ genug gewesen, um Mutter und mich mit einem soliden Einkommen versorgen zu können.

Doch irgendetwas veranlasste ihn letztlich dazu, einen anderen Weg einzuschlagen. Die Wall Street stand für eine konventionelle Karriere. Aber nachdem er Bomber geflogen, auf Flugzeugträgern gelandet und dabei mit Menschen aus allen Schichten gearbeitet hatte, erschien die Aussicht darauf, jeden Tag mit dem Zug zwischen Connecticut und einem Schreibtischjob in New York hin und her zu pendeln, nicht sonderlich reizvoll. Statt mit Wertpapieren zu handeln, wollte er lieber etwas aufbauen. Er gedachte etwas anderes mit seinem Leben anzustellen und scheute nicht davor zurück, ein Risiko einzugehen.

Dad wollte außerdem beweisen, dass er nicht auf die Hilfe seiner Familie angewiesen war. Dieses Streben nach Unabhängigkeit lag ihm im Blut. Schon sein Ururgroßvater, Obadiah Bush, war mit den sogenannten Forty-Niners während des Goldrausches westwärts gezogen. Auch sein Großvater G.H. Walker hatte sich vom Familiengeschäft in St. Louis losgesagt, um in New York sein Glück zu suchen. Und sein Vater, Prescott Bush, war stolz darauf, dass er es ohne einen Cent seiner Eltern geschafft hatte.

Trotzdem stellte sich nach wie vor die Frage, was er konkret tun sollte. Meine Eltern hatten das Buch *The Farm* von Louis Bromfield gelesen, in dem dieser die klassische amerikanische Erfahrung, sein eigenes Land zu bestellen, beschrieb. Sie flirteten eine Zeitlang mit dieser Idee, entschieden sich jedoch letztlich dagegen. Ich kann mir übrigens meine Mutter richtig gut beim Melken einer Kuh vorstellen …

Im Februar 1948 starb S.P. Bush, Dads Großvater, und mein Vater flog mit der Familie nach Columbus zum Begräbnis. Auf dem Weg dorthin unterhielt er sich mit Neil Mallon, einem engen Freund Prescott Bushs aus gemeinsamen Yale-Zeiten. Neil besaß eine Firma namens Dresser Industries, die Bohrausrüstung und sonstiges Zubehör an Öl fördernde Unternehmen verkaufte. Neil schlug Dad jedenfalls vor, in Erwägung zu ziehen, für ihn zu arbeiten: Er könne dort von Grund auf lernen, wie ein Betrieb funktioniere, wie man das Inventar verwalte, Verkäufe tätige und Produkte auf den Markt bringe. Er könne dort aus nächster Nähe eine faszinierende Industrie, die Ölbranche, erleben. Es gab nur einen Haken an der Sache: Er müsse vor Ort an den Ölfeldern des Permian Basin leben – dabei handelte es sich um eine isolierte, staubige, glühend heiße Ecke im Westen von Texas, die in erster Linie von Ranchern und Ölarbeitern bewohnt wurde. Dort war es, wo das Öl sprudelte.

Diese Chance weckte das Interesse meines Dads. Er hatte Artikel zum texanischen Ölboom gelesen und schillernde Persönlichkeiten wie

H.L. Hunt und Clint Murchison verdienten sich dort eine goldene Nase. Er hatte seinen kurzen Aufenthalt in Corpus Christi während der Pilotenausbildung genossen. Und eines war auch sicher: Er wäre dort ganz auf sich gestellt. Prescott Bush und G.H. Walker warfen zwar lange Schatten, aber nicht bis nach Odessa, Texas.

Kurze Zeit nach seinem Abschluss bot Neil Dad einen Job bei einem Tochterunternehmen von Dresser namens Ideco an. Ideco stand dabei für International Derrick and Equipment Company. Dad nahm die Offerte an. Es besteht kein Zweifel daran, dass mein Vater diese Stelle aufgrund der Kontakte seiner Familie erhielt. Und auch ich sollte in meinem Leben von solchen Verbindungen profitieren und hatte das Glück, dass großzügige Familienmitglieder und Freunde mir diese Chancen ermöglichten. Aber auch der Einfluss solcher Beziehungen kennt Grenzen. Zwar können sie Türen öffnen, trotzdem sind sie keine Erfolgsgarantie.

Im Falle meines Vaters öffnete Neil Mallon die Türe zu einem Job als Angestellter in einem Ideco-Depot in Odessa, für den er ein Gehalt von 375 Dollar im Monat erhielt. Seine Pflichten umfassten das Wischen von Böden, das Ordnen des Inventars und das Anstreichen von Tiefpumpen. Er traf außerdem auch auf interessante Persönlichkeiten und konnte sich ein Bild machen, ob ihm das Ölgeschäft behagte. Abgesehen davon gab es keine Garantien.

Zum zweiten Mal in seinem noch jungen Leben traf George H.W. Bush eine mutige und lebensverändernde Entscheidung. Nachdem er die Schule abgeschlossen hatte, entschied er sich gegen die Sicherheit, die ihm das College geboten hätte, und zog stattdessen in den Krieg. Nun würde er die Annehmlichkeiten Connecticuts hinter sich lassen, um mit seiner jungen Braut und seinem kleinem Sohn ins westliche Texas überzusiedeln.

GEORGE BUSH TRAF diese Entscheidung nicht alleine. Auch Barbara Bush genoss Mitspracherecht. Es war nicht unbedingt ein logischer Schritt für meine Mutter, dorthin zu ziehen. Sie war als Kind einer relativ wohlhabenden Familie in Westchester County im Bundesstaat New York aufgewachsen. Ihr Vater, Marvin Pierce, stammte aus Ohio und war einer der herausragendsten Sportler an der hiesigen Miami University gewesen. Er war ein großer, vierschrötiger Kerl, der sich seinen Mittwestler-Charme und seine kompromisslose Arbeitsmoral zunutze machte, um sich eine Karriere als Präsident der McCall Corporation, damals eines der größten amerikanischen Verlagsunternehmen, zu erarbeiten.

Ihre Mutter, Pauline Robinson Pierce, war eine Nachfahrin James E. Robinsons, der Richter am Obersten Gerichtshof von Ohio gewesen war. Sie genoss die Stellung ihrer Familie innerhalb der gesellschaftlichen Hierarchie und gab gerne Geld für die schönen Dinge des Lebens aus. Pauline Robinson Pierce beaufsichtigte ihre Kinder streng. Sie kaufte die Garderobe meiner Mutter und entschied, wo sie zur Schule und aufs College ging. Außerdem war sie ganz vernarrt in Mutters ältere Schwester Martha, ein Fotomodell, das etwa in der *Vogue* zu sehen war. Mrs. Pierce glaubte an einen Lebensstil, der kultiviert und raffiniert war. Ich kann mir ihr Entsetzen angesichts der Tatsache, dass ihre Tochter nun in den westlichen Teil von Texas zog, gut vorstellen. Das Einzige was dort nämlich als raffiniert durchging, war das Öl.

Zum Glück musste mein Vater aber nicht Pauline Pierce überzeugen, sondern nur meine Mutter – und ihr war die Idee leicht schmackhaft zu machen. Sie gestand mir später: »Ich war jung und verliebt, ich wäre überallhin mitgekommen, wo dein Vater hingewollt hätte.«

Ich glaube aber, dass mehr hinter ihrer Bereitschaft steckte, nach Texas zu gehen, als nur ihre Ergebenheit gegenüber meinem Vater. »Weihnachten war ein Albtraum«, vertraute sie mir an. »Wir verbrachten den Weihnachtsabend in Greenwich bei den Bushs. Dann ging es am Weihnachtsmorgen weiter zu meinen Eltern in Rye. Anschließend wieder zurück zum Mittagessen nach Greenwich.« Westwärts zu ziehen, war eine Erlösung von den Zwängen zweier wetteifernder Sippen.

Obwohl es ihr damals vielleicht nicht bewusst war, hatte auch meine Mutter eine nach Unabhängigkeit strebende Ader. Ansonsten wäre sie vermutlich keine so bereitwillige Partnerin bei der Suche nach neuen Abenteuern gewesen. Ich kann höchstens raten, wie Dads Leben verlaufen wäre, wenn seine Ehefrau nicht so offen gegenüber Veränderungen gewesen wäre. Die Geschichte wäre womöglich anders verlaufen.

Eine meiner liebsten Familiengeschichten ereignete sich kurz nach der Hochzeit meiner Eltern. Meine Mutter zündete sich eine Zigarette an, und mein Großvater, ihr Schwiegervater Prescott Bush, ermahnte sie augenzwinkernd: »Habe ich dir etwa gestattet zu rauchen?«

Schlagfertig konterte sie: »Nun, ich habe ja schließlich nicht dich geheiratet.«

In der Regel sprach niemand so mit meinem Großvater. Diese spitze Replik war einfach so herausgerutscht. Glücklicherweise reagierte er mit schallendem Gelächter. Eines war jedenfalls sicher: Barbara Bush war willens, ihre Meinung zu sagen. Das sollte sie in späteren Jahren auch ziemlich regelmäßig tun. Mit ihrem scharfen Witz und ihrer Selbstironie machte sie sich so bei Millionen von Amerikanern beliebt. Ihre Bereitschaft, ihre Meinung zu verkünden, unterschied sich stark von der Haltung manch anderer, gekünstelt wirkender Politikergattin. Durch die breite Zustimmung zu ihrer Person half sie in Folge vielen Amerikanern und Amerikanerinnen dabei, ihren Mann besser zu verstehen und liebzugewinnen. Viele sagten mir, dass jemand, der Barbara Bush geheiratet habe, ein guter Mann sein müsse.

IM SOMMER 1948 stand George H.W. Bush vor zwei Aufgaben: seinen Job anzutreten beziehungsweise für mich und Mutter ein geeignetes Heim zu finden. Während er sich nach einer passenden Behausung in Odessa, Texas, umsah, wohnten Mutter und ich vorübergehend bei meinem Urgroßvater G.H. Walker in seinem Sommerhaus in Kennebunkport, Maine.

Das Leben war auf Walker's Point um einiges komfortabler als im Westen von Texas. Damals war Odessa eine Stadt mit knapp unter 30.000 Einwohnern. Sie lag ungefähr 30 Kilometer von der Partnerstadt Midland entfernt, und zum nächsten größeren Flughafen in Dallas waren es fast 500 Kilometer. Die meisten Straßen waren nicht asphaltiert. Wenige Häuser hatten mehr als ein Geschoss. Die Skyline bestand aus ein paar Erdölbohrtürmen, die den Horizont säumten. Im Sommer stieg das Thermometer regelmäßig in Richtung der 40 Grad Celsius – manchmal sogar schon am Vormittag. Auch lange Dürreperioden waren nichts

Besonderes. Das flache Terrain bot wenig Abwechslung, und darüber hinaus gab es nichts, das einen natürlichen Schatten geworfen hätte, da es in der westlichen Ecke von Texas keine einheimischen Bäume gibt. Und der Wind blies einem um die Ohren und trug dabei mitunter jede Menge Staub mit sich.

Odessa entlieh sich seinen Namen von der am Schwarzen Meer gelegenen Stadt in der Ukraine, und für meinen Dad muss es sich anfangs auch tatsächlich so angefühlt haben, als wäre er in ein fremdes Land gezogen. Bei seiner Ankunft kannte er keine Seele. Die Menschen, auf die er traf, ähnelten eher den Leuten, die er in der Navy kennengelernt hatte, als jenen, die er von zu Hause kannte. Odessa war eine Arbeiterstadt, ihre Bewohner waren auf den Ölfeldern beschäftigt: Es handelte sich um Mechaniker, die die Ausrüstung in Schuss hielten, und Bohrarbeiter, die auf den Anlagen tätig waren. Einer der Mitarbeiter meines Vaters fragte ihn einmal, ob er ein College besucht habe. Wahrheitsgetreu teilte Dad ihm mit, dass Yale-Absolvent sei. Der Typ dachte kurz nach und sagte dann: »Hab ich noch nie von gehört.« Auch die Mode war anders dort. Dad verließ einst das Haus in Bermudashorts. Nachdem etliche Lastwagenfahrer ihn angehupt hatten, machte er sich allerdings auf den Heimweg und mottete, nachdem er zu Hause angekommen war, die Bermudas für alle Zeiten ein ... Sogar das Essen war ungewohnt. Mein Vater erinnerte sich Zeit seines Lebens daran, wie er zum ersten Mal sah, wie jemand eine texanische Delikatesse orderte: paniertes Beefsteak.

Dad fand ein Haus in der East Seventh Street. Die gute Nachricht war, dass es über ein Badezimmer verfügte – die meisten Residenzen in dieser Straße hatten lediglich ein Plumpsklo. Die schlechte Nachricht bestand darin, dass wir unser Bad mit zwei Frauen teilten, die auf der anderen Seite des Zweifamilienhauses wohnten. Es handelte sich bei ihnen um ein Mutter-Tochter-Gespann, das seinen Unterhalt damit verdiente, zu nächtlicher Stunde männliche Kunden zu beglücken. Dagegen schien das 13-Familien-Haus neben dem Yale-Präsidenten alles andere als mies.

Das Leben im Westen von Texas erforderte noch weitere Anpassungen. Kurz nachdem Mutter und ich uns zu Dad in Odessa gesellt hatten, wurde sie von Gasgeruch aus dem Schlaf gerissen. Da sie fürchtete, dass höchste Explosionsgefahr für das Haus bestünde, schnappte sie sich mich und eilte hinaus auf den Bürgersteig. Ein Nachbar, der das Ganze beobachtete, erklärte ihr höflich, dass der Wind gedreht und nur den Geruch der Ölfelder herübergeblasen habe. Alles war in Ordnung. Wir konnten wieder zu Bett gehen. Mutters Erlebnis bestätigte eine der Wahrheiten über diesen Flecken Erde: Im westlichen Texas drehte sich alles um Öl. Es befand sich in der Erde, der Luft sowie in den Köpfen aller, die hier lebten.

Der Schlüssel zur erfolgreichen Anpassung meiner Eltern an ihre neue Umwelt lag in ihrer Einstellung. Sie sahen das Leben dort nicht als Widrigkeit an, die man eben ertragen musste. Vielmehr war es für sie ein Abenteuer – ihr erstes als verheiratetes Paar. Sie brachten ihren Mitmenschen Interesse entgegen und gewannen neue Freunde. Dabei wurde ihnen bewusst, dass sie weder auf Chauffeure noch auf französische Dienstmädchen angewiesen waren, um das Leben zu genießen. Sie hatten ja einander und waren in der Lage, das Beste aus jeder Situation zu machen.

Wir drei verbrachten Weihnachten 1948 in Odessa. Am Weihnachtsabend veranstaltete Dads Firma eine Feier für ihre Mitarbeiter. Er meldete sich freiwillig dafür, die Drinks zu mixen. Am Ende des Abends hatte der fröhliche Barkeeper, um seine Festtagslaune unter Beweis zu stellen, für fast jeden Cocktail, den er ausgeschenkt hatte, selbst einen gekippt. Im Anschluss an das Fest half ihm dann jemand auf einen der Pritschenwagen der Firma. Einer seiner Mitarbeiter war so freundlich, ihn nach Hause zu fahren. Dort angekommen, öffnete er die Ladeklappe und rollte meinen Dad auf den Rasen vor unserem Haus. Die Bushs passten gar nicht schlecht in den texanischen Westen.

* * *

DIESE ANEKDOTE VON der Weihnachtsfeier, die Mutter Dad nie vergessen ließ, war typisch für die Herangehensweise meines Vaters in Bezug auf Arbeit im Allgemeinen: Wenn er sich erst einmal einer Aufgabe verschrieben hatte, war er bereit, sich ihr hundertprozentig zu widmen. Wenn George Bush aufgetragen wurde, den Boden der Lagerhalle zu fegen, dann lieferte er dem Manager den allersaubersten Fußboden, den der je gesehen hatte. Wenn er Ölfördertürme anmalen sollte, legte er am Samstagmorgen eine Sonderschicht ein, um noch eine weitere Farbschicht aufzutragen, damit die Sache auch anständig erledigt wäre. Mein Vater liebte es, hart zu arbeiten – und er genoss es, die Früchte seiner Arbeit zu sehen. Er hatte die Lehren, die ihm seine Mutter mit auf den Weg gegeben hatte, absolut verinnerlicht. Gib dein Bestes. Sei nicht hochmütig. Beklage dich nicht.

Nach einer Weile begriffen seine Vorgesetzten, dass der Neue zu Höherem berufen war. Und so wurde Dad 1949, als ich drei Jahre alt war, nach Kalifornien versetzt. Dort arbeitete er sieben Tage in der Woche in einer Ölpumpenfabrik und schließlich als Handelsreisender im Auftrag von Tochterfirmen von Dresser und verkaufte Bohrmeißel und andere Ausrüstungsgegenstände. Während dieses Jahres lebten wir in vier verschiedenen Städten: Whittier, Ventura, Bakersfield und Compton. Sowohl in Whittier als auch in Ventura wohnten wir bei unseren längeren Aufenthalten in örtlichen Hotels. In Bakersfield hingegen hatten wir ein angemietetes, 90 Quadratmeter großes weißes Holzrahmenhaus. In Compton waren wir in einem Apartment in einem Wohnkomplex namens Santa Fe Gardens untergebracht. (Leider büßte die Wohnanlage Jahre später viel an Lebensqualität ein, als Drogen und Gewalt in die Gegend Einzug hielten.)

Unser nomadischer Lebensstil in Kalifornien stellte eine große Belastung für Mutter dar, da sie ständig packen und wieder auspacken beziehungsweise sich ständig um mich kümmern musste. Zusätzlich war sie nun auch wieder schwanger mit meiner jüngeren Schwester Robin, deren Geburt rund um Weihnachten 1949 ins Haus stand, als wir gerade in Compton stationiert waren. Mutter wollte sicherstellen, dass jemand da wäre, um ein Auge auf mich zu haben, wenn sie ins Krankenhaus müsste, weshalb sie unsere Nachbarin, mit der sie sich angefreundet hatte, darum bat. Diese willigte ein. Kurz bevor schließlich bei meiner Mutter die Wehen einsetzten, fand sie dann allerdings heraus, dass die Nachbarin mitsamt ihrer Kinder vor ihrem ausfälligen Ehemann, der einmal zu oft betrunken nach Hause gekommen war, die Flucht ergriffen hatte. Somit stand ich nun wieder ohne Babysitter da. Irgendwie gelang es meiner Mutter dennoch, jemanden für mich aufzutreiben – wer genau, weiß keiner mehr –, und so kam meine Schwester Robin am 20. Dezember 1949 zur Welt.

Robin wurde nach meiner Großmutter Pauline Robinson Pierce benannt, die drei Monate zuvor bei einem Autounfall ums Leben gekommen war. Mein Großvater verbat meiner Mutter, zur Beisetzung anzureisen, da er fürchtete, dass dies das Baby gefährden könnte. Für meine Mutter, die ihren Vater verehrte, war es schwer, in Zeiten der Trauer so weit von ihm entfernt zu sein.

Das Jahr in Kalifornien war auch für meinen Dad nicht ganz einfach. Er war praktisch permanent unterwegs. Seiner Schätzung zufolge legte er mit seinem Auto in der Woche über 1.500 Kilometer zurück. Er war kein marktschreierischer Schnellredner, doch fand er für sich einen Ansatz, der sich als sehr effektiv erweisen sollte. Es gelang ihm, wie schon in der Schule und beim Militär, persönliche Beziehungen aufzubauen, und mit der Zeit konnte er so das Vertrauen seiner Klienten gewinnen, was wertvoller ist als jeder Bohrmeißel.

Im Frühjahr 1950 wurde meinem Vater mitgeteilt, dass Dresser ihn zurück ins westliche Texas holen wolle und er entweder in Odessa oder Midland wohnen könne. Als 25-jähriger zweifacher Familienvater strebte er danach, sesshaft zu werden. Er und Mutter entschieden sich schließlich für Midland, das damals 215 Ölfirmen sowie ca. 21.000 Menschen beheimatete. Midland würde für nächsten neun Jahre unser Zuhause sein. Es war die erste Stadt, an die ich mich erinnern kann, und wird für immer jener Ort bleiben, den ich als meine Heimatstadt ansehe.

***

DER NAME von Midland, Texas, rührte daher, dass die Stadt auf halbem Weg zwischen Fort Worth und El Paso auf der Texas-Pacific-Bahnstrecke lag. Wie Odessa vermittelte einem auch Midland das Gefühl, am Abgrund zu leben. Ich weiß noch, wie mein Vater in den Hinterhof unseres Hauses in Midland ging, um eine riesige Tarantel mit einem Besen zu vertreiben. Die haarige Kreatur legte einen Mordssatz hin, und Dad musste all sein Können als Baseballspieler aufwenden, um sie daran zu hindern, an ihm vorbei ins Haus zu huschen.

Obwohl Midland und Odessa einander in puncto Topografie nicht unähnlich waren, unterschieden sich die beiden Städte in Bezug auf ihre jeweilige Bevölkerung. Während die Leute in Odessa auf den Ölfeldern arbeiteten, waren die Einwohner von Midland in Büros angestellt. So wie Odessa war auch Midland eine Boomtown, und es war nicht einfach, dort eine Behausung zu finden. Für kurze Zeit lebten wir in einem Hotel und zogen danach in ein Haus mit knapp 80 Quadratmetern Wohnfläche, das sich am Stadtrand befand. Die Nachbarschaft hieß Easter Egg Row, weil der Bauunternehmer die Häuser in kräftigen Farben hatte anstreichen lassen, damit die Bewohner ihre Domizile auseinanderhalten konnten. Unser »Osterei« in East Maple, Hausnummer 405, war knallblau.

Auch das Midland der Neunzehnfünfzigerjahre beherbergte einen bunten Mix schillernder Charaktere. Es gab Leute, die am einen Tag noch pleite gewesen und nun plötzlich reich waren. Da gab es alte Rancher-Familien, die schon lange hier gelebt hatten, bevor Öl gefördert wurde. Dann lebten dort auch noch Texaner aus anderen Teilen des Bundesstaates, in erster Linie Absolventen der University of Texas und Texas A&M. Mein Vater gehörte zu einem kleinen Kontingent von Elitehochschul-Abgängern, die Angebote an der Ostküste in den Wind geschlagen hatten, damit sie ihre unternehmerischen Ambitionen im Ölgeschäft befriedigen konnten. Außerdem wohnten dort noch zahlreiche Fachleute, die für eine angemessene Infrastruktur rund um die Ölindustrie sorgten: Ärzte, Banker, Anwälte, Lehrer und Bauunternehmer, darunter auch ein netter Mann namens Harold Welch, dessen einzige Tochter, Laura Lane, ich Jahre später in der First Methodist Church von Midland heiraten würde.

Midland war ein von Wettbewerb geprägter Ort. Die in der Ölindustrie Beschäftigten gaben sich Mühe, ihre Nachbarn in Bezug auf Pacht- und Lizenzverträge abzuhängen. Die Ungewissheit, die die Branche prägte, hatte einen gleichmachenden Effekt. Jeder konnte es schaffen.

Jedem konnte eine Fehlbohrung passieren. Trotz all der harten Arbeit und Wissenschaft, die in die Branche gesteckt wurden, hätten die Ölarbeiter dennoch alles für ein bisschen Glück gegeben. Trotzdem existierte in Midland aber auch eine Art Gemeinschaftssinn. Die Leute hielten in dieser unwirtlichen, abgeschiedenen Gegend zusammen.

Das Leben im westlichen Texas war simpel, so wie die Namen der Städte, die die hiesigen Straßen säumten: Big Lake (kein Wasser in Sicht), Big Spring (auch nicht viel mehr Wasser) oder Notrees (nicht ein einziger Baum). Meine Spielkameraden und ich verbrachten unsere Tage im Freien, wo wir Baseball oder Football spielten. An Freitagen im Herbst pilgerten die Leute in das Midland Memorial Stadium, um sich Spiele der Midland High Bulldogs anzuschauen. Einer meiner Lieblingsspieler war Wahoo McDaniel, der später für die Oklahoma Sooners und New York Jets spielte und außerdem noch als Wrestler in Erscheinung treten sollte. Am Sonntagvormittag gingen die meisten Leute in die Kirche. Rückblickend kann ich verstehen, warum Midland meinen Eltern so gefiel. Die Mischung aus Wetteifer und Gemeinschaft reflektierte die Erziehung, die mein Vater genossen hatte. Er hatte die Tugenden, die er zu Hause gelernt hatte, direkt mit sich in die texanische Wüste genommen.

Ein paar Monate nach unserer Ankunft in Midland erhielt mein Vater einen unerwarteten Brief von Tom McCance, einem hohen Tier bei Brown Brothers Harriman. Die Firma bekundete erneut ihr Interesse an Dad. Seine Kenntnisse der texanischen Ölbranche würden sich ihrer Meinung nach an der Wall Street bezahlt machen. Dieses Angebot wäre die perfekte Fluchtgelegenheit gewesen. Meine Eltern hätten sagen können, dass ihnen das Leben hier zwar zugesagt habe, sie viel gelernt hätten, nun aber wieder zu ihren Wurzeln zurückkehren würden. Das war jedoch nicht, was sie taten. Mein Vater bedankte sich vielmehr bei Mr. McCance für sein großzügiges Angebot, lehnte es allerdings ab. Er hatte schließlich seinen Claim bereits im Westen von Texas abgesteckt.

EINIGE MEINER SCHÖNSTEN Erinnerungen an unsere Jahre in Midland betreffen die Zeit, die ich dort mit Dad verbrachte. Er war viel damit beschäftigt, sein Geschäft anzukurbeln und reiste unablässig. Außerdem engagierte er sich in der Gemeinde, unterrichtete etwa in der Sonntagsschule der First Presbyterian Church und begab sich im Namen von United Way und dem YMCA auf Spendensammelfahrten. Und dennoch war seine Abwesenheit für mich kaum spürbar. Es war ihm stets ein Anliegen, so viel Zeit wie nur möglich mit seinen Kindern zu verbringen. Wie mein Bruder Jeb es ausdrückte, war George H.W. Bush der Erfinder der »Quality Time«. Er kam von der Arbeit nach Hause, zog sich seinen Baseballhandschuh an und warf mir im Garten unseres Hauses in der West Ohio Avenue 1412, wohin wir im 1951 gezogen waren, Bälle zu. Dieses Haus trägt mittlerweile den Namen »George W. Bush Childhood Home« – obwohl ich mich schon sehr wundere, warum es nicht »George H.W. Bush-Haus, wo auch George W. Bush als Kind lebte« heißt.

An manchen Wochenenden nahm mich Dad mit auf die Taubenjagd, was für viele Leute in dieser texanischen Gegend eine Art Ritual darstellt. Ich trug dabei meine .410, die er mir zu Weihnachten geschenkt hatte, nachdem er überzeugt davon war, dass ich die Sicherheitslektionen verinnerlicht hatte. Wir scharten uns dann um ein Wasserloch inmitten der ausgedorrten Landschaft, bereiteten Burger auf einem tragbaren Grill zu und warteten bis zum Sonnenuntergang, in der Hoffnung, dass die Tauben zu uns fliegen würden, um ihren Durst zu stillen. Er nahm mich auch auf die Ölfelder mit, wo ich die Anlagen und Pumpen aus nächster Nähe sehen konnte. Diese Ausflüge entfachten bei mir das Interesse, das ich später in den Mittsiebzigern als unabhängig in der Ölindustrie Tätiger ausleben würde.

Unser Haus war ein geschäftiger Ort. Eines Tages brachte Dad einen jugoslawischen Ingenieur mit nach Hause, den er über das Ölgeschäft kennengelernt hatte. Er blieb eine Woche bei uns, und mein Vater führte ihn auf den Ölfeldern der Gegend herum. Während eines Sommers in Midland besuchte uns auch der jüngere Bruder meines Vaters, Bucky. Er war 14 Jahre jünger als Dad und in Begleitung seines College-Kumpels Fay Vincent – er sollte später Commissioner der Baseball Major League werden. Sie wohnten bei uns und betätigten sich gemeinsam auf den Ölförderanlagen.

Meine Eltern luden ständig ihre Nachbarn zu Gartengrillfesten oder Cocktails zu uns ein. Ich erinnere mich noch an ein Weihnachten, zu dem ich ein Horn geschenkt bekam. Offenbar blies ich das Ding ein paar Mal zu oft, denn letzten Endes nahm Dad es mir ab und machte es kaputt. Ein paar Tage später kaufte sich einer unserer Nachbarn das gleiche Horn, rief meinen Dad an – und blies lautstark in den Hörer. Ein anderes Mal war es wiederum mein Vater, der jemandem einen Streich spielte, nämlich seinem guten Freund Earle Craig, der ebenso wie er in Yale studiert hatte. Er war dafür bekannt, mit großer Freude in die Perlzwiebel zu beißen, die in seinem Martini schwamm. Eines Abends gab Dad ihm stattdessen ein Gummizwiebelchen in seinen Drink. Als der Earle of Craig (wie ihn manche nannten) schließlich dramatisch in die unechte Zwiebel biss, hatte das herzhaftes Gelächter innerhalb der Runde zur Folge (vermutlich hatten alle bereits ein paar Martinis intus). Earle wusste, dass das alles nicht so ernst gemeint war. Das Leben in Midland war jedenfalls erfreulich und sorgenfrei.

Ich weiß nicht mehr viel von unseren damaligen Gesprächen, aber es dürfte in der Regel um Sport und die Schule gegangen sein. Mein Vater war nicht der Typ, der einem Lektionen in Politik oder Philosophie erteilte. Er glaubte daran, dass er mit gutem Beispiel vorangehen müsse. Wenn ich eine Frage hatte, war er da, um sie zu beantworten. Er gab immer gute Ratschläge.

Als ich ungefähr sechs Jahre alt war, ging ich mit ein paar Freunden in Midland in einen Gemischtwarenladen. Dort erspähte ich ein paar Spielzeugsoldaten aus Plastik, die sich in einem Glas auf einem der Regale befanden. Ich beschloss, sie in meine Hosentasche zu stopfen und spazierte, ohne für sie zu bezahlen, aus dem Geschäft. Später am selben Tag beobachtete mich mein Vater, wie ich vor dem Haus mit den erbeuteten Soldaten spielte.

»Hallo, mein Sohn«, sagte er. »Was tust du denn hier draußen?«

»Mit den Soldaten spielen«, antwortete ich.

»Woher hast du die denn?«, fragte er mich.

Ich zögerte, weshalb er die Frage wiederholte.

Nach ein wenig Kampf mit meinen inneren Dämonen legte ich ein Geständnis ab. »Ich habe sie aus dem Laden mitgehen lassen«, sagte ich.

»Komm mit mir mit«, meinte er daraufhin. Wir stiegen in sein Auto und fuhren zum Geschäft. Er wies mich an, alleine hineinzugehen, die

Soldaten zurückzugeben und mich beim Besitzer für meinen Diebstahl zu entschuldigen. Ich tat, was er mir aufgetragen hatte, und verspürte aufrichtige Reue. Als ich zurück im Wagen war, sagte mein Dad kein weiteres Wort. Er wusste, dass die Botschaft angekommen war.

Der Großteil der alltäglichen Erziehungsarbeit bezüglich meiner Geschwister und mir fiel jedoch meiner Mutter zu. Sie fuhr mich zum Baseball-Training und machte sich während meiner Spiele Notizen, so wie sie es auch bei Dad getan hatte. Sie war wie eine Art Herbergsmutter, die mit unserer Pfadfindertruppe die Höhlen in Carlsbad und die Monahans Sandhills besichtigte. Mutter lud meine Freunde immer dazu ein, zwischen unseren schier endlosen Baseball- und Football-Sessions bei uns zu Mittag oder zu Abend zu essen. Wenn es sein musste, ergriff sie auch manchmal Disziplinarmaßnahmen. Anders als mein Vater war Subtilität nicht das ihre. Als ich jung war, gehörte es zum Beispiel zu ihrem Repertoire, mir den Mund mit Seife auszuwaschen, wenn ich etwas Unanständiges von mir gab oder tat – etwa als sie mich dabei erwischte, wie ich in die Hecke in unserem Garten urinierte. Im Großen und Ganzen hielt sie mich allerdings an der langen Leine, damit ich Spaß haben und ein freigeistiger Junge sein konnte.

Der Erziehungsansatz meiner Eltern reflektierte die Grundhaltung ihrer Generation. Mein Vater verbrachte mehr Zeit mit uns als sein Vater mit ihm, dennoch waren Dads damals nicht so in die Erziehung involviert wie heute. In der Regel waren sie auch nicht so emotional. In unseren frühen Jahren war er keiner, der einen umarmte. Er sagte auch nicht »Ich liebe dich«. Aber das musste er gar nicht. Uns war immer klar, dass er uns bedingungslos liebte.

Wir wussten auch, dass sich unsere Eltern gegenseitig liebten. In den 69 Jahren, in denen ich ihre Ehe nun schon beobachte, habe ich nie mitbekommen, dass es zwischen ihnen grobe Wortwechsel gegeben hätte. Selbstverständlich gibt es gelegentlich kleine Sticheleien oder auch einmal eine Meinungsverschiedenheit auf Augenhöhe. Allerdings spürte ich nie Zorn oder Frustration. Ihr solider und liebevoller Bund bot mir in meiner Kindheit stets Stabilität – und war ein Quell der Inspiration, als ich Laura heiratete.

In jenen Tagen konnten meine Geschwister und ich noch nicht gänzlich verstehen, wie viel Glück wir eigentlich hatten. Andere taten das sehr wohl. Bei Lauras fünfzigstem Highschool-Abschluss-Jubiläum zog mich Mike Proctor, ein Freund aus Kindertagen, zur Seite. Mike hatte seinerzeit, als wir aufwuchsen, gegenüber gewohnt. Wir waren im gleichen Alter und in derselben Klassenstufe gewesen. Mike verbrachte viel Zeit bei uns zu Hause. Wir fuhren zusammen auf unseren Fahrrädern, spielten gemeinsam Football und waren in derselben Pfadfindergruppe. Was ich hingegen nicht wusste, war, dass Mikes Familie ernsthafte Probleme hatte.

Beim Klassentreffen sagte Mike: »Es gibt etwas, das ich dir schon seit sehr langer Zeit sagen wollte. Ich möchte, dass du mir einen Gefallen tust.«

»Kein Problem, Mike«, meinte ich. »Um was geht es denn?«

»Sag deiner Mutter, dass ich mich bei ihr bedanke.«

Er fuhr fort: »Damals ist es dir wahrscheinlich nicht aufgefallen, wie zerrüttet meine Familie war. Durch die Liebenswürdigkeit deiner Mutter konnte ich erleben, wie eine echte Familie funktioniert.«

Am nächsten Tag rief ich meine Mutter an und erzählte ihr, was Mike gesagt hatte. Ich konnte fühlen, dass diese Art Dankbarkeit ihr Herz berührte.

»Richte Mike meine lieben Grüße aus«, trug sie mir auf.

ALS MEINE SCHWESTER Robin drei Jahre alt war, fiel meiner Mutter auf, dass sie nicht viel Energie hatte. Wenn Mutter sie etwa fragte, was sie gerne tun wolle, sagte sie, dass sie auf dem Bett sitzen oder im Gras liegen wolle. Das klang nicht normal für eine Dreijährige, weshalb sie Robin zur Familienärztin in Midland, zu Dr. Dorothy Wyvell, brachte.

Dr. Wyvell führte ein paar Tests durch. Mutter sorgte sich, dass die Ergebnisse schlecht ausgefallen waren, als die Ärztin sie und Vater in ihre Praxis einlud. Jeder, der selbst Kinder hat, kann sich die Agonie des Gesprächs, das folgen sollte, ausmalen. Dr. Wyvell teilte meinen Eltern mit, dass Robins Bluttests ergeben hätten, dass sie an Leukämie leide. Die Anzahl ihrer weißen Blutzellen war jenseits von Gut und Böse – die höchste, die Dr. Wyvell je untergekommen war.

Meine Eltern hatten erwartet, dass etwas im Argen läge, aber dies wiederum hatten sie nicht befürchtet. Schließlich erkundigte sich mein Vater: »Was ist der nächste Schritt? Wie werden wir sie behandeln?«

Während sie antwortete, füllten sich die Augen Dr. Wyvells mit Tränen. Sie war ja nicht nur die Ärztin meiner Eltern. In der eng zusammenstehenden Gemeinschaft von Midland war sie eine Freundin. »Es gibt nichts, was ihr tun könnt«, sagte sie. »Wahrscheinlich bleiben ihr nur noch ein paar Wochen. Ihr solltet sie mit nach Hause nehmen und ihr alles so angenehm wie möglich machen.«

Mein Vater konnte nicht akzeptieren, dass es keine Hoffnung mehr gab, sein kleines Mädchen noch zu retten. Er fuhr nach Hause und rief den Bruder seiner Mutter, Dr. John Walker, im Memorial Sloan Kettering, dem besten Krankenhaus zur Krebsbehandlung in New York, an. Sein Onkel meinte, dass es ein paar neue Fortschritte bei der Behandlung gebe, die Robin womöglich helfen könnten. Er bestätigte aber auch, was Dr. Wyvell gesagt hatte: Es gab keine Heilung für Kinderleukämie.

Meine Eltern begaben sich also mit Robin nach New York. Sie wussten, dass die Chancen schlecht standen, aber sie weigerten sich, ihre Tochter aufzugeben. Wie auch Dr. Walker meinem Vater mitteilte: »Du würdest nicht mehr mit dir selbst leben können, wenn du nicht versuchen würdest, sie behandeln zu lassen.«

Meine Eltern weihten mich nie richtig ein. Sie sagten mir nur, dass Robin krank sei beziehungsweise sie nach New York reisen würden, damit Onkel John ihr helfen könne, sich wieder besser zu fühlen. Mein Vater pendelte zwischen New York und Midland hin und her. Manchmal besserte sich Robins Krebserkrankung, und sie kam für ein paar Wochen zurück nach Hause. Dann hatte sie wieder einen Rückfall, und meine Eltern flogen mit ihr zurück nach New York. Während sie fort waren, ließen Mutter und Dad mich und meinen Bruder Jeb, der erst wenige Monate alt war, bei Freunden und Nachbarn aus Midland. Diese Leute wurden somit ohne mit der Wimper zu zucken zu unseren Ersatzeltern.

Meine Eltern begegneten Robins Krankheit auf ihre jeweils eigene Art und Weise. Mein Vater war ein wahrer Wirbelwind. Wenn er sich in New York aufhielt, traf er sich mit Ärzten, ging Testresultate durch und erkundigte sich nach neuen Behandlungsmethoden. In Texas eilte er schon früh am Morgen aus dem Haus, ging in die Kirche, um für Robin zu beten, und stürzte sich darauf in die Arbeit. Wenn ich zurückdenke, dann war seine emsige Umtriebigkeit seine Art, um mit der Hilflosigkeit, die er fühlte, umzugehen. George Bush, der Navy-Pilot, der auf das Rettungsfloß geklettert und dem Tod davongepaddelt war, muss es als unerträglich erlebt haben, nichts für das kleine Mädchen, das er so liebte, tun zu können.

Im Gegensatz zur Rastlosigkeit meines Vaters verbrachte meine Mutter beinahe jede Stunde, die sie wach war, an Robins Bett. Sie spielte mit ihr, las ihr vor und versuchte, sie bei guter Laune zu halten. Sie wohnte in New York bei den Walkers, und Familienmitglieder schauten im Krankenhaus vorbei, um ihr Unterstützung anzubieten. Mein Urgroßvater, der ruppige G.H. Walker – mit seinen 78 Jahren hatte er selbst sein letztes Lebensjahr erreicht – verbrachte Stunden damit, Robin Gin Rummy beizubringen. Sie nannte das Spiel »Gin Poppy«, nach dem Spitznamen, bei dem die Familie meinen Dad rief.

Robins Behandlung war schmerzhaft. Die Chemotherapie und Bluttransfusionen gingen ihr an die Substanz. Mutter stellte eine Regel auf: Es durfte vor Robin nicht geweint werden. Das fiel meinem Vater sehr schwer. Mutter harrte stoisch an Robins Seite aus und tröstete ihre Tochter, wenn sie litt. Ihr Biograf Richard Ben Cramer beschrieb den Charakter meiner Mutter in diesen Tagen so: »Es ging über Stärke hinaus – sie war heroisch und ihr Handeln ein Akt des Willens und der Liebe.«

Eines Tages besuchte Mutter die Eltern meines Dads in Greenwich, Connecticut. Mein Großvater Prescott Bush, der gerade zum Senator gewählt worden war, nahm sie mit auf einen langen Spaziergang durch den Putnam-Friedhof von Greenwich. Dort zeigte er ihr eine Grabparzelle, die er und meine Großmutter sich als letzte Ruhestätte ausgesucht hatten. Es gab auch noch genug Platz für einen weiteren Grabstein. Das war sein sanfte Art, meiner Mutter mitzuteilen, dass sie sich um Robin kümmern würden, wenn die Zeit gekommen wäre, und er seine Enkelin gerne an seiner Seite hätte. (Jahrzehnte später verlegten meine Eltern Robins Grab an den Ort, wo sie selbst einmal bestattet werden wollen, bei der Präsidentenbibliothek meines Dads in College Station, Texas.)

Das Ende kam schließlich am 11. Oktober 1953. Robin schlief friedlich ein, nachdem sie sieben Monate gekämpft hatte. Während eines ihrer letzten Augenblicke mit meinem Vater sah Robin ihn mit ihren wunderschönen blauen Augen an und sagte: »Ich liebe dich mehr, als die Zunge sagen kann.« Dad sollte diese Worte den Rest seines Lebens immer wieder wiederholen.

***

ICH HABE NOCH eine lebhafte Erinnerung an den Tag, als meine Eltern mir von Robins Tod erzählten. Einer meiner Lehrer an der Sam Houston Elementary School hatte mich und einen Mitschüler von mir darum gebeten, einen Schallplattenspieler in einen anderen Bereich der Schule zu bringen. Als wir hinausgingen, sah ich, wie meine Eltern in ihrem erbsengrünen Oldsmobile vorfuhren. Ich rannte hinüber zu ihrem Wagen und dachte zuerst noch, dass ich Robins blonde Locken auf dem Rücksitz sehen könnte. Ich war so aufgeregt, weil ich glaubte, dass sie wieder nach Hause gekommen wäre. Jedoch war sie nicht da, als ich beim Auto ankam. Mutter umarmte mich ganz fest und erklärte mir, dass sie gestorben sei. Auf der Fahrt nach Hause sah ich meine Eltern zum ersten Mal weinen.

Nach Robins Tod tauschten meine Eltern die Rollen. Mein Vater war nun der Starke, der sich um die Planung der Beerdigung kümmerte. Eine der ersten Entscheidungen meiner Eltern war, Robins Körper dem Memorial Sloan Kettering zu Forschungszwecken zur Verfügung zu stellen. Die Ärzte hatten ihnen erklärt, dass das eine Möglichkeit darstelle, mehr über die Krankheit zu erfahren, und meine Eltern hofften, dass auf diese Weise womöglich andere Kinder von Robins Tod profitieren würden. Die Kinderkrebsforschung wurde in der Folge zu einem lebenslangen Anliegen meiner Eltern. Heute trägt die Kinderkrebsabteilung des Houstoner MD Anderson Cancer Centers Robins Namen.

Nachdem sie sieben Monate lang Stärke gezeigt hatte, war meine Mutter nun am Boden zerstört. Sie litt an Depressionen, die sie periodisch heimsuchten. Im Alter von 28 begannen ihre dunkelbraunen Haare weiß zu werden.

Obwohl ich zu jung war, um Robins Tod zur Gänze zu begreifen, spürte ich dennoch den Schmerz, den meine Mutter fühlte. Sie erzählte mir später, dass ich aufhörte, mit meinen Freunden zu spielen, damit ich drinnen bleiben konnte, um zu versuchen, sie mit meinen Witzen aufzuheitern. Auch mein Vater fand Wege, um ihre Stimmung zu heben. Er arrangierte Treffen mit Freunden und half ihr sanft, wieder in die Spur zu kommen und ihr Leben weiterzuleben. Anstatt sich auf den Verlust Robins zu fokussieren, betonten sie ihre Dankbarkeit für die Jahre, die sie mit ihr hatten verbringen dürfen.

Robins Tod trieb meine Eltern nicht auseinander, anders als viele andere Paare, die sich vor den Trümmern ihrer Beziehung wiederfinden, wenn sie ein Kind verlieren. In ihrem Fall schweißte sie das geteilte Leid noch enger zusammen. So wurde ihre Ehe noch stärker. Als sie einander am meisten brauchten, waren sie beide dazu bereit, dem anderen jeweils drei Viertel des Weges zwischen ihnen entgegenzugehen.

VATER SPRACH NIE sehr viel darüber, wie es war, Robin zu verlieren. In jener Ära besprachen die Menschen solche Dinge nicht wirklich. Ein paar Jahre nach Robins Tod schrieb Dad seiner Mutter aber einen Brief darüber, wie einsam er sich fühle. »Wir brauchen weiches blondes Haar, um unsere Bürstenhaarschnitte aufzuwiegen. Wir brauchen ein Puppenhaus, das unseren Forts und Schlägern und Tausenden von Baseball-Sammelkarten entgegensteht«, schrieb er ihr. »Wir brauchen ein Mädchen.« Seine Gebete wurden schließlich erhört, als 1959 meine Schwester Doro geboren wurde. Im Krankenhaus presste er sein Gesicht gegen die Fensterscheibe vor der Babystation und schluchzte.

Während seines Vorwahlkampfes um die Kandidatur zur Präsidentschaftswahl 1980 fragte ein Journalist meinen Vater, ob er je mit »persönlichen Schwierigkeiten« zu kämpfen gehabt habe. Zwischen den Zeilen zielte diese Frage darauf ab, herauszuarbeiten, ob ein Mann, der ein so behagliches Leben wie George Bush führte, die Probleme der gewöhnlichen Menschen nachvollziehen könne.

Mein Vater hätte erwähnen können, wie er im Zweiten Weltkrieg vom Feind abgeschossen worden sei. Oder dass er in der Highschool an einer Staphylokokkeninfektion beinahe gestorben wäre. Stattdessen starrte er den Reporter an und fragte ihn: »Haben sie jemals Ihrem Kind beim Sterben zugesehen?«

Der Journalist verneinte.

»Ich aber schon, sechs Monate lang«, sagte Dad.

Das war das Ende des Interviews. Jeder, der jemals ein Kind verloren hatte, wusste genau, was er meinte.

Mein Vater hörte nie auf, an seine Tochter zu denken. Solange ich mich erinnern kann, stand auf seinem Schreibtisch in seinem Büro ein gerahmtes Foto von ihr. Später in seinem Leben, als er sich mit seiner eigenen Sterblichkeit befasste, fragte Dad seinen Seelsorger, ob er Robin und seine Mutter im Himmel wiedersehen werde. Er wollte wissen, ob Robin noch wie ein Kind aussehe – oder ob sie in den sechzig Jahren seit ihrem Tod »erwachsen« geworden sei. Diese Frage ist ein Teil eines großen Mysteriums. Allerdings bin ich mir sicher, dass mein Dad in seinem Herzen weiß, dass er seine Tochter wiedersehen wird.

# DER KANDIDAT

IM ALTER VON 25 JAHREN hatte George Bush bereits auf die Sicherheit des Colleges verzichtet, um seinem Land als Navy-Pilot im Zweiten Weltkrieg zu dienen. Er hatte sich gegen die finanzielle Absicherung der Wall Street entschieden, um lieber das Ölgeschäft im Westen von Texas zu erforschen. Seine Abenteuerlust und sein Streben nach Herausforderungen machten es ihm unmöglich, innezuhalten. Über die nächsten zwei Jahrzehnte hinweg drängte er von einem anspruchsvollen Unterfangen zum nächsten. Im Verlauf seiner beruflichen Karriere stieg er vom Angestellten zum Unternehmer auf, zog von der Kleinstadt in die Großstadt und verlagerte sein Aufgabengebiet vom Bohren nach Öl zu Lande in Richtung des neuen Betätigungsfeldes der Offshore-Bohrungen. Sein finanzieller Erfolg ermöglichte es ihm, sich weiter voranzutreiben, vom privaten Geschäft hin zum öffentlichen Dienst – und von der Lokalpolitik auf die nationale Bühne. Nicht jedes Risiko, das mein Vater in diesen Jahren auf sich nahm, zahlte sich aus. Daraus lernte er eine neue Lektion: Wenn man sich weigert, aufzugeben, können sich Gelegenheiten nicht nur aus dem Triumph, sondern auch aus der Niederlage ergeben.

ALS ANGESTELLTER VON Dresser Industries erkundete George Bush die Ölbranche aus nächster Nähe und konnte sehr viel lernen. Dabei wurde ihm bewusst, dass er selbst als Unternehmer ins Geschäft einsteigen wollte. Bald schon hatte er sich ein neues Ziel gesteckt: Er würde sich im Ölbusiness unabhängig machen.

Bevor mein Vater sich als Selbstständiger versuchen konnte, musste er allerdings Neil Mallon darüber in Kenntnis setzen, dass er vorhabe,

Dresser zu verlassen. Dad erzählte später, dass ihn der Gedanke an diese Unterredung mit Neil nervös gemacht habe. Er wollte den Mann, der ihm seine ersten Schritte in der Branche ermöglicht hatte, nicht im Stich lassen. Als Dad Neil mitteilte, dass er seinen Hut nehmen werde, wurde Neil ganz still. Dann griff er sich aber sogleich einen gelben Notizblock und verbrachte 30 Minuten damit, meinem Vater zu erklären, wie er an die Sache herangehen sollte. Neils Reaktion diente als gutes Beispiel für meinen Dad und später auch für mich. Statt meinem Dad zu grollen oder sich den Plänen seines begabten Angestellten in den Weg zu stellen, zog er es vor, ihn zu ermutigen und als Mentor zur Verfügung zu stehen. Mein Vater sollte ihm sein ganzes Leben lang dafür dankbar sein. Erkundigt euch nur mal bei meinem kleinen Bruder Neil Mallon Bush …

Mein Vater wandte sich dann an einen Freund und Nachbarn aus der Easter Egg Row, an John Overbey. Er unterbreitete ihm seine Idee, eine Partnerschaft einzugehen. Overbey war Absolvent der University of Texas, bewandert in der Welt der Öl-Pachtverträge und Förderabgaben und besaß außerdem eine feine Gabe dafür, wichtige Informationen aus alten Ranchern, den Scouts der Ölfirmen und anderen Selbstständigen herauszukitzeln. Mein Vater hingegen brachte andere Fähigkeiten mit. Er hatte gute Verbindungen zu Anlage-Interessenten, vor allem an der Ostküste.

Ab dem Frühjahr 1951 war Bush-Overbey gut aufgestellt und lief. Dad reiste regelmäßig an die Ostküste, um Gelder aufzutreiben. Etliche der ersten großen Investoren waren Familienmitglieder oder Freunde, etwa sein Vater und sein Onkel George Herbert Walker Jr., der darauf brannte, seinem Lieblingsneffen unter die Arme zu greifen. Es gelang ihm auch, Leute wie Eugene Meyer, den Zeitungsmagnaten hinter der *Washington Post*, für seine Unternehmungen zu gewinnen. Leider war diese Zeitung später nicht immer so erpicht darauf, Leute mit dem Namen George Bush zu unterstützen.

Mein Vater war zielstrebig bei der Geldbeschaffung, aber auch vorsichtig beim Ausgeben. Bush-Overbey beteiligte sich in geringem Ausmaß an einer Vielzahl von Projekten, womit das Risiko gesplittet wurde, sich aber auch die Chance auf große Gewinnauszahlungen verringerte. An den meisten Vormittagen begab sich Dad schon früh ins Büro, klemmte sich hinter die Schreibmaschine und tippte Briefe. Er schrieb sie an Leute, die er überall in der Stadt oder auf seinen Reisen kennengelernt hatte, potenzielle Verpächter und Investoren. Über die Jahre hinweg übertrug er sein eifriges Briefschreiben auch auf seine politischen und diplomatischen Tätigkeiten. Heute gibt Tausende Menschen, die in eine Schublade greifen und ein Dankesschreiben von George Bush vorzeigen können.

NICHT WEIT VOM Ein-Zimmer-Büro von Bush-Overbey in der Innenstadt von Midland befand sich die Anwaltskanzlei Liedtke and Liedtke. Bill und Hugh Liedtke waren Brüder aus Tulsa, Oklahoma, wo ihr Vater als Anwalt für Gulf Oil tätig war. Die Liedtkes planten den Aufbau einer großen unabhängigen Ölfirma und benötigten dafür einen ambitionierten Partner. George Bush war dafür der ideale Kandidat, und Dad tat sich bereitwillig mit ihnen zusammen. Das Leben als Firmeninhaber war nichts für John Overbey, weshalb er sich nach zweijähriger Zusammenarbeit im Guten von meinem Dad trennte und dennoch als Unabhängiger erfolgreich im Ölgeschäft blieb.

Dad willigte ein, die Hälfte des Startkapitals für die neue Firma aufzutreiben. Die Liedtkes wollten sich um die andere Hälfte kümmern. Wieder einmal wandte sich Dad an seinen Onkel Herbie und seine Freunde an der Wall Street. Sie hatten ordentliche Gewinne mit Bush-Overbey gemacht, und Dad überzeugte sie davon, dass er ihnen sogar noch mehr in ihre Kassen spülen könnte. So gelang es ihm, eine halbe Million Dollar zusammenzukratzen. Das Gleiche traf auf die Liedtkes zu.

Bevor sie anfingen, Verträge abzuschließen, mussten sie zuerst noch einen Namen für die neue Firma finden. Die Partner einigten sich darauf, dass er entweder mit einem A oder einem Z beginnen sollte, damit sie nicht in der Mitte des Telefonbuchs stünden. Zufälligerweise lief in Midlands Innenstadtkino damals der Film *Viva Zapata!* mit Marlon Brando in der Hauptrolle, und der mutige General der mexikanischen Revolution verkörperte mustergültig ihren unabhängigen, risikofreudigen Geist. Außerdem fing sein Name mit dem richtigen Buchstaben an – und so wurde im Jahr 1953 »Zapata Petroleum« aus der Taufe gehoben.

Es dauerte gar nicht lange, bis die wagemutige Firma ihrem Namen auch tatsächlich gerecht wurde. Hugh Liedtke schlug vor, dass Zapata 850.000 US-Dollar in ein einziges Projekt, das Jameson-Ölfeld in Coke County, investieren sollte. Die vorangegangene Exploration eines anderen Unternehmers hatte ergeben, dass das Feld Öl enthielt, doch konnte niemand genau sagen, wie viel. Alles auf eine Karte zu setzen, war das Gegenteil der Strategie, die von Bush-Overbey verfolgt worden war. Aber die Aussicht darauf, einen großen Wurf zu landen, war genau das, was mein Vater an der Ölbranche so liebte.

Das Wagnis zahlte sich aus. Ende 1954 hatte Zapata 71 Löcher gebohrt – und aus allen 71 sprudelte das schwarze Gold. Schlussendlich wurde aus insgesamt 127 Bohrlöchern, die gebohrt worden waren, Öl gefördert. Dad und die Liedtkes konnten ihren Investoren satte Profite abliefern und auch selbst ordentliche Gewinne einfahren. George Bush war dennoch zu bescheiden – und clever –, um nun wie wild mit seinem Geld um sich zu werfen. Er musste immerhin eine wachsende Familie ernähren und wusste, wie unvorhersehbar das Ölbusiness sein konnte. Wir zogen schließlich in ein Haus mit 280 Quadratmetern Wohnfläche am Sentinel Drive an der Peripherie von Midland. Das Haus verfügte über einen Swimmingpool und befand sich in unmittelbarer Nachbarschaft zum Cowden Park, wo ich meine Baseballspiele in der Little League absolvierte. Für einen Jungen konnte es gar nicht besser sein. Es sollte aber nicht lange dauern, bis George Bush eine weitere Geschäftsidee hatte, und wir erneut umzogen.

* * *

DER OZEAN HAT meinen Vater schon seit jeher fasziniert. Sein liebster Ort auf der Welt ist etwa Walker's Point in Maine. Als Junge verbrachte er seine Sommer damit, im Atlantik zu schwimmen, zu segeln und zu fischen. Sein Großvater Bert Walker brachte ihn auf Schnellboote, was zu einer lebenslangen Leidenschaft für ihn werden sollte. Mit weit über 80 Jahren schoss er immer noch liebend gerne mit seinem Powerboot, der *Fidelity*, so schnell wie möglich übers Wasser.

In den 1950er-Jahren sah die Zukunft für die Offshore-Förderung glänzend aus. Also war auch der junge Ölmann George Bush fasziniert von der Unterwasser-Ölgewinnung.

Die ersten Ölbohrungen in den flachen Gewässern des Golfs von Mexikos fanden in den späten Dreißigern des vergangenen Jahrhunderts statt. Geologen vermuteten, dass an tieferen Stellen noch größere Vorkommen schlummerten. Diese Ölvorkommen zu erschließen, erforderte eine Bohrinsel, die groß genug war, als dass sie den Boden erreichte, und stabil genug, um Wellen und Wind zu widerstehen, sowie mobil genug, um an verschiedenen Orten zum Einsatz zu kommen.

Diese Art Ausrüstung setzte signifikante Vorabinvestitionen voraus. 1954 beschloss Zapata Petroleum, sich auf ein neues Risiko namens Zapata Offshore einzulassen, um in weiterer Folge Anlagen zu bauen und sie an Ölunternehmen zu verpachten. An der Spitze der neuen Tochtergesellschaft stand George Bush.

Der erste große Schritt meines Vaters war der, auf einen brillanten, aber auch unkonventionellen Ingenieur zu setzen, R.G. LeTourneau. Seine offizielle Schulausbildung hatte er nach der siebten Klasse beendet, und seine mechanischen Entwürfe zeichnete er auf Notizblöcke anstelle von Blaupausen. Er hatte die Idee zu einer besonderen Offshore-Bohrplattform, die im Gegensatz zu den anderen Modellen dieser Zeit auf drei Stützbeinen ruhte und von mehreren Motoren angetrieben wurde, was zu größerer Stabilität und Geschwindigkeit führen sollte. Dad und die Liedtkes zeigten sich angetan, aber die Kosten stellten eine Hürde dar: drei Millionen Dollar.

LeTourneau hatte allerdings genug Vertrauen in seinen Entwurf, sodass er anbot, die Bohrplattform zu bauen, wenn ihm Zapata 400.000 Dollar vorstrecke und ihm einen Anteil an der Firma garantiere, falls die Anlage tatsächlich funktionierte. Das Unterfangen war gewagt, aber Zapata beschloss, es mit dem exzentrischen Ingenieur zu versuchen.

1956 ging LeTourneaus revolutionäre Anlage – sie erhielt die Spitznamen »Skorpion« und »dreibeiniges Monster« – im Golf von Mexiko in Betrieb. Mutter und ich flogen in einem kleinen Propellerflugzeug in Begleitung dreier Arbeitskollegen meines Dads hinaus, um der offiziellen Taufe der Plattform beizuwohnen. Ich war überwältigt von der Größe der Ölbohrinsel. Die Plattform maß 56 mal 45 Meter und jedes Stützbein war über 40 Meter lang. Die gesamte Vorrichtung wog über vier Millionen Tonnen. Viele Jahre später wurde ich in Midland an Dads Vorstoß in die Offshore-Ölförderung erinnert, als ich einem der anderen Typen, die an jenem Tag in der Propellermaschine gesessen hatten, über den Weg lief. Er teilte mir mit, dass ich ihm einen neuen Hut schulde. »Warum denn?«, wollte ich wissen. »Weil du dich auf diesem Flug in meinen alten übergeben hast«, antwortete er mir.

Nach einiger Zeit entschieden George Bush und die Liedtkes, Zapata in zwei getrennte Unternehmen aufzuteilen. Mein Vater erhielt dabei die Vermögenswerte aus dem Offshore-Betrieb und die Liedtkes die Aktiva aus dem Geschäft zu Lande. Den Liedtkes sollte phänomenaler Erfolg beschieden sein, nachdem sie mit South Penn Oil fusionierten und so einen der größten Energiekonzerne überhaupt, Pennzoil, schufen. Dad hingegen machte weitaus weniger Geld mit der Ölgewinnung zur See, aber es freute ihn sehr, dass seine Freunde so erfolgreich waren. Er liebte die Arbeit, die er sich ausgesucht hatte. Und nie beurteilte er ihren Wert nach dem Umfang seiner Brieftasche.

1959, ALSO KURZ nach der Aufteilung von Zapata, übersiedelte mein Vater mit der Familie in das 800 Kilometer entfernt gelegene Houston, wo die meisten im Offshore-Bereich tätigen Firmen ihren Sitz hatten. Ich bin mir sicher, dass es meinen Eltern schwerfiel, Midland, wo sie so viele Freunde gefunden hatten, hinter sich zu lassen. Allerdings machten sie sich keine Sorgen darüber, sich an ein neues Zuhause zu gewöhnen. Und das taten wir schließlich auch, woran Mutter einen großen Anteil hatte. Obwohl sie vier Kinder (mich; Jeb, geboren 1953; Neil, geboren 1955; und Marvin, geboren 1956) erzog und überdies auch noch mit Dorothy, die etwas später in besagtem Jahr 1959 zur Welt kommen sollte, schwanger war, koordinierte sie den Umzug und überwachte den Bau eines neuen Hauses am Briar Drive. Mutter stellte sicher, dass dieses neue Eigenheim schon bald unser neues Zuhause wurde.

Houston war eine betriebsame Großstadt und eröffnete neue Horizonte – für die Karriere meines Dads sowie auch für mich. Ich weiß noch, wie zum ersten Mal einer der für Houston typischen sintflutartigen Regenstürme über die Stadt hinwegbrauste. Das war im Vergleich zu Midland so, als würde man im tropischen Dschungel leben. Ich kam in eine neue Schule, Kinkaid, die mehr Möglichkeiten bot als meine Schulen im Westen von Texas. Und anders als in Midland gab es Profisport in Houston. Ich erinnere mich an ein Football-Match zwischen den Houston Oilers und den Dallas Texans in einem der ersten Finalspiele der AFL. Ab 1962 gab es dann auch ein Baseballteam in der Major League, die Houston Colt .45s. Kurze Zeit später änderten sie ihren Namen in Houston Astros und spielten im Astrodome, der damals auch als achtes Weltwunder bezeichnet wurde. Für einen sportbegeisterten Jungen wie mich war Houston das Himmelreich.

Das Offshore-Ölbusiness brachte beträchtliche finanzielle Risiken mit sich. Ohne Bohrlizenzen wären Zapatas Bohrplattformen samt Arbeitskräften überflüssig gewesen. Dad bereiste die Welt, um die Werbetrommel zu rühren. Seine Erfahrung in der Zusammenarbeit mit ausländischen Geschäftsleuten und Regierungsvertretern bildeten eine wichtige Grundlage für seine späteren diplomatischen Tätigkeiten. Die Firma zu leiten, lehrte ihn überdies das Beherrschen von Schlüsselprinzipien in puncto Management. Er begriff, wie wichtig es war, kompetente Leute anzuheuern und auf ihren Rat zu hören, Verantwortung zu delegieren, schwere Entscheidungen zu treffen und in Folge die Konsequenzen zu akzeptieren. Wenn die Dinge sich gut entwickelten, teilte er die Anerkennung. Wenn mal etwas falsch lief, dann hielt er seinen Kopf hin. Diese Erfahrungen halfen ihm dabei, die Führungsqualitäten zu entwickeln, die ihn jahrzehntelang auszeichnen sollten.

Obwohl die Ölbranche ein unsicheres Geschäft war, zeigte mein Vater selten Anzeichen von Stress. Etwaige Probleme behielt er für sich, wobei ihm sein rigoroses Trainingsprogramm half. Es gab aber auch Zeiten, in denen das rastlose Tempo meines Vaters Konsequenzen zeitigte. Auf einer Geschäftsreise nach England im Jahr 1960 kollabierte er und fiel auf den Boden seines Hotelzimmer. Zum Glück gelang es ihm noch, mittels eines Notrufknopfs auf sich aufmerksam zu machen. Der britische Arzt teilte ihm mit, dass er eine Lebensmittelvergiftung habe, aber zurück in Texas diagnostizierte sein Hausarzt bei ihm ein blutendes Magengeschwür. Der Grund dafür mag vielleicht der Stress gewesen sein, oder auch Erschöpfung. Egal, der Arzt erklärte meinem Vater, dass er Glück habe, noch am Leben zu sein.

IN SEINEN FRÜHEN JAHREN wirkte George H.W. Bush nicht wie ein besonders politischer Mensch. Er verfolgte die Nachrichten und ging zur Wahl, als er alt genug dafür war, aber er war kein Mitglied irgendwelcher politischer Organisationen, und abgesehen von seiner Kandidatur zum Schülervertreter seiner Abschlussklasse in Andover war er noch nie in einen Wahlkampf verstrickt gewesen.

Das sollte sich ab 1950 ändern, als mein Großvater beschloss, in Connecticut für den US-Senat zu kandidieren. Mein Vater war 26 Jahre alt und stand am Anfang seiner Karriere im Ölgeschäft, weshalb er nicht viel tun konnte, um seinen Vater zu unterstützen. Trotzdem verfolgte er den Wettlauf ums Amt genau, und die Entscheidung seines Vaters, zur Wahl anzutreten, brachte ihn dazu, darüber nachzudenken, ob auch er in der Zukunft zu so einem Schritt bereit wäre.

Prescott Bush war kein typischer Politiker. Mit seinen 55 Jahren hatte er erst ein öffentliches Amt bekleidet, nämlich jenes als Moderator der Gemeindeversammlungen in Greenwich. Er verstand sich aufgrund seiner geschäftsorientierten Überzeugungen als Republikaner und war als Spendensammler für die Partei in Connecticut aktiv gewesen. Parteifunktionäre waren dann schließlich mit der Anfrage an ihn herangetreten, ob er nicht 1946 für den Kongress kandidieren wolle – und tatsächlich zeigte mein Großvater Interesse. Aber seine Partner bei Brown Brothers Harriman rieten ihm davon ab. Ihnen erschien ihr Anlage-Bankhaus wichtiger als das Repräsentantenhaus.

Eine weitere Gelegenheit ergab sich vier Jahre später, als Connecticuts junger Senator Raymond Baldwin sein Amt zugunsten eines Sitzes am Obersten Gerichtshofes niederlegte. Im November 1950 wurde deshalb eine Nachwahl abgehalten, um jemanden zu bestimmen, der für die verbleibenden zwei Jahre von Baldwins Amtszeit seinen Platz einnehmen sollte. Die Republikaner Connecticuts überzeugten meinen Großvater davon, als Kandidat in den Ring zu steigen – und dieses Mal unterstützten auch seine Partner von der Wall Street seine Entscheidung.

Als ein sehr förmlicher Mann, der den Großteil seines Lebens in der Vorstandsetage verbracht hatte, musste sich mein Großvater erst an den Alltag auf der Wahlkampftour gewöhnen. Er arbeitete hart, reiste durch den Staat und engagierte die Whiffenpoofs, den A-capella-Chor der Yale-Universität, als gesangliche Auflockerung seiner Wahlkampfveranstaltungen. Er ließ Werbespots im Fernsehen ausstrahlen, was damals ein ziemliches Novum darstellte, doch als Vorstandsmitglied von CBS wusste er um diese Möglichkeit.

Ein paar Tage vor der Wahl verbreitete der für diverse Zeitungen schreibende Kolumnist Drew Pearson die Falschmeldung, dass mein Großvater der Vorsitzende der Birth Control League sei. Der Vorwurf schmerzte vor allem angesichts der großenteils katholischen Bevölkerung Connecticuts, die der Empfängnisverhütung dermaßen ablehnend gegenüberstand, dass es illegal war, Empfängnisverhütungsmittel in Connecticut zu verkaufen. Mein Großvater verlor die Wahl schließlich um nur knapp 1.000 Stimmen – um weniger als einen Prozentpunkt. Es sollte nicht das letzte Mal bleiben, dass suspekte Manöver am Wahlabend einen Kandidaten namens Bush betreffen sollten.

Ich bin mir sicher, dass mein Großvater von seiner Niederlage enttäuscht war, aber er hatte einen starken Wahlkampf abgeliefert und fand sich nun besser im Metier zurecht. 1952 kandidierte er erneut für denselben Sitz im Senat. Dieses Mal scheiterte er in einem engen Vorwahlrennen. Nach dieser Pleite ging Prescott Bush davon aus, dass seine Politlaufbahn damit beendet wäre. Er hatte sein Bestes gegeben, aber eine Karriere im Senat schien sich einfach nicht zu ergeben.

Dann schlug das Schicksal zu. Weniger als zwei Monate später verstarb überraschend der andere US-Senator des Bundesstaates, und wieder drängten die Republikaner Connecticuts meinen Großvater dazu, sich der Wahl zu stellen. Er willigte ein. Sein Durchhaltevermögen sollte sich letztlich auszahlen, und er gewann die Nachwahl mit einem ordentlichen Vorsprung. Prescott Bush, dessen politische Karriere ein paar Monate zuvor noch so gut wie vorbei gewesen war, wurde nun als Senator von

Connecticut vereidigt. George Bush lernte so eine wichtige Lektion: Erlaube Rückschlägen nie, deine Träume zu zerstören. Wenn man weiterarbeitet und optimistisch bleibt, werden sich schon Chancen ergeben.

DANK SEINES CHARAKTERS und seiner Kontakte erlangte Prescott Bush hohes Ansehen als Senator. Er hatte bereits im Yale-Kuratorium mit dem Mehrheitsführer im Senat, dem republikanischen Senator Robert Taft aus Ohio, zusammengearbeitet. Er freundete sich aber auch mit Senatoren aus den Reihen des politischen Mitbewerbers an, darunter etwa Lyndon Baines Johnson aus Texas, der 1955 Mehrheitsführer wurde, sowie ein weiterer Delegierter aus New England namens John F. Kennedy aus Massachusetts. Damals in den 1950er-Jahren ging es im Senat viel kollegialer zu als heute.

Der einflussreichste Freund meines Großvaters in Washington war aber Präsident Dwight »Ike« Eisenhower. Eine wichtige Rolle spielte dabei das Golfspiel meines Großvaters. Ike spielte für sein Leben gerne Golf, und es gab im Senat keinen besseren Golfer als Prescott Bush. Ihm gefiel besonders, dass sich der Senator – anders als die meisten Politiker – weigerte, den Präsidenten gewinnen zu lassen. Jahre später lud mich mein Bruder Marvin ein, eine Runde im Burning Tree Club in Maryland zu spielen, wo auch schon mein Großvater mit Präsident Eisenhower gespielt hatte. Marv stellte mir unseren Caddie vor, und dieser erzählte mir, dass er schon Jahrzehnte zuvor die Tasche für meinen Großvater getragen habe. Nachdem er mich vielleicht fünf Löcher lang beobachtet hatte, teilte er mir seine Sicht der Dinge mit. »Ihr Großvater war um Welten besser als Sie«, meinte er. »Er konnte dem Ball Links- oder Rechtsdrall mitgeben. Er wusste, wie er ihn schlug. Wenn Sie mal gut treffen, ist es bloß Glück.« Der Typ scheute nicht davor zurück, die Wahrheit auszusprechen.

Einer von Prescott Bushs Kollegen im Senat war Joseph McCarthy aus Wisconsin. Damals war McCarthy bei einem gewissen Teil der Bürgerschaft wegen seiner inbrünstig antikommunistischen Gesinnung überaus populär. Er schreckte auch nicht vor oft haltlosen Anschuldigungen zurück und behauptete, dass die amerikanische Regierung bis in die höchsten Ebenen von Kommunisten unterwandert worden sei. Als er 1952 für den

Senat kandidierte, trat mein Großvater zusammen mit McCarthy bei einer Wahlkampfveranstaltung auf. Die anderen republikanischen Kandidaten lobten McCarthy, wofür sie großen Jubel von der Menge ernteten. Mein Großvater hielt ihn jedoch für einen Demagogen und Rüpel. Er kam als letzter Redner an die Reihe: »Obwohl wir seine Ziele im Kampf gegen den Kommunismus zu schätzen wissen«, sagte er, »haben wir doch auch beträchtliche Vorbehalte gegenüber den Methoden, die er einsetzt …«

Die Leute buhten ihn herzhaft aus, aber mein Großvater ließ sich davon nicht einschüchtern. Er lehnte später die Unterstützung von Seiten McCarthys in seinem eigenen Wahlkampf ab. Jahre später, als ich von der Haltung meines Großvaters erfuhr, bewunderte ich seine Bereitschaft, sich gegen Extremismus einzusetzen. Der Bostoner Bürgermeister James Michael Curley fasste einst die Philosophie der meisten Politiker folgendermaßen zusammen: »Dort entlang laufen die Leute. Ich muss ihnen hinterher, da ich ja ihr Anführer bin.« Prescott Bush verfügte über die Courage und Integrität, dieser Sicht der Dinge zu widersprechen.

1965 stellte sich mein Großvater der Wiederwahl. Als Senator hatte er eine starke Bilanz vorzuweisen und war mitverantwortlich für wichtige Gesetze wie den *Federal Highway Act* oder den Gesetzesentwurf, der der Gründung des Friedenscorps zugrunde lag. Außerdem hatte er sich den Ruf erarbeitet, sich unermüdlich für seine Wähler zu engagieren. Samstagvormittags verbrachte er damit, jeden Brief, den er in der Woche zuvor erhalten hatte, zu beantworten. Dadurch lernte mein Vater eine wertvolle Lektion: In der Politik geht nichts über den Kontakt zu den Leuten, in deren Auftrag man handelt. Später hielt sich auch mein Dad an diesen Grundsatz meines Großvaters und widmete sich ebenso an jedem Samstag der Beantwortung seiner Post.

Der Gegner meines Großvaters im Jahr 1956 hieß Thomas J. Dodd, ein demokratischer Kongressabgeordneter und Anwalt. Dodd verschrieb sich einer populistischen Angriffsstrategie gegen meinen Großvater. »Mir fällt auf, dass Senator Bush anscheinend sehr viel Zeit zum Golfspielen übrig hat«, verkündete er. »Ich kann es mir nicht leisten, Golf zu spielen.«

Daraufhin wurde Dodd gefragt, was denn sein Lieblingszeitvertreib sei, worauf er meinte, dass er gerne reite. Wie aus der Pistole geschossen kommentierte mein Großvater: »Nun, dann gratuliere ich meinem Gegner. Ich war nie in der Lage, mir ein Pferd zu leisten.«

Großvater sollte das Rennen schließlich mit einem Vorsprung von mehr als zehn Prozentpunkten für sich entscheiden. (Jahre später hatte ich übrigens die Gelegenheit, mit dem liebenswerten Chris Dodd, dem Sohn des Gegenspielers meines Großvaters, welcher Connecticut 30 Jahre lang im Senat vertrat, zusammenzuarbeiten.)

1962 war Prescott Bush 67 Jahre alt, litt an Arthritis und war von seinen vielen Reisen erschöpft. »Sie wären schon ein Narr, wenn Sie noch einmal kandidieren würden«, redete ihm sein Arzt ins Gewissen, worauf er einlenkte. Ich bin mir aber sicher, dass er noch einmal ins Grübeln kam, als sich sein allgemeiner Gesundheitszustand zu bessern begann. Er sollte schlussendlich noch zehn Jahre leben, und wer weiß, was ihm in diesem Jahrzehnt auf der politischen Bühne noch hätte gelingen können. Daran kann man auch die Bedeutung des Timings in der Politik erkennen. Im Falle von Prescott Bush sprach das Timing gegen eine Fortsetzung seiner Politkarriere. Für seinen Sohn hingegen war das Timing richtig, seine eigene politische Laufbahn zu beginnen.

ES IST HEUTE wohl nur schwer zu glauben, aber beinahe ein ganzes Jahrhundert – vom Bürgerkrieg bis 1961 – gelang es keinem einzigen Republikaner, eine im ganzen Bundesstaat Texas ausgetragene Wahl für sich zu entscheiden. Zwischen 1896 und 1961 entsandte der Staat auch nie mehr als einen Republikaner gleichzeitig in den US-Kongress oder den texanischen Senat. Nie waren mehr als zwei Republikaner in der bundesstaatlichen Legislative vertreten. Bei den Gouverneurswahlen von 1950 und 1954 gelang es dem demokratischen Kandidaten Allan Shivers, beinahe 90 Prozent der Stimmen in der Auseinandersetzung mit seinem republikanischen Opponenten zu gewinnen.

Trotz des geringen Stellenwertes der Partei in Texas denke ich jedoch nicht, dass mein Vater je daran zweifelte, ein Republikaner zu sein. Die politischen Ansichten seines eigenen Vaters hatten ihn beeinflusst, und er identifizierte sich mit den grundlegenden Zielen der Republikanischen Partei: eine dynamische freie Marktwirtschaft, eine kleinere und übersichtlichere Bundesregierung sowie größere Entscheidungsgewalt auf bundesstaatlicher Ebene. In Texas lagen die Republikaner mit vielen Demokraten in Bezug auf diese Themen nicht allzu weit auseinander – und doch waren es die Demokraten, die am Ruder waren, und die meisten Texaner sahen keinen Grund, daran etwas zu ändern.

Als Republikaner in Midland witzelte mein Dad, dass er Parteitreffen bei sich zu Hause abhalten könne und immer noch ein paar Stühle übrig hätte. Er glaubte fest daran, dass Texas von einer größeren Zweiparteilichkeit profitieren würden und die Wähler selbst letztlich die Nutznießer wären, wenn ihnen einen Alternative zur Politmaschine der Demokraten geboten würde. Deshalb begann er sich, bei den ortsansässigen Republikanern zu engagieren, und zwar als republikanischer Vorsitzender seines Wahlbezirks in Midland und als Delegierter bei den Zusammenkünften des Countys. Er war sowohl 1952 als auch 1956 auf lokaler Ebene einer der Leiter der Wahlkampfkampagnen Eisenhowers. Diese Wahlen markierten jeweils kleine Triumphe für die texanischen Republikaner. Erst zum zweiten beziehungsweise dritten Mal in der Geschichte gelang es nämlich einem republikanischen Präsidentschaftskandidaten, die Stimmen des texanischen Wahlmännergremiums für sich zu verbuchen.

Der erste bedeutsame Sprung in die Welt der Politik ereignete sich, nachdem wir nach Houston gezogen waren, wo er nun sein Engagement bei den Republikanern von Harris County, dem größten County des Bundesstaates, fortsetzte. Dad schuftete schwer, um republikanischen Kandidaten Stimmen zu sichern – darunter etwa auch John Tower, der 1961 in einer Nachwahl den Sitz im Senat, der verwaist war, nachdem Lyndon B. Johnson Vizepräsident wurde, für sich erringen konnte. Tower war somit der erste texanische US-Senator seit der Reconstruction – jener Phase zwischen dem Bürgerkrieg (1861–1865) und dem Jahr 1877 –, was der Partei ein optimistisches Gefühl verlieh.

1962 bat eine Handvoll Freunde aus Houston meinen Dad, für den Vorsitz der Republikaner von Harris County zu kandidieren. Er willigte ein und arbeitete hart dafür, den Job zu bekommen, indem er jeden einzelnen der über 200 Wahlbezirke der Stadt besuchte. Darunter waren auch ein paar vornehmlich afroamerikanisch geprägte, in denen zuvor wohl noch nie ein Republikaner aufgekreuzt war. Schließlich zog sein einziger Rivale seine Kandidatur zurück, und die Partei wählte meinen Dad einstimmig. Rückblickend überrascht es mich ja, dass er den Posten annahm: Ein lokaler Parteivorsitzender muss schließlich viele Stunden dafür aufwenden, Wahlkreisvorsitzende zu rekrutieren, Wählerlisten auszubauen und andere undankbare Aufgaben an der Basis auszuführen. Aber wie er schon im Ölgeschäft unter Beweis gestellt hatte, scheute sich George Bush nicht, von ganz unten anzufangen.

Dads Job wurde durch eine Randerscheinung innerhalb der Partei, der John Birch Society, verkompliziert. Die Birchers waren Extremisten, die einer Reihe von Verschwörungstheorien anhingen. So behaupteten sie etwa, dass Eliten aus dem Osten wie zum Beispiel die Rockefellers anstrebten, dass die Vereinigten Staaten ihre Souveränität einer Art weltweiten Superregierung opferten, weshalb sie wollten, dass das Land aus den Vereinten Nationen austrete. Auch forderten sie ein Amtsenthebungsverfahren gegen den Obersten US-Bundesrichter, Supreme Court Chief Justice Earl Warren. Außerdem schwebte ihnen vor, dass der 16. Zusatz zur Verfassung, der die Ertragssteuer auf Bundesebene regelt, ersatzlos gestrichen werden müsse. George Bush begriff, dass je mehr die Republikaner mit der Birch Society in Zusammenhang gebracht würden, es desto unwahrscheinlicher wäre, dass die Partei als vernünftige Alternative zu den Demokraten in Texas wahrgenommen würde.

Instinktiv ging er zuerst diplomatisch vor und versuchte, die Birch Society mit ins Boot zu holen. Er instruierte die Parteiführung, aufzuhören, die Birchers als »Spinner« zu bezeichnen, und ernannte Mitglieder der Birch Society zu Vorsitzenden in mehreren wichtigen Wahlkreisen. Dieser Zug zahlte sich leider nicht aus. Die Birchers lehnten sich gegen die Führung auf und weigerten sich, mit dem sogenannten republikanischen Establishment zusammenzuarbeiten. Also enthob er sie wieder aus ihren hohen Positionen und machte ohne sie weiter.

Die Partei auf County-Ebene anzuführen, sollte sich als wertvolle Erfahrung erweisen. In dieser Funktion lernte mein Dad, wie sich Freiwillige rekrutieren und motivieren ließen. So gewann er Erfahrung in der Führung einer politischen Organisation. Er schloss Freundschaften mit anderen republikanischen County-Vorsitzenden und republikanischen Anführern quer durch den ganzen Bundesstaat. Und er lernte, dass es manche Leute an den extremen Ausläufern des Politspektrums gab, die lieber mit Schimpfwörtern um sich warfen, als für das Gemeinwohl zu arbeiten.

AM 11. SEPTEMBER 1963 hielt George Bush eine Pressekonferenz in Austin ab, um seine Kandidatur für den US-Senat anzukündigen. Für mich war gerade mein letztes Schuljahr in Andover angebrochen. Ich war kein Politexperte, aber dennoch verstand ich genug davon, um zu begreifen, dass die Chancen nicht gut standen. Mein Vater war ein 39 Jahre alter Geschäftsmann und regionaler Parteivorsitzender, der noch nie ein offizielles Amt innegehabt hatte. Seine Name war außerhalb Houstons und Midlands nicht besonders bekannt – und er war Republikaner in einem von den Demokraten dominierten Staat.

Mein Vater fragte mich nie um meine Meinung bezüglich seiner Entscheidung, sich als Kandidat aufstellen zu lassen, und das erwartete ich auch gar nicht von ihm. Aber natürlich sprach er mit Mutter darüber. Sie erzählte mir später, dass ihr einziger Vorbehalt gegenüber seiner Kandidatur gewesen sei, dass er gewinnen könnte und ihnen in Folge das Geld ausginge. Immerhin gab es ja an der Ostküste keine Treuhandfonds, die sie über Wasser gehalten hätten. Mutter wollte kein Geld für luxuriöse Dinge. Wie sie es selbst ausdrückte: »Ich wollte nur sichergehen, dass wir deine Brüder und deine Schwester aufs College schicken konnten.« Mein Vater versicherte ihr aber, dass sie finanziell abgesichert seien. Indem sie hart arbeitete, um ihren Beitrag zum Erfolg der Kampagne von George Bush beizutragen, kam sie dem Mann, den sie liebte, ein weiteres Mal drei Viertel des Weges entgegen.

George Bush war aus den richtigen Gründen in den Ring gestiegen. Er empfand das gleiche Pflichtbewusstsein, das auch schon Prescott Bush angetrieben hatte, zuerst in Greenwich die Gemeindeversammlungen zu moderieren und später seine Karriere an der Wall Street zugunsten des Senats aufzugeben. Außerdem hatte ihm sein Vater vorgelebt, dass es durchaus möglich war, im Dienste der Öffentlichkeit tätig zu sein und dennoch ein guter Vater und Ehemann zu bleiben. Diese Lektion lehrten sie auch mich. Es ist überflüssig hinzuzufügen, dass Prescott Bush den Entschluss seines Sohnes, zur Wahl anzutreten, vollauf unterstützte, obwohl auch er wusste, dass die Chancen auf Erfolg gering waren.

Der erste Schritt bestand darin, die parteiinterne Vorwahl zu gewinnen. George Bush musste dabei gegen Jack Cox, Robert Morris und Milton Davis antreten, wobei Cox als Favorit galt. Wie Dad kam er aus dem Houstoner Ölbusiness und hatte sechs Jahre in der texanischen Legislative gedient, bevor er der ersten Welle von Demokraten angehörte, die zu den Republikanern wechselten. 1962 hatte Cox mehr als 45 Prozent der Stimmen im Wettlauf um das Amt des Gouverneurs gegen seinen demokratischen Gegenkandidaten John Connally erringen können.

Mein Vater düste hin und her, von einem Ort zum anderen, quer durch den großen Staat. Ihm war kein Kaffeekränzchen oder Bankett der Handelskammer zu unbedeutend, als dass er dort nicht erschienen wäre. Er legte seine Ansichten zu einem »verantwortungsbewussten Konservativismus« sowie seine Vision eines von zwei Parteien geprägten Bundesstaates dar. Nach jeder Veranstaltung im Rahmen seines Wahlkampfes schickte er den Leuten, die er dort kennengelernt hatte, ein paar von Hand geschriebene Grußworte. Er muss in diesem Frühling wahrhaft Tausende verfasst haben. Republikaner fühlten sich von seiner warmherzigen Art, seiner Energie und seinem beeindruckenden Werdegang angesprochen. Schritt für Schritt und Person für Person baute er sich so seine politische Gefolgschaft auf.

Dads harte Arbeit im Hinblick auf die Vorwahlen zahlte sich schließlich aus. Er konnte 44 Prozent der Stimmen auf sich vereinen, während Cox auf 32 Prozent kam. Da das texanische Wahlrecht vorsieht, dass ein Kandidat mindestens 50 Prozent der Stimmen erhalten muss, traten die beiden in einer Stichwahl erneut gegeneinander an. Dad musste deswegen meine Schulabschlussfeier sausen lassen, aber das kümmerte mich nicht weiter. Ich wollte ihn schließlich siegen sehen. Und das tat er auch. In der Stichwahl stimmten schlussendlich 62 Prozent all jener, die ihre Stimme abgegeben hatten, für ihn.

***

BEIM SENATSWAHLKAMPF 1962 waren vermutlich so viele zukünftige und vormalige US-Präsidenten wie niemals zuvor oder danach in den Wettkampf um einen Sitz im Senat verwickelt. Dad war natürlich einer von ihnen. Nach meinem Schulabschluss leistete ich ihm im Sommer Wahlkampfhilfe. Ebenso Richard Nixon, den mein Großvater im Senat kennengelernt hatte. Auch Dwight Eisenhower, der immer noch eng mit Prescott Bush befreundet war, unterstützte meinen Dad. Der damalige Präsident Lyndon B. Johnson warb für den demokratischen Amtsinhaber Ralph Yarborough, für den sich vor seiner Ermordung auch schon Präsident Kennedy starkgemacht hatte.

Senator Yarborough war ein liberaler Populist, der sich mit ganzem Herzen dem finanziell aufwändigen Sozialreformprogramm der aktuellen US-Regierung unter Lyndon B. Johnson – »Great Society« genannt – verschrieben hatte. Er unterstützte den *Civil Rights Act* von 1964, den viele Texaner ablehnten, da sie das Gefühl hatten, dass damit die Bundesregierung in eine Angelegenheit eingriff, die jeder Staat für sich zu lösen hätte. Yarborough griff meinen Dad wegen seiner Verbindungen zur Ölindustrie an und versuchte ihn als wohlhabenden Neuankömmling aus dem amerikanischen Nordosten darzustellen. Ein Flugzettel stellte meine Mutter als reiche Erbin dar, die ihre ganze Zeit auf Cape Cod verbrachte. Kurz darauf erhielt mein Vater einen Brief von Marvin Pierce. Darin stellte er klar, dass Mutter leider keine reiche Erbin sei und noch kein einziges Mal Cape Cod besucht habe.

In seiner Rede zu Beginn des allgemeinen Wahlkampfs nannte mein Vater Yarborough einen Mann, dessen Absicht es sei, das Geld der Steuerzahler mit beiden Händen auszugeben. Dad hingegen rief nach Steuerkürzungen und einem ausgeglichenen Budget sowie einer kleineren Regierung, die die freie Marktwirtschaft ankurbeln sollte. Außerdem stand noch eine »couragierte« Außenpolitik, die auf »die Ausdehnung der Freiheit« abzielte, auf seiner Agenda.

Angesichts des Umstandes, dass in Texas die Demokraten die Republikaner zahlenmäßig weit übertrafen, hatte Dad keine andere Wahl als zu versuchen, den konservativen Flügel der Demokraten für sich zu gewinnen und so seinen Konkurrenten zu übertölpeln. Er mietete einen

Bus, den »Bandwagon for Bush«. Ich begleitete ihn auf einem Trip mit diesem Gefährt in den Westen von Texas, wo wir in demokratischen Hochburgen wie Abilene und Quanah haltmachten. Diese Fahrten waren die ultimativen Vater-Sohn-Campingausflüge.

Wir fuhren auf den örtlichen Stadtplatz, und eine Country-Band, die Black Mountain Boys, spielte auf, weil man sich davon erhoffte, Publikum anzuziehen. Die Bush Belles – eine enthusiastische und in bunten Farben gekleidete Gruppe von Hausfrauen – verteilte indessen Wahlkampfbroschüren. Meine Aufgabe bestand darin, zwischen dem Bus und den Belles hin und her zu laufen, um sicherzustellen, dass sie stets gut mit Werbematerial eingedeckt waren. Dann trat Dad auf das Podium, um eine Rede zu halten. Ein paar Leute in der Menge fingen zu jubeln an. Andere wiederum blickten angesichts eines leibhaftigen Republikaners nur perplex in seine Richtung.

Meinen Dad beim Wahlkampf zu begleiten, war eine aufregende Erfahrung. Mich verblüfften die Energie und der Schwung meines Vaters. Ich lernte die einzelnen Elemente des Wahlkampfes kennen, darunter auch die standardisierte Wahlkampfrede. Anfangs war ich überrascht, dass Dad bei jedem Halt auf der Tour die gleiche Ansprache vortrug. Für all jene, die mit ihm unterwegs waren, konnte es ermüdend werden, dieselben Zeilen immer und immer wieder anhören zu müssen (vielleicht war das ja auch der Grund, weshalb Mutter begann, für die wichtigsten Freiwilligen im Tross auf solchen Reisen Tapisserien anzufertigen). Für das Publikum in den jeweiligen Städten war diese Rede jedoch etwas Brandneues. Und auch wenn sich seine Entourage langweilte – er selbst tat das nicht. Er war ein aufrichtiger und emotionaler Redner, der verstand, dass jede einzelne Minute auf Wahlkampftour wertvoll war. Ich fing an, die täglich wiederkehrenden Rhythmen des Wahlkampfes sowie die Menschenmengen und den Wettkampf zu lieben. Vielleicht war es ja schon im Sommer 1964, dass ich mich selbst mit dem Virus Politik infizierte.

Dads Wahlkampf nahm im Verlauf des Sommers und Herbsts Schwung auf, erhielt jedoch einen ordentlichen Dämpfer, als der Präsident in den Wahlkampf einstieg. Ralph Yarborough war in Texas zwar durchaus zu schlagen, doch auf Lyndon B. Johnson traf dies sicher nicht zu. Obwohl sich Yarborough mitunter links von LBJ positioniert hatte – und der amtierende Präsident Prescott Bush mochte und respektierte –, konnte er es sich nicht erlauben, einen demokratischen Sitz im Senat zu verlieren. Johnson pries Yarborough deshalb als demokratischen Parteifreund und brachte Dad eng mit dem republikanischen Präsidentschaftskandidaten Barry Goldwater in Verbindung. Der Präsident stellte diesen im Rennen um das Weiße Haus mittels eines polarisierenden Werbeclips als einen gefährlichen Kandidaten dar, der als gewählter Präsident die USA in einen Atomkrieg verwickeln würde.

In den finalen Wochen des Wahlkampfes wurde es offenkundig, dass LBJ in seinem Heimatstaat einen Erdrutschsieg feiern würde. Dad überzeugte mehrere große texanische Zeitungen davon, sowohl Johnson als auch ihn zu empfehlen. Seine Stimme auf diese Weise »aufzuteilen«, war die einzige Möglichkeit für George Bush, der bis zum Schluss guter Dinge war, den Sieg davontragen zu können. Am Wahltag flogen meine Großeltern und ich von Connecticut, wo ich mittlerweile mein erstes Semester in Yale angetreten hatte, nach Houston. Ich erinnere mich, wie wir, direkt nachdem die Wahllokale geschlossen hatten, zum Hotel America fuhren. Dort sollte nämlich eine »Siegesfeier« stattfinden. Wir verfolgten gerade eine Radioübertragung, als diese unterbrochen wurde. Es wurde verkündet, dass Ralph Yarborough die Wahl gewonnen habe.

Für einen 18-jährigen Jungen, der seinen Dad liebte, war das natürlich ein schwerer Schlag. Ich wollte nur so schnell wie möglich wieder hinaus aus diesem Ballsaal. Mein Vater aber zeigte mir, wie man noch mit einer Niederlage umgehen konnte. In seiner Rede gestand er höflich seine Wahlniederlage ein und verbrachte den restlichen Abend damit, Hände zu schütteln und seinen Unterstützern und Wahlkämpfern zu danken.

Als das Endergebnis verkündet wurde, hatte George Bush dennoch guten Grund, stolz zu sein. LBJ hatte Goldwater in Texas zwar um 700.000 Stimmen abgehängt, doch Dad hatte gegenüber Yarborough nur um 300.000 Stimmen den Kürzeren gezogen. Mehr als 1,1 Millionen Texanerinnen und Texaner hatten für meinen Vater gestimmt – er hatte so viele Stimmen wie kein anderer Republikaner vor ihm bei einer im gesamten Bundesstaat abgehaltenen Wahl auf sich vereinigt, was auch die beiden Wahlen mit einbezog, die Präsident Eisenhower jeweils ins Weiße Haus brachten.

In Texas war Lyndon B. Johnson nicht zu bremsen. Nach der Wahl von 1964 hielt kein Republikaner einen Sitz im Senat des Bundesstaates, und gerade einmal ein einziger saß im 150-köpfigen texanischen Repräsentantenhaus, nämlich Frank Cahoon aus Midland. Die Lektion von 1964 war, dass es Rennen gab, die man einfach nicht gewinnen konnte. Zwei Jahre später sollte George Bush jedoch eines bestreiten, das er für sich entscheiden konnte.

ZWISCHEN 1950 UND 1960 stieg die Bevölkerung in Texas von 7,7 Millionen auf 9,6 Millionen Einwohner. Houston wuchs von 600.000 auf beinahe eine Million Menschen an. 1965 wurde der Kongresswahlbezirk Houston in drei neue aufgeteilt. Meine Eltern lebten im neugeschaffenen Seventh District. Als ehemaliger Parteivorsitzender von Harris County und starker Kandidat von 1964 schien Dad gute Chancen auf einen Sitz zu haben. Die Niederlage im Rennen um den Senat tat zwar weh, aber – so wie schon bei Prescott Bush im Jahr 1952 – vermochte sie die Politikbegeisterung meines Vaters beziehungsweise seine Bereitschaft, sich in den Dienst der Öffentlichkeit zu stellen, nicht zu schmälern. Er verkündete seine Kandidatur für den Kongress im Januar 1966 und ging ohne Vorabkonkurrenz aus der eigenen Partei für die Republikaner an den Start.

Aus dem Lager der Demokraten trat Frank Briscoe an, der als Bezirksstaatsanwalt von Harris County tätig war. Anders als Ralph Yarborough war er ein Konservativer. Da er und Dad in den meisten Fragen miteinander konform gingen, lag der Schwerpunkt nun auf den jeweiligen Persönlichkeiten der beiden Kandidaten. Dad ließ große Plakatwände aufstellen, auf denen er die Jacke seines Anzugs leger über der Schulter trug und die somit ein jugendliches und dynamisches Image transportierten. Der Slogan seiner Kampagne lautete »Wählt George Bush in den Kongress und verfolgt seine Action«. Im Verlauf seines Wahlkampfes hielt er in diesem Herbst über 100 Reden. Sowohl der ehemalige Vizepräsident Richard Nixon als auch der Oppositionsführer im Repräsentantenhaus, Gerald Ford, kamen nach Houston, um ihn im Wahlkampf zu unterstützen.

Auch Briscoe entschied sich für eine personenorientierte Strategie – die darin bestand, George Bush auf persönlicher Ebene anzugreifen. So wie schon Ralph Yarborough nannte auch er ihn einen Neuankömmling aus dem Nordosten, einen »Carpetbagger«. Allerdings gelang es meinem Vater, sogar daraus einen Vorteil zu schlagen und aus der Not eine Tugend zu machen. Er wiederholte das Mantra, das er sich bereits 1964 auf die Fahnen geschrieben hatte: »Texaner – aus freiem Willen und nicht aus Zufall.«

Diese Einstellung kam weithin gut an, da auch die meisten Wähler in diesem Wahlkreis neu in Texas waren. Dads griffiger Slogan in Kombination mit den Plakatwänden waren meine Einführung in die Bedeutung solcher Botschaften in der Politik. Damals wie heute kann ein eingängiger und treffender Slogan einem Kandidaten dabei helfen, die Aufmerksamkeit der Wähler auf sich zu ziehen – besonders jener, die offen genug eingestellt sind, um in Erwägung zu ziehen, auch einmal einer anderen Partei als sonst ihre Stimme zu schenken. Ich glaube, dass ich im Jahr 2000 ein paar Unterstützer für mich gewinnen konnte, indem ich mich im Wahlkampf als »mitfühlenden Konservativen« bezeichnete.

Als College-Student an der Ostküste hatte ich nicht viel Gelegenheit, meinem Dad im Vorfeld zur Wahl von 1966 zur Seite zu stehen. Ich flog aber von Connecticut zur Wahlparty in Houston. Dieses Mal wurde die Siegesfeier ihrem Namen auch tatsächlich gerecht. Dad errang 57 Prozent der Stimmen. So zog George Bush als Abgeordneter des texanischen Seventh District in den Kongress ein, und dieser Wahlkreis blieb seither und bis heute in republikanischer Hand.

# DER MANN IM HAUS

ANDERS ALS ANDERE MITGLIEDER des Repräsentantenhauses beschloss Dad, seine Familie nach seiner Wahl mit sich nach Washington zu nehmen. In erster Linie war er nämlich ein Familienmensch und wollte so viel wie möglich Zeit mit uns verbringen, während meine jüngeren Brüder Jeb und Marvin sowie meine Schwester Doro heranwuchsen. (Jeb und ich lebten allerdings nicht bei unseren Eltern in Washington – ich war am College und er an der Highschool im Internat in Andover.) Meine Eltern verkauften ihr Haus in Houston, legten sich stattdessen ein Stadthaus für die Besuche zu, die Dad seinem Wahlkreis abstattete, und zogen in ein Eigenheim in der Washingtoner Wohngegend Spring Valley. Sie erstanden das neue Zuhause unbesehen von Senator Milward Simpson aus Wyoming, dessen Sohn Alan seinem Vater später in den Senat folgen sollte und der ein lebenslanger Freund meiner Eltern werden sollte.

In den späten Sechzigerjahren sah ich meine Eltern nicht allzu häufig. Ich war am College und rätselte herum, was ich mit meinem Leben anstellen sollte. Es war eine Phase des Übergangs, die ich einmal so beschrieben habe: »Als ich jung und unverantwortlich war, war ich jung und unverantwortlich.« Eine Sache, an der ich keine Zweifel habe, ist die, dass ich in diesen Tagen die Geduld meines Vaters ordentlich auf die Probe stellte. Nach einem hart umkämpften Tennismatch in Washington fanden Dads Freund Jimmy Allison und ich uns einmal ziemlich »illuminiert« wieder, wie man so sagt. Später fuhr ich meinen Bruder Marvin zurück zum Haus meiner Eltern. Alles verlief wie am Schnürchen, bis ich die Mülltonne der Nachbarn, die auf der Bordsteinkante stand, umfuhr, bevor ich unsere Auffahrt hinaufbretterte. Mutter wurde Zeugin dieser Szene und fuchsteufelswild.

»Dein Benehmen ist eine Schande«, sagte sie. Ich starrte sie mit leerem Blick an. »Geh hinauf zu deinem Vater«, befahl sie.

Widerwillig setzte ich mich in Bewegung. Als ich vor meinem Dad stand, stützte ich meine Hände in die Hüften. »Ich habe gehört, dass du mich sehen willst.«

Dad las ein Buch. Er legte es beiseite, nahm in aller Ruhe seine Lesebrille ab und starrte mich an. Dann setzte er die Brille wieder auf, nahm sein Buch und vertiefte sich wieder darin.

Ich fühlte mich wie ein Narr und schlich aus dem Zimmer, in die Schranken gewiesen durch das Wissen, meinen Vater so enttäuscht zu haben, dass er nicht mit mir sprechen wollte.

Das war schon das Höchstmaß an Auseinandersetzung, das wir hatten. Dad war nicht der Typ, der sich auf verbale Scharmützel einließ. Er ließ mich und meine Geschwister wissen, wenn wir vom Weg abgekommen waren, und erwartete von uns, das Problem aus der Welt zu schaffen – was wir dann auch taten.

George Bushs großes Geschenk an seine Kinder war seine bedingungslose Liebe. Egal, wie wir unsere Individualität zum Ausdruck brachten, egal, wie arg wir uns danebenbenahmen, er liebte uns immer. Mit der Zeit wurde diese Liebe selbst ein mächtiger Quell der Unabhängigkeit. Es machte keinen Sinn, sich gegen unseren Vater aufzulehnen, gegen ihn zu rebellieren – weil er uns liebte, egal, was geschehen mochte. Ich nahm mir diese Lektion zu Herzen, als ich schließlich selbst Vater wurde. Als Jenna und Barbara Teenager waren, legten sie ein unbändiges Verhalten an den Tag, das mich sehr an mein altes Ich erinnerte. Ich sagte ihnen unablässig: »Ich liebe euch. Es gibt nichts, das ihr tun könnt, damit ich aufhöre, euch zu lieben. Also hört auf, es zu versuchen.«

* * *

DAD GENOSS SEINE Arbeit im Kongress. Im Kapitol in Washington erwarb er sich den Ruf als überaus fleißiger Kongressabgeordneter. Er flog regelmäßig zurück nach Houston, wo er engen Kontakt zu seinen Freunden und Wählern hielt. So wie schon sein eigener Vater arbeitete er sechs Tage in der Woche und verbrachte die meisten Samstagvormittage damit, Briefe zu unterschreiben und persönliche Grußworte zu verfassen. Die Sonntage waren für die morgendlichen Kirchgänge und die nachmittäglichen Burger-Mahlzeiten im Garten meiner Eltern reserviert. Diese späten Mittagessen wurden richtiggehend legendär und von einer bunten Mischung von Gästen frequentiert, darunter Familienmitglieder, Mitarbeiter, Kollegen aus dem Kongress, Freunde aus der Nachbarschaft, Wähler und Washington-Insider wie etwa der Journalist Charlie Bartlett. Dad lud auch Freunde aus früheren Lebensabschnitten zu sich ein. Eine der beeindruckendsten guten Eigenschaften meines Vater ist seine Fähigkeit, neue Freundschaften zu schließen, ohne dabei alte zu vergessen. Egal, wie hoch er im Geschäftsleben oder in der Politik stieg, George Bush legte keine alten Freunde ab. Diese Hamburger-Lunches gaben einen großartigen Einblick in die Vielfältigkeit seines Freundeskreises. Die unterschiedlichen Gäste mischten sich auf dem Rasen, plauderten und tranken Bier, während der Kongressabgeordnete Bush die Burger wendete.

Mutter war eine bereitwillige Gastgeberin. Sie gewöhnte sich rasch an Washington, richtete das neue Haus ein und half meinen jüngeren Geschwistern dabei, sich in ihren neuen Schulen einzuleben. Sie knüpfte problemlos enge Freundschaften und liebte es, für Familienmitglieder und Freunde, die zu Besuch waren, Ausflüge zum Kapitol und anderen Washingtoner Wahrzeichen zu organisieren. Wann immer meine jüngeren Geschwister Zeit hatten, sorgte sie dafür, dass sie die Gelegenheit ergriffen, die Geschichte und Kultur der Hauptstadt kennenzulernen.

Eine meiner Lieblingserinnerungen an meine Besuche in Washington während Dads Zeit im Kongress war, als er mich in das Fitnessstudio des Repräsentantenhauses mitnahm. Er kannte den Namen jedes einzelnen Angestellten und Handtuchhalters in der Einrichtung. Dad liebte es, Paddleball zu spielen, ein schnelles Spiel, bei dem es auf eine gute Koordination von Auge und Hand ankommt. Einer seiner liebsten Kontrahenten war der Kongressabgeordnete Sonny Montgomery, ein Demokrat aus Mississippi. Sie spielten beide, um zu gewinnen, aber hatten dabei ihre lautstarke Freude, lachten viel und zogen einander auf. Es führte einem gut vor Augen, dass auch Kongressabgeordnete aus verschiedenen Parteien in der Lage waren, ihre Differenzen beiseitezuschieben und sich an der gegenseitigen Gesellschaft zu erfreuen.

So wie jeder Neuankömmling im Kongress wurde auch der Abgeordnete Bush mehreren legislativen Ausschüssen zugeteilt. Meine Vater hoffte darauf, entweder im Steuerbewilligungsausschuss oder dem Haushaltsausschuss unterzukommen. Diese mächtigen Gremien lagen in der Regel für Neulinge außer Reichweite, aber Dad hatte sich während seines Wahlkampfes mit dem republikanischen Oppositionsführer Gerald Ford angefreundet, und auch sein Vater legte ein gutes Wort bei Wilbur Mills ein, einem Abgeordneten aus Arkansas, der außerdem Vorsitzender des Steuerbewilligungsausschusses war. Die Spitze der Republikaner im Repräsentantenhaus drückte schließlich ihr Vertrauen in Dad aus, indem sie ihn zum ersten frischgebackenen Abgeordneten seit 63 Jahren machte, der einen Sitz im Steuerbewilligungsausschuss erhielt.

Während Dad hier von den Verbindungen seines Vaters profitieren konnte, waren ihm auch die Lehren seiner Mutter von einigem Nutzen. Er arbeitete unermüdlich, hielt seine Versprechen und mied bereitwillig das Rampenlicht, um stattdessen die Anerkennung für Leistungen mit anderen zu teilen. Diese Qualitäten fand man im Kongress eher selten, und das war es auch, was die Leute zu George Bush hinzog. Er freundete sich besonders gut mit einigen anderen jungen Abgeordneten an, darunter Bill Steiger aus Wisconsin, Jerry Pettis aus Kalifornien, John Paul Hammerschmidt aus Arkansas und Bob Price aus Texas. Als Vorgeschmack auf das, was später noch kommen sollte, wählten ihn seine republikanischen Kollegen im Kongress schließlich zum Sprecher der neugewählten Abgeordneten.

In den späten Sechzigerjahren dominierten zwei Themen das Leben in Washington: Der Krieg in Vietnam und die Bürgerrechte. Mein Vater war von Anfang an hinter dem Einsatz in Vietnam gestanden. Er glaubte, dass man den Südvietnamesen ihr Recht auf Freiheit verweigern würde, wenn man den Kommunisten aus Nordvietnam erlaubte, den Süden zu überrennen. Außerdem sorgte er sich, dass sich der Kommunismus in ganz Südostasien ausbreiten könnte. Die Vereinigten Staaten hatten sich verpflichtet, die Südvietnamesen zu beschützen, und er war der festen Überzeugung, dass Amerika sein Wort halten müsste.

Am Tag nach Weihnachten 1967 brach der Kongressabgeordnete Bush zu einer 16-tägigen Reise durch Vietnam, Laos und Thailand auf. Er traf sich dort mit hochrangigen amerikanischen Würdenträgern. Darüber hinaus verbrachte Dad Zeit mit jungen Offizieren und einfachen Soldaten, darunter Bomberpiloten, die auf einem Flugzeugträger im Golf von Tonkin stationiert waren, um sich nach ihren ungeschminkten Meinungen zum Krieg zu erkundigen. Die meisten von ihnen versicherten ihm, dass es ihnen viel besser gehe, als es die Zeitungen gerne verkündeten.

Mein Vater war beeindruckt von den Truppen und überzeugt davon, dass Amerika, wie er es nannte, »bemerkenswerte militärische Fortschritte« machte. Außerdem erlebte er die Widerstandskraft der Vietcong-Guerrillas. In einer Verlautbarung an seine Wähler beschrieb er die komplizierten Tunnelsysteme, welche die Vietcong als anschaulichen Beweis ihrer Beharrlichkeit durch den Dschungel gruben. Und dennoch: »Ich bin nun überzeugt davon, dass unser Vorhaben realistisch ist«, ließ er einen Reporter wissen. »Wir können es schaffen, wenn wir den Willen und die Geduld dafür aufbringen.«

Zurück in der Heimat polarisierte der Krieg immer stärker. Dad erkannte das Recht der Antikriegsaktivisten an, ihre Sicht der Dinge zum Ausdruck zu bringen, aber er hatte seine Probleme mit gehässigen und gewalttätigen Protesten, welche die Truppen demoralisierten. Er verteidigte Präsident Johnson gegen hässliche persönliche Attacken von Seiten der Aktivisten. Im Verlauf der Monate versäumte die Regierung unter LBJ aber, klare Grundprinzipien für Amerikas eskalierende Kriegsteilnahme zu präsentieren. Tausende junger Männer wurden eingezogen, um in einem Krieg zu kämpfen, den immer weniger Menschen verstanden. George H.W. Bush zog aus Vietnam die bleibenden Lehre, dass jegliche Teilnahme des amerikanischen Militärs an Kampfhandlungen eine klar definierte Mission voraussetzte, welche die Menschen verstehen konnten, und als er Jahrzehnte später selbst Truppen entsandte, um Saddam Hussein aus Kuwait zu vertreiben, setzte er genau das in die Tat um.

DIE REISE MEINES VATERS nach Vietnam beeinflusste auch seine Haltung gegenüber der anderen überaus heiklen Frage, mit der sich das Land befasste – den Bürgerrechten. Anführer wie Martin Luther King Jr. und Thurgood Marshall drängten die Thematik in den Fokus der amerikanischen Politik. Quer durch den ganzen Süden der USA protestierten Bürgerrechtler mittels Sit-ins, sogenannter Freedom Rides und Märschen gegen die Rassentrennung. Über die Fernsehschirme der Nation flimmerten Bilder von schrecklicher Gewalt, darunter etwa auch der Bombenanschlag auf eine Kirche in Birmingham, Alabama, bei dem vier junge afroamerikanische Mädchen ums Leben kamen. Später musste ich erfahren, dass eine von ihnen eine Freundin meiner Außenministerin Condoleeza Rice war. 1963 hatte Präsident Kennedy eine Gesetzgebung vorgeschlagen, der zufolge die rassistische Diskriminierung in öffentlichen Bereichen wie Hotels, Bussen und Restaurants nicht länger legal wäre. In einer der beeindruckendsten Demonstrationen von Führungsqualitäten eines US-Präsidenten brachte sein Nachfolger Lyndon B. Johnson 1964 den *Civil Rights Act* durch den Kongress, bis er in trockenen Tüchern war.

Mein Vater glaubte stets fest daran, dass alle Menschen gleich behandelt werden müssen. Wie schon sein Vater sammelte er Geld für den United Negro College Fund. Als Parteivorsitzender und Kongressabgeordneter reichte er den Afroamerikanern in Houston die Hand. In seinem Senatswahlkampf von 1964 lehnte Dad den *Civil Rights Act* aus föderalistischen Motiven ab. Er war der Ansicht, dass die Bundesstaaten und nicht die Bundesregierung über die Regulierung öffentlicher Bereiche bestimmen sollten.

Vietnam änderte seine Meinung. Während seiner Reise an die Frontlinien des Krieges sah mein Vater schwarze und weiße Männer, die Seite an Seite ihr Leben riskierten. Im April 1968 griff das Repräsentantenhaus den *Fair Housing Act* auf, mit dem rassistische Diskriminierung in Bezug auf den Verkauf, die Vermietung oder Bewerbung von Wohnimmobilien gesetzlich verboten werden sollte. Mein Vater verstand zwar das Argument, dass die Bundesregierung nicht in der Lage sein sollte, den Bürgern vorzuschreiben, wie sie ihr Privateigentum verwenden sollten. Aber George Bush ist in seinem Herzen ein fairer Mann. Er konnte sich nicht vorstellen, einem afroamerikanischen Veteranen zu sagen, dass es ihm nicht gestattet sei, für seine Familie ein Haus zu kaufen, nur weil er schwarz war.

Dads Wahlkreis war zu fast 90 Prozent weiß und stand dem Gesetzesvorschlag höchst ablehnend gegenüber. Seiner Schätzung zufolge betrug das Verhältnis der Briefe, die in seinem Büro eintrafen, 30 zu 1 gegen das Gesetz. Jedoch stimmte der Kongressabgeordnete Bush am 10. April 1968 dennoch für den *Fair Housing Act*, womit er einer von nur neun Texanern war, der eine Ja-Stimme abgab. Die anderen 14 texanischen Abgeordneten – 13 Demokraten und ein Republikaner – stimmten dagegen. Am nächsten Tag setzte Präsident Johnson seine Unterschrift unter den Gesetzesentwurf, um ihn endgültig abzusegnen.

Die Reaktion darauf kam prompt und war widerwärtig. In Dads Büro traf ein wütender Telefonanruf nach dem anderen ein, und zumindest eine Person stieß eine Morddrohung aus. Die Poststelle des Kongresses berichtete später, dass er in diesem Jahr mehr Post als jeder andere Abgeordnete erhalten habe, wobei ihm in vielen der Briefe seine zustimmende Haltung zum *Fair Housing Act* angekreidet wurde.

Als er am Wochenende nach der Abstimmung heim nach Houston flog, beschloss er, den Stier frontal bei den Hörnern zu packen. Er berief eine Versammlung ein, die von Hunderten Wahlberechtigten besucht wurde. Viele von ihnen begrüßten ihren Abgeordneten mit Pfiffen und Buhrufen. Es glich der Reaktion, die Prescott Bush für seine Ablehnung gegenüber Senator McCarthy geerntet hatte.

Meinem Dad zufolge, so formulierte er es, sei das Ziel des fraglichen Gesetzes, »zu versuchen, ein Versprechen abzugeben oder Hoffnung zu schenken – also eine Umsetzung des amerikanischen Traums«. Er erzählte von seinen Gesprächen mit afroamerikanischen Soldaten in Vietnam, von denen ihm einige mitgeteilt hätten, dass sie beabsichtigten, nach Hause zurückzukehren, zu heiraten und ein Eigenheim zu kaufen. »Irgendwie scheint es elementar zu sein«, sagte er, »dass ein Mann – wenn er über das Geld und einen guten Charakter verfügt – nicht die Türe vor der Nase zugeschlagen bekommen sollte, egal, ob er ein Schwarzer ist oder mit einem lateinamerikanischen Akzent spricht.«

ER RÄUMTE EIN, dass es Meinungsverschiedenheiten gebe. »Ich habe aus Überzeugung gestimmt«, sagte er. »Ich wusste, dass es keine populäre Entscheidung ist, ich wusste, dass es emotional zugehen würde, aber ich tat, was ich für richtig hielt. Was soll ich noch mehr dazu sagen!«

Zu seinem Erstaunen reagierte die Menschenmenge mit stehenden Ovationen auf seine Worte. In Bezug auf das neue Gesetz änderten wohl die meisten Anwesenden nicht ihre Meinung, aber bezüglich des Kongressabgeordneten Bush taten das wohl schon sehr viele. Sie respektierten, dass er couragiert und ehrlich war. Im Herbst 1968, sieben Monate nach besagter Abstimmung, stellte sich George Bush ohne Gegenkandidat der Wiederwahl.

Ich verfolgte die Debatte bezüglich des *Fair Housing Act* und war sehr stolz auf meinen Vater. Die Art, wie er eine prinzipientreue Haltung einnahm und seinen Standpunkt verteidigte, sich dem politischen Mob entgegenstellte und dabei stets seine Würde bewahrte, fand ich bewundernswert. Die Lektion seiner Stimmabgabe war, dass die Bürger einen Anführer anerkannten, der bereit war, schwere Entscheidungen zu fällen, auch wenn sie nicht unbedingt damit einverstanden waren, wie diese letztlich ausfiel. George Bush traf solche Entscheidungen seine ganze Karriere hindurch. Ich nahm mir das zum Vorbild, als ich selbst schwierige Beschlüsse zu treffen hatte, wie etwa die Truppenaufstockung im Irak oder die staatliche Intervention in der Wirtschaft, um einen Crash während der Finanzkrise zu verhindern.

BEI DER PRÄSIDENTENWAHL 1968 besiegte Richard Nixon den amtierenden Vizepräsidenten Hubert Humphrey, der sich als Kandidat zur Verfügung gestellt hatte, nachdem LBJ das Land schockiert hatte, indem er erklärte, keine neuerliche Amtszeit anzustreben. Nixon gewann insgesamt 32 Staaten sowie mehr als 300 Wahlmännerstimmen und wurde am 20. Januar 1969 vereidigt. Eine Stunde später verabschiedete sich LBJ aus der Hauptstadt. Dort hatte er seit seiner Wahl in den Kongress im Jahr 1937 zum festen Inventar gezählt – und hinterließ doch nur eine Handvoll Freunde.

Aus Respekt und persönlicher Sympathie beschloss Dad, zur Andrews Air Force Base zu fahren, um dem ehemaligen Präsidenten seine Aufwartung zu machen. In der großen Menschenmenge konnte man noch ein paar andere Kongressabgeordnete erspähen, etwa Johnsons langjährigen Freund Jake Pickle – doch Dad war der einzige Republikaner vor Ort. Als Lady Bird Johnsons Pressesekretärin Liz Carpenter meinen Dad in der Menge stehen sah, wies sie den sich verabschiedenden Präsidenten auf ihn hin. LBJ ging zu ihm hin, schüttelte ihm die Hand und sagte: »George, ich danke Ihnen, dass Sie gekommen sind. Besuchen Sie mich und Lady Bird doch irgendwann einmal auf unserer Ranch.«

Ein paar Monate später kam Dad tatsächlich auf diese Einladung zurück und LBJ fuhr ihn über das weitläufige Gelände seiner Ranch in Johnson City, Texas. Beim Mittagessen stellte Dad ihm eine Frage: Sollte er seinen Platz im Kongress aufgeben, um 1970 erneut gegen Ralph Yarborough um einen Sitz im Senat anzutreten? Der ehemalige Präsident, der in beiden Kammern gesessen hatte, antwortete auf die für ihn typische Art und Weise. »George«, tönte er, »der Unterschied zwischen dem Senat und dem Repräsentantenhaus ist wie der zwischen Hühnersalat und Hühnerscheiße.«

Obwohl er es nicht ganz so blumig ausdrückte, war auch Präsident Nixon der Meinung, dass Dad kandidieren sollte. Er versprach meinem Vater, ihm beim Wahlkampf zu helfen beziehungsweise für eine glimpfliche Landung zu sorgen, sollte er nicht gewinnen.

Nicht jeder war indes der Ansicht, dass Dad sich aufstellen lassen sollte. Viele in seinem Wahlkreis drängten ihn, seinen begehrten Sitz im Steuerbewilligungsausschuss nicht aufzugeben. Aber George Bush entschied sich wieder einmal dafür, ein Risiko einzugehen. Obwohl bei seinem Beschluss viele verschiedene Faktoren eine Rolle spielten, bezweifle ich, dass es für ihn wichtig war, in derselben Kammer, in der bereits sein Vater – Senator Prescott Bush – gedient hatte, einen Sitz zu ergattern.

Als Dad seinen Wahlkampf für den Einzug in den Senat 1970 in Angriff nahm, machte ich meine Pilotenausbildung und flog für die Texas Air National Guard in Houston Militärflugzeuge. Während der Übungseinsätze reiste ich quer durch den Bundesstaat, um ihn bei seiner einleitenden Wahlkampftour zu unterstützen. Dieses Mal war ich sehr optimistisch – ebenso, wie Dad selbst es war. Die Demografie des Staates durchlief gerade einen Wandel, Dad hatte sich einen guten Ruf erarbeitet, und Senator Yarborough schien die meisten Texaner immer weniger erreichen zu können.

Am Tag, als mein Vater den Sieg in der parteiinternen Vorwahl einfuhr, veränderte sich die Dynamik des politischen Wettlaufs dramatisch. Ich weiß noch, wie ich mit Mutter, Dad und ein paar Wahlkampfhelfern im Auto saß, als ich einen Radiosprecher verkünden hörte, dass Lloyd Bentsen Ralph Yarborough in der Vorwahl der Demokratischen Partei hinter sich gelassen habe. Das waren keine guten Nachrichten. Bentsen war ein dekorierter Flieger aus dem Zweiten Weltkrieg, ein ehemaliger Kongressabgeordneter aus dem Süden von Texas sowie ein erfolgreicher Geschäftsmann in Houston. So wie mein Vater war auch Bentsen ein junger, charismatischer Kandidat, der Yarborough rechts außen hatte überholen können. Die politischen Unterschiede zwischen den beiden Wettbewerbern waren mit einem Schlag ausgelöscht worden, und Bentsen würde in großem Maße von der Wählerregistrierung profitieren. Dad sah sich nun plötzlich mit einem überaus schweren Kampf konfrontiert. Im Wagen wurde es ein paar Sekunden lang sehr still. Dann versuchte mein Vater uns Mut zu machen. »Das ist schon okay«, meinte er. »Wir können diese Sache immer noch gewinnen.«

Letztlich waren es zwei Faktoren, die Dad bei dieser Wahl zum Scheitern verurteilten. Zum einen gelang es Bentsen, die Texaner anzusprechen, indem er ihnen mit seinem Wahlspruch »Texas braucht einen demokratischen Senator« ihre langjährige politische Tradition vor Augen führte. (Der andere Senator war mit John Tower zu dieser Zeit ein Republikaner.) Und zweitens ließ die texanische Regierung gleichzeitig über eine Verfassungsänderung abstimmen, die jedem County erlauben würde, den Ausschank von alkoholischen Getränken eigenverantwortlich zu autorisieren. Diese Maßnahme führte zu heftigem Widerstand von Texanern aus ländlicheren Gegenden der Countys, in denen kein Alkohol ausgeschenkt wurde. Sie sahen in diesem Antrag eine Art »Spelunkengesetz«. Infolgedessen war die Wahlbeteiligung auf dem Land besonders hoch – und zu jener Zeit wählte man dort in erster Linie die Demokraten. Ich erinnere mich daran, wie wir 1970 ins ländlich geprägte Kaufman County fuhren, um in Dads Namen ein paar Hände zu schütteln. Als wir vor dem Gerichtsgebäude des Countys hielten, war es da praktisch wie ausgestorben. Ich fragte, wo denn alle hin seien, und einer der wenigen, die noch da waren, antwortete: »Sie haben gehört, dass ein Republikaner kommen würde …« (Die Veränderungen in der texanischen Politik wurden auch dadurch sichtbar, dass mir, als ich selbst als republikanischer Gouverneurskandidat 1994 ins selbe Gerichtsgebäude in Kaufman County zurückkehrte, ein freundlicher Empfang bereitet wurde. Bei der Wahl konnte ich schließlich auch hier den Sieg davontragen.)

Dank Bentsens starker Vorstellung als Kandidat sowie der hohen Wahlbeteiligung auf dem Land schlug er meinen Vater mit 53 zu 47 Prozent. Diese Niederlage schmerzte viel mehr als jene von 1964, die man durch den erdrutschartigen Wahlsieg von Lyndon B. Johnson hatte erklären können. Diese nun schien jedoch so etwas wie der Todesstoß für George Bushs politische Karriere zu sein.

Doch Dad zeigte Größe in der Niederlage und dankte jedem, den er nur finden konnte. Danach kehrte er nach Washington zurück, um noch den Rest seiner Amtsperiode im Kongress zu absolvieren – und somit seine vermutlich letzten Monate in einem gewählten Amt. Er war nicht verbittert und war niemandem böse. Er akzeptierte den Wählerwillen und war bereit, sein Leben weiterzuleben. Dann erhielt er eines Tages einen Anruf vom Präsidenten. Richard Nixon lud ihn zu sich ins Weiße Haus ein. Aus dem Verdruss über die zweite Niederlage erwuchs nun plötzlich die Möglichkeit, einen neuen Karriereweg einzuschlagen.

# DIPLOMAT

ALS KONGRESSABGEORDNETER AUS HOUSTON, dem Standort des Johnson Space Centers, zeigte George Bush großes Interesse am Raumfahrtprogramm. Als Apollo 8 im Dezember 1968 als erstes Raumschiff den Mond umrundete, wollte mein Vater die Leistung des Kommandanten Frank Borman, mit dem er befreundet war, gebührend honorieren. Manche Kongressabgeordneten hätten wohl eine Pressemitteilung gemacht oder diesbezüglich im Kongress eine Resolution eingebracht. Das entsprach aber nicht dem Stil von George Bush. Um Frank Bormans Leistung zu würdigen, lud er zu Ehren seines Freundes zu einem Dinner im Washingtoner Alibi Club. Die Gästeliste war typisch für George Bush: Es fanden sich darauf einige Kongressabgeordnete sowie ein paar Freunde aus Washington und Houston, darunter etwa C. Fred und Marion Chambers. Großzügigerweise lud er auch mich dazu ein.

»Wie würde es dir gefallen, gemeinsam mit einem Astronauten hierher zu einem Dinner zu fliegen?«, fragte er mich am Telefon.

Ich befand mich gerade auf der Moody Air Force Base in Valdosta, Georgia, zum Pilotentraining der Texas Air National Guard. »Das hört sich interessant an, Dad«, antwortete ich.

Dann enthüllte er auch noch einen Hintergedanken: »Ich habe auch Tricia Nixon eingeladen. Ich dachte, vielleicht würde es dich freuen, mit ihr zusammen zur Feier zu kommen.«

Für einen Moment verschlug es mir die Sprache. »Ich muss dich mit meiner Entscheidung wohl auf etwas später vertrösten«, sagte ich.

Ich war mir nicht sicher, ob ich dazu bereit wäre, für ein Blind Date mit der ältesten Tochter des Präsidenten nach Washington zu fliegen.

Ich erwähnte die Einladung gegenüber ein paar meiner Kumpels beim Flugunterricht. Sie glaubten mir nicht. Erst als ich um 50 Dollar wettete, ließen sie ihre Sticheleien bleiben. Ich rief meinen Dad an.

»Ich bin dabei«, teilte ich ihm mit.

Am betreffenden Abend hielt ich im violetten AMC Gremlin meiner Eltern, der mit Sitzbezügen aus Levi's Jeans bezogen war, vor dem Tor des Weißen Hauses. Ein Angestellter traf mich am Diplomateneingang und führte mich die Treppe hoch. Ich erkundigte mich, ob der Präsident im Haus sei, allerdings waren er und seine Frau auf Reisen.

Ich saß verlegen auf einem der Sofas, von denen aus man den Rosengarten überblickte, und wartete auf meine Verabredung. Schließlich erschien Tricia, und ich stellte mich ihr vor. Wir gingen die Treppe hinunter und stiegen in ein weißes Lincoln Town Car. Nachdem wir Platz genommen hatten, drehte einer der Agenten des Secret Service, die vorne saßen, den Kopf und sagte: »Guten Abend, Miss Nixon.«

Und los ging es zum Alibi Club, wo wir an einen runden Eichentisch gesetzt wurden. Als verwegener Pilot war ich dem Trinken nicht abgeneigt. Während des Dinners griff ich nach der Butter, kippte ein Glas um und beobachtete entsetzt, wie sich ein Rotweinfleck seinen Weg über den Tisch bahnte. Dann zündete ich mir eine Zigarette an, woraufhin mich Tricia höflich bat, das bitte sein zu lassen. Das Rendezvous endete schließlich, als sie mich direkt nach dem Essen darum ersuchte, sie zurück zum Weißen Haus zu bringen. Als ich auf die Party zurückkehrte, stand mein Vater mit ein paar Freunden beisammen und plauderte.

»Wie ist es denn gelaufen, Sohn?«, fragte er.

Bevor ich ihm antworten konnte, beugte sich einer seiner Freunde vor und flüsterte: »Ging noch was?«

Ich lächelte: »Nicht einmal ansatzweise.«

Beinahe 40 Jahre später, als ich als Präsident durch die Tore des Weißen Hauses fuhr, musste ich an diesen ersten Besuch dort denken und ein wenig schmunzeln.

ZUM ERSTEN MAL traf ich auf Richard Nixon, als mich mein Vater zu einem ökumenischen Gottesdienst mitnahm, den der Präsident im

East Room veranstaltete. Ich bewunderte die Schönheit des Raumes – die hohe Decke, die eleganten Kerzenhalter und das lebensgroße Porträt George Washingtons, das Gilbert Stuart gemalt und Dolley Madison vor den Flammen rettete, als die Briten 1814 das Weiße Haus in Brand steckten. Die Idee einer Messe im Weißen Haus kam mir ungewöhnlich vor. Ebenso der Präsident selbst. Als ich ihm die Hand schüttelte, wirkte er irgendwie steif und förmlich. Ich hatte Richard Nixon meine Stimme gegeben, konnte mich aber nicht für ihn erwärmen.

Ein Teil des Problems bestand darin, dass Nixons Führungsstil nicht mehr zeitgemäß schien. In den späten Sechzigern und Siebzigern sahen sich die Amerikaner konfrontiert mit Rassenunruhen in den Großstädten, der Ermordung von Martin Luther King Jr. und Bobby Kennedy, einem unpopulären Krieg in Vietnam sowie einer sich ständig wandelnden Kultur, in der sich Drogen ausbreiteten und Frauen berechtigterweise ihren Platz einforderten. Ein Land orientiert sich an seinen Anführern, und die Nation hätte es nötig gehabt, dass Richard Nixon Optimismus, Einheitsgefühl und Ruhe ausstrahlte. Stattdessen wirkte er düster und kontrovers. Unter ihm mutete das Weiße Haus, das von seinen obersten Beratern H.R. Haldeman und John Ehrlichmann geleitet wurde, kalt und verschwörerisch an. Und das war noch, bevor die Nachrichten über geheime Mitschnitte und Feindeslisten an die Öffentlichkeit gelangten.

Andererseits schätzte ich Präsident Nixon stets für die Chancen, die er meinem Vater eröffnete. Im Dezember 1970 war der letzte Monat von Dads Amtszeit im Repräsentantenhaus gekommen. Er gab seinen Sitz auf und wusste nicht, was er nun als Nächstes tun würde. Nach zwei Niederlagen im Wettstreit um einen Senatsposten sah seine Zukunft nicht allzu rosig aus. Aber Präsident Nixon – seine eigene Politkarriere hatte nach einer Schlappe bei der Wahl zum Gouverneur von Kalifornien 1962 einst auch vor dem Aus gestanden und er damals gemeint, dass man ihn nun nicht länger »herumstoßen« müsse – fand schließlich einen Platz für George Bush.

Ungefähr einen Monat nach der Wahl von 1970 traf sich Dad mit dem Präsidenten im Weißen Haus. Mutter rief mich an, um mir zu sagen, dass Dad als Botschafter der USA bei den Vereinten Nationen nominiert worden sei. Ich war überrascht und dachte zurück an seine Wahlkampfreden, in denen er die UN als wirkungslose Einrichtung gebrandmarkt hatte. Darüber hinaus hatte er verkündet, dass sie nur wenig Einfluss auf die amerikanische Außenpolitik haben solle. Damals reagierte das texanische Publikum mit lautem Jubel. Ich war gespannt, was es zu einem UN-Botschafter Bush sagen würde.

Rückblickend verstehe ich, warum mein Vater sich für den UN-Posten erwärmen konnte. Seine Auslandsreisen und seine Erfahrungen im Zusammenhang mit den Verträgen rund um die Offshore-Bohrungen, die er mit ausländischen Firmen und Regierungen abschloss, hatten sein Interesse an internationalen Angelegenheiten geweckt. Seine neue Stellung holte ihn heraus aus Washington und schenkte ihm ein Leben nach der Niederlage. Außerdem war dieser neue Job mit einem Sitz im Kabinett des Präsidenten verbunden, was Dad erlaubte, die Mechanismen im Weißen Haus aus der Nähe zu betrachten.

Die erste Mission meines Vaters bestand darin, in seinem Amt bestätigt zu werden. Unter seinen Amtsvorgängern befanden sich politische Schwergewichte wie Adlai Stevenson, ein ehemaliger Gouverneur von Illinois und zweifacher demokratischer Präsidentschaftskandidat, und Arthur Goldberg, der seine Ernennung zum Richter am Obersten Gerichtshof, die auf Lebenszeit galt, hinter sich gelassen hatte, um den Job zu erledigen. Die *New York Times* schrieb: »Nichts in seinem Werdegang qualifiziert [George Bush] für diese wichtige Position.« Zum Glück war da eine Mehrzahl der Senatoren aber anderer Meinung und glücklicherweise bereit, über die Skepsis meines Dads gegenüber den Vereinten Nationen während seines Wahlkampfes im Jahr 1964 hinwegzusehen. So wurde er im Februar 1971 als Botschafter vereidigt. Wieder einmal mussten Mutter und er umziehen. Diese Mal hatten sie sich jedoch nicht nach einer Bleibe umzusehen. Einer der Anreize des Jobs bestand darin, dass die Unterbringung bereits geklärt war. Es handelte sich dabei um eine Penthouse-Wohnung in der 41. Etage des Waldorf Astorias in New York City.

ÜBER DIE JAHRE hinweg wurde George Bush ein Experte darin, sich auf neue Jobs einzustellen.

Sobald er zum UN-Botschafter ernannt worden war, wandte er sich mit der Bitte um Rat an eine Reihe von Leuten, darunter etwa auch der vormalige Präsident Lyndon B. Johnson. Als er zum ersten Mal in der US-Vertretung bei den Vereinten Nationen in New York vorstellig wurde, aß er mit einigen wichtigen Vertretern des Verwaltungspersonals zu Mittag. Er unternahm eine Erkundungstour zu den Einrichtungen der UN in Europa und ließ sich eingehend in die Aufgabenbereiche der einzelnen Organe einführen. Obwohl er die Arbeit der meisten amerikanischen Diplomaten bewunderte, erkannte er schon bald, dass die Vereinten Nationen ineffizient waren und ihre Verwaltungsstruktur keine Rechenschaftspflicht aufwies. Als ich 30 Jahre später Präsident wurde, hatte sich diesbezüglich nur wenig getan, und die Unfähigkeit der UN, Resultate zu erzielen, sowie ihre Tendenz, zweideutige Signale zu senden (wie etwa Kuba und Libyen Sitze im Menschenrechtsrat zu sichern), beziehungsweise ihre Unfähigkeit, die Massenmorde in Ruanda und Darfur zu stoppen, frustrierten mich in stets zunehmendem Ausmaß. Dennoch bemerkte ich, dass viele meiner Kollegen unter den Führern der freien Welt die Legitimation der UN benötigten, um ihre Parlamente zu Hause davon zu überzeugen, militärische Vorhaben in Afghanistan und im Irak zu finanzieren.

Als UN-Botschafter widmete mein Dad seine Energie dem Aufbau von vertrauensvollen Beziehungen zu den anderen Botschaftern. Er plauderte sich durch die vorgeschriebenen Dinner-Veranstaltungen und Cocktailpartys und eröffnete außerdem noch weitere Möglichkeiten, um seine Kollegen kennenzulernen. Er und Mutter nahmen Botschafter und ihre Familien etwa zu Aufführungen am Broadway, zu Baseballspielen im Shea Stadium oder zu einem John-Denver-Konzert in der Carnegie Hall mit. Er lud den italienischen sowie den französischen Botschafter nach Walker's Point ein und bat seine Mutter, für die chinesische Delegation in Greenwich einen Lunch vorzubereiten. In seiner Funktion begleitete er eine Gruppe von Botschaftern in das NASA-Hauptquartier in Houston und organisierte eine Privatvorstellung von *Der Pate*. Er begriff, dass der

Schlüssel zu effektiver Diplomatie darin bestand, persönliche Beziehungen aufzubauen – ein Ansatz, den man auch »persönliche Diplomatie« nennen könnte. Die Art von Diplomatie, die mein Vater bei der UN entwickelte, wurde zu einem Markenzeichen seiner Außenpolitik in den kommenden Jahren, vor allem aber während seiner Präsidentschaft.

Einer der Lieblingsorte, an denen sie Gäste empfingen, war das spektakuläre Apartment im Waldorf Astoria. Die Suite mit ihren neun Zimmern hatte einst Douglas MacArthur, dem General, gehört und war für seinen luxuriösen Geschmack gerade gut genug. Das erste Mal, als ich meine Eltern dort besuchte, fand ich Dad im Wohnzimmer vor, das an die 15 Meter lang war und mit einem eleganten Boden und Holzarbeiten ausgestattet war.

»Ist das denn groß genug für euch, Dad?«, erkundigte ich mich.

»Es ist angemessen«, witzelte er, ohne die Miene zu verziehen.

Mutter und Dad führten ein sehr glückliches Leben im Waldorf, ebenso meine kleine Schwester Doro. Als ich Jahre später John Negroponte zum Botschafter bei der UN ernannte, teilte ich ihm mit: »Ich glaube nicht, dass es Ihnen schwerfallen wird, sich an die Unterbringung zu gewöhnen.«

Die umstrittenste politische Angelegenheit, mit der sich die UN während der Amtszeit meines Dads befassen musste, war die Frage, welche Delegation China repräsentieren sollte. Das Land hielt einen heiß begehrten Sitz im Sicherheitsrat, den zwei rivalisierende Abordnungen – die Nationalisten in Taiwan und Mao Zedongs Kommunisten auf dem Festland – jeweils für sich beanspruchten. Die USA hatten stets für die Nationalisten als Vertretung Chinas bei der UN Partei ergriffen. Als jedoch Mao und die Kommunisten an Macht gewannen, nahmen sie für sich in Anspruch, die einzige legitime chinesische Regierung zu sein, und bestanden darauf, dass Taiwan aus der UN ausgeschlossen würde.

Im Herbst 1971 hielt die Generalversammlung der UN eine Abstimmung dazu ab, wer von nun an China repräsentieren dürfe. Die Nixon-Regierung befürwortete eine »doppelte Vertretung«, was bedeutete, dass sowohl China als auch Taiwan Sitze erhalten sollten. Mein Vater wollte die persönlichen Beziehungen, die er geknüpft hatte, ausspielen und wandte sich an beinahe 100 UN-Delegierte. Er legte ihnen seine Bedenken bezüglich einer Stärkung der Kommunisten dar und drängte sie, die Taiwanesen nicht im Stich zu lassen. Dads Ausgangslage wurde allerdings untergraben, als Präsident Nixon seinen Nationalen Sicherheitsberater Henry Kissinger nach Peking entsandte, um einen historischen Besuch in der Volksrepublik vorzubereiten. Kissingers Reise schwächte Dads Verhandlungsposition, indem Maos Behauptung, der Anführer der wahren chinesischen Regierung zu sein, dadurch bestätigt wurde.

Dad tat sein Bestes, doch die Strategie mit der doppelten Vertretung schlug fehl, und Taiwan verpasste seinen Sitz um ein paar Stimmen mit 59 zu 55. Etliche Delegierte, die versprochen hatten, Taiwan zu unterstützen, änderten entweder ihren Standpunkt oder enthielten sich ihrer Stimme. Um sein Mitgefühl zum Ausdruck zu bringen, erhob sich Botschafter Bush von seinem Platz und begleitete den in Ungnade gefallenen Botschafter Tawains, Liu Chieh, aus der Generalversammlung. Auf ihrem Weg den Gang hinunter wurden sie dabei verspottet und verhöhnt. Mutter, die der historischen Abstimmung beigewohnt hatte, erinnert sich daran, dass sie von Delegierten bespuckt wurde. Die UN, die als idealistisches Forum gegründet worden war, um das Streben nach Frieden voranzutreiben, war zum Schauplatz abstoßender Amerika-Feindlichkeit verkommen.

Im September 1972 entführte und ermordete eine palästinensische Terrorgruppe namens Schwarzer September elf israelische Athleten bei den Olympischen Sommerspielen in München. Israel reagierte, indem es Syrien und den Libanon angriff. Eine Mehrzahl der Mitglieder im UN-Sicherheitsrat unterstützte daraufhin eine Resolution, mit der die militärische Antwort der Israelis verurteilt wurde, schwieg allerdings angesichts der terroristischen Attacke gegen die Sportler. Da die USA einen von fünf festen Sitzen im Sicherheitsrat innehaben, sind sie in der Lage, gegen solche Resolutionen ihr Veto einzulegen. Die Regierung beschloss, von diesem Recht zum erst zweiten Mal überhaupt Gebrauch zu machen, um die gegen Israel gerichtete Resolution zu blockieren. Im Verlauf der nächsten Jahrzehnte sollten die amerikanischen Botschafter bei der UN wiederholt vom Veto-Recht Gebrauch machen, um unseren Alliierten Israel vor ungerechtfertigten Verurteilungen zu schützen.

In all seinen Regierungsämtern nahm George Bush seine Pflichten ernst. Während seiner Zeit als Botschafter veröffentlichte das Magazin *New York* einen Artikel des Sportjournalisten Dick Schaap, in dem er die »zehn überschätztesten Männer in New York City« aufzählte. Dad schaffte es auf diese Liste, so wie auch andere lokale Koryphäen wie der New Yorker Senator Jacob Javits, Kardinal Terence Cooke und der Herausgeber der *New York Times*, Arthur Sulzberger. Die Egos einiger der aufgelisteten Persönlichkeiten waren sensibel genug, um an diesem Artikel tatsächlich Anstoß zu nehmen. Nicht so Dad. Er beschloss, alle auf der Liste aufgeführten Personen zu einer Party einzuladen. Auf die Einladung schrieb er: »Ich hätte gerne die Gelegenheit, herauszufinden, warum Sie denn so ›überschätzt‹ sind.« Beinahe alle (inklusive Dick Schaap) trafen schließlich zu einem fröhlichen Abend im Waldorf zusammen.

DIE AUFGABE IN NEW YORK gab Dad die Gelegenheit, seine Eltern öfter zu sehen. Im September 1972 musste sein Vater Prescott wegen eines hartnäckigen Hustens seinen Arzt aufsuchen. Nach ein paar Tests wurde er im Memorial Sloan Kettering aufgenommen. Es war jenes Krankenhaus, in dem Robin 1953 gestorben war. Leider sah die Prognose für ihn nicht gut aus. Er hatte Lungenkrebs im fortgeschrittenen Stadium und verstarb einen Monat später im Alter von 77 Jahren.

Meine Großmutter wünschte sich für die Beerdigung, dass sie zu einer erbaulichen Feier von Prescott Bushs Leben würde. Sie verfasste alle Grabreden und wies den Kirchenchor an, alle von »Gampys« liebsten Kirchenliedern zu singen. Sie bat meine Brüder, Vettern und mich, als Sargträger zu fungieren. Nach dem Gottesdienst standen Dad, seine Brüder und seine Schwester auf den Stufen vor der Kirche, schüttelten Hände und dankten allen Gästen, die gekommen waren, um meinem Großvater ihren Respekt zu erweisen. Es war schwer für meinen Dad, sich von dem Mann zu verabschieden, der ihm ein Mentor und Vorbild gewesen war. Er sollte seine Lehren sein ganzes Leben nicht vergessen.

Wenig später fand Dad einen Lichtblick im Ableben seines Vaters. Immerhin musste Prescott Bush, der immer auf der Integrität der Regierung beharrt hatte, nicht mehr miterleben, was sich im Verlauf der nächsten beiden Jahre in Washington abspielen sollte.

ALS BOTSCHAFTER bei der UN spielte mein Vater während des Präsidentschaftswahlkampfes im Jahr 1972 keine Rolle. Amtsinhaber Nixon setzte sich gegen den demokratischen Senator George McGovern durch und wurde wiedergewählt. Der Wettlauf um das Weiße Haus war de facto vorbei, bevor er überhaupt richtig losging – nämlich als bekannt wurde, dass McGoverns erste Wahl für den Posten seines Vizepräsidenten, Senator Tom Eagleton, sich aufgrund seiner psychischen Probleme einer Elektroschocktherapie unterzogen hatte. Nixon errang einen Erdrutschsieg, doch seine Wiederwahl hatte weniger mit ihm selbst zu tun. Obwohl Nixon in jedem Staat außer Massachusetts (er verlor außerdem im District of Columbia) gewann, verloren die Republikaner zwei Sitze im Senat und konnten im Kongress auch nur zwölf hinzugewinnen.

Ein paar Wochen nach der Wahl bat der Präsident meinen Vater nach Camp David, das ländliche Refugium des Präsidenten in den Catoctin Mountains in Maryland, das nach Präsident Eisenhowers Enkel benannte war, der darüber hinaus auch Nixons Schwiegersohn war. (Er war mit Nixons jüngerer Tochter Julie verheiratet.) Der Präsident teilte Dad mit, dass er ihn von der UN abziehen wolle, damit er Bob Dole, den Senator aus Kansas, als Vorsitzenden des Republican National Committee ablösen könne. Von Nixons Standpunkt aus machte diese Entscheidung Sinn. Dad hatte in Texas Erfahrung darin gesammelt, eine Parteiorganisation zu leiten, und er war ein frisches Gesicht mit dem Elan und der Glaubwürdigkeit, Nixons Agenda voranzutreiben und die Partei zu stärken. Aus Sicht meines Dads war dieser Job jedoch im besten Falle ein Schritt zur Seite statt nach vorne. Er machte sich Sorgen, dass manche Leute denken könnten, er wäre als Diplomat gescheitert. Außerdem kannte er das Weiße Haus unter Nixon gut genug, um sich darüber im Klaren zu sein, dass er manche der dort üblichen Methoden nicht mochte. Dad hatte jedenfalls kein Interesse daran, anständige Leute auf Seiten des politischen Mitbewerbers zu verleumden.

Trotzdem fühlte er sich verpflichtet, die Republikanische Partei zu leiten, wenn es das war, womit er seinem Land am besten dienen konnte.

Ein paar Tage später traf sich Bob Dole mit ihm in New York. Er sagte, er sei gekommen, um sich bei meinem Vater zu erkundigen, ob er Interesse habe, ihm als Vorsitzender des RNC nachzufolgen. Mein Dad hatte Mitleid mit Dole, denn niemand schien ihm gesagt zu haben, dass er bereits ersetzt worden war. So war es mein Dad, der dem peinlich berührten Senator die Neuigkeit schonend beibrachte. Die Situation zeugte davon, dass es im Weißen Haus entweder übertrieben geheimnistuerisch zuging oder die Dinge dort im Argen lagen.

Anfang 1973 zogen Mutter und Dad aus dem Apartment 42A im Waldorf Astoria aus und machten sich auf den Weg zurück in die Hauptstadt. Dad nahm an, dass der Job relativ routinemäßig ablaufen würde. Er ging davon aus, dass er die meiste Zeit damit verbringen würde, Gelder zu sammeln, Kandidaten zu rekrutieren und sich mit Parteifunktionären zu treffen, von denen er die meisten bereits kannte. Jedoch erwartete er nicht, dass er 19 Monate später im East Room des Weißen Hauses zugegen sein würde, um Zeuge davon zu werden, wie Richard Nixon zum ersten und einzigen Präsidenten der Vereinigten Staaten würde, der sein Amt niederlegte.

IM SOMMER 1972 wurden fünf Männer beim Einbruch in das Hauptquartier des Democratic National Committee im Apartment-Komplex Watergate in Washington D.C. erwischt. Die Einbrecher standen in Verbindung mit CREEP, dem »Committee to Re-Elect the President«, einer Organisation, welche die Wiederwahl Nixons anstrebte. Das Weiße Haus stritt jeglichen Bezug zum Einbruch ab, und alle diesbezüglichen Anschuldigungen hatten nur wenig Auswirkungen auf die Wahlen von 1972. Ab Anfang 1973, kurz nachdem mein Vater den Vorsitz des RNC übernommen hatte, verdichteten sich aber die Hinweise, dass ein paar der Männer, die in engem Kontakt mit Präsident Nixon standen, eine Rolle bei einer möglichen Vertuschung gespielt hatten.

Präsident Nixon versicherte der Nation, dass er nichts über Watergate wisse. Über ein Jahr lang stärkte mein Dad dem Präsidenten den Rücken. George Bush, der stets an das Beste in den Menschen glaubte, vertraute dem Präsidenten, als dieser sein Ehrenwort gab. Als dann Details über Watergate an die Öffentlichkeit drangen, wurde Dad fortlaufend besorgter. Der Senat eröffnete eine Untersuchung. Hochrangige Angestellte des Weißen Hauses traten zurück. Ein Sonderermittler wurde ernannt. Dann kam heraus, dass der Präsident insgeheim seine Unterhaltungen im Oval Office auf Tonbändern aufgezeichnet hatte. Er weigerte sich aber, diese Aufnahmen auszuhändigen, wie es der Sonderermittler forderte. Als der Justizminister und sein Stellvertreter Nixons Anweisung abwiesen, den Sonderermittler zu feuern, entließ der Präsident den Mann selbst und nahm auch die Rücktrittsgesuche des Justizministers und seines Vize an, was in weiterer Folge als »Saturday Night Massacre« bekannt werden sollte. Schließlich veröffentlichte das Weiße Haus eine limitierte Anzahl von Niederschriften der Unterhaltungen aus dem Oval Office. Allerdings wiesen sie signifikante Lücken auf, wie etwa die achtzehneinhalb Minuten, die anscheinend »versehentlich« gelöscht worden waren.

Ich beobachtete einstweilen von Cambridge, Massachusetts, aus, wo ich die Harvard Business School besuchte, wie sich der Skandal ausbreitete. Das Campus-Umfeld stand Republikanern und Richard Nixon im Speziellen feindselig gegenüber. Ich hielt meinen Kopf unten, studierte hart und ließ mich generell nicht auf politische Diskussionen ein. Eine Ausnahme war, als ich der einzigen Schwester meines Dads, meiner dynamischen und munteren Tante Nancy, in Lincoln, Massachusetts, einen Besuch abstattete. Wir spielten neun Löcher auf ihrem Lieblings-Golfplatz und teilten unseren Kummer über den fauligen Sumpf, in den George Bush geraten war.

Je mehr ich über Watergate erfuhr, desto mehr widerte mich die Sache an. Ich war schockiert, dass der Präsident sich mit Leuten umgeben hatte, die sich benahmen, als würden sie über dem Gesetz stehen, und ich war wütend über das Dilemma, in das sie meinen Vater gebracht hatten. Auf der einen Seite versuchte er, den Präsidenten zu verteidigen, dem gegenüber er loyal war. Andererseits musste er die Partei vor den

Versuchen der Demokraten, jeden einzelnen Republikaner in die Sache mit hineinzuziehen, in Schutz nehmen.

Ende Juli 1974, als der Watergate-Skandal auf seinen Höhepunkt zusteuerte, schrieb Dad einen langen Brief an meine Brüder und mich. Zu diesem Zeitpunkt hatte er noch niemandem gegenüber seinen Schmerz über diese Erfahrung mitgeteilt. Als immerwährender Optimist begann er den Brief, indem er auf alle Dinge, für die er dankbar war, einging, so wie etwa unseren engen Familienverband und die Möglichkeit, dem Land, das er liebte, dienen zu dürfen. Er pries die Vorzüge von Präsident Nixon. Dann befasste er sich mit Nixons Verfehlungen – seiner Unsicherheit, seinem schwachen Urteilsvermögen, seinem mangelnden Respekt vor dem Kongress sowie vor allem der barschen und unmoralischen Art und Weise, in der er sich über seine angeblichen Freunde auf den Tonbändern ausließ.

Einer dieser angeblichen Freunde war George Bush. Nixon hatte Dad einen »Schwarzseher« genannt und darüber geklagt, dass er den RNC nicht aggressiv genug dazu instrumentalisiert hatte, um ihn zu verteidigen. Der Vorwurf des Präsidenten, schwach zu sein, kränkte Dad. Viele aufreibende Monate lang hatte er sich vor Richard Nixon gestellt. »Es tut zwar weh, aber es blutet nicht«, schrieb er in seinem Brief an uns. Er schloss mit einem Hinweis auf die Lehren, die wir aus dem Watergate-Debakel ziehen sollten:

*Hört auf euer Gewissen. Habt keine Angst davor, euch nicht dem Mob anzuschließen, wenn ihr das Gefühl habt, dass es falsch ist. Verwechselt nicht »weich sein« damit, euch in die Lage des anderen zu versetzen. (…) Vermeidet es, euch selbstgerecht gegen einen Freund zu wenden, sondern seht zu, dass eure Freundschaft tief genug ist, sodass es euch leichtfällt, euch einem Freund anzuvertrauen und sein Urteil zu hören. Ignoriert nicht eure Einschätzung der Lage, um an Macht zu gewinnen.*

Es kann ihm damals nicht bewusst gewesen sein, aber mit seinen Worten legte er für uns einen Maßstab fest, nach dem sowohl Jeb als auch ich versuchten, uns zu orientieren, als wir uns selbst für öffentliche Ämter bewarben. Am 5. August 1974 lief das Fass schließlich endgültig über.

Der Oberste Gerichtshof hatte angeordnet, dass das Weiße Haus sämtliche Tonbänder dem neuen Sonderermittler Leon Jaworski, einem Freund Dads aus Houston, auszuhändigen hatte. Die Aufnahmen deckten auf, dass Nixon gegenüber einem seiner Gehilfen darüber gesprochen hatte, die Untersuchungen des FBI bezüglich des Einbruchs in das Watergate-Gebäude auszubremsen. Das war der Beweis, dass er über die Sache Bescheid wusste und das Land belogen hatte. Diese Enthüllung zerschmetterte das Vertrauen meines Dads in Nixon.

Einen Tag, nachdem der Mitschnitt öffentlich wurde, hielt Nixon ein Meeting mit seinem Kabinett und wichtigsten politischen Beratern ab. Dad nahm auch daran teil und wurde Zeuge einer surrealen Szene: Der Präsident verbrachte die gesamte Konferenz damit, über die Wirtschaft und andere politische Themen zu sprechen und sparte die einzig relevante Frage einfach aus. Später an jenem Tag offenbarte Dad Nixons Stabschef Alexander Haig seine unverhohlene Einschätzung der Situation. Bei Gesprächen mit einigen seiner alten Freunde im Kongress hatte er in Erfahrung gebracht, dass der Präsident nicht über die Stimmenanzahl verfügen würde, um ein Amtsenthebungsverfahren überstehen zu können.

Trotz seiner tiefempfundenen Enttäuschung weigerte sich mein Dad, Nixon öffentlich zu verurteilen. Obwohl es ihm auf kurze Sicht vermutlich genutzt hätte, sah Dad wenig Sinn darin. Er tat seine Meinung in einem privaten Brief an den Präsidenten am 7. August kund. Soweit ich weiß, ist er der einzige Parteivorsitzende in der amerikanischen Geschichte, der jemals einen solchen Brief schrieb. »Ich bin mittlerweile der festen Überzeugung, dass ein Rücktritt für dieses Land und diesen Präsidenten am besten wäre«, schrieb er. »Ich denke, dass auch die meisten anderen republikanischen Führungspersönlichkeiten quer durch das Land dieser Ansicht sind.« Mit dem für ihn typischen Mitgefühl fuhr er fort: »Dieser Brief fällt mir aufgrund der Dankbarkeit, die ich ihnen ewig entgegenbringen werde, umso schwerer. Sollten sie tatsächlich aus dem Amt scheiden, wird die Geschichtsschreibung ihre Leistungen mit dauerhaftem Respekt protokollieren.« Am Tag darauf verkündete Nixon seinen Rücktritt.

Mutter und Dad waren erleichtert angesichts der Entscheidung des Präsidenten. Sie besuchten das Weiße Haus anlässlich seines Abschieds. Dad beschrieb die vorherrschende Atmosphäre als eine »Aura der Traurigkeit, als ob jemand gestorben wäre«: Im East Room, wo ich Nixon ein paar Jahre zuvor bei einem ökumenischen Gottesdienst kennengelernt hatte, schloss er nun seine Rede mit den Worten: »Erinnert euch stets daran, andere mögen euch vielleicht hassen, aber sie gewinnen nur dann, wenn ihr sie auch hasst, und in diesem Fall zerstört ihr euch selbst.«

DAMALS WAR ES nur schwer vorstellbar, aber Watergate als Parteivorsitzender durchzumachen, sollte sich noch als nützliche Erfahrung erweisen. Dad traf auf Hunderte leitende Parteifunktionäre und Aktivisten an der Basis, wodurch ein Netzwerk entstand, das sich bei seinen späteren Wahlkämpfen als unverzichtbar herausstellen sollte. Obwohl er mit ansehen musste, wie Menschen in ehrenwerten Ämtern verwerfliche Dinge taten, ließ er nicht zu, dass diese Erfahrungen seine Einstellung zum Dienst an der Öffentlichkeit eintrübten.

Watergate untermauerte eine Schlüssellektion: Ein Anführer muss sich selbst mit charakterstarken Leuten umgeben und hohe Maßstäbe setzen. Außerdem bekräftigte der Skandal die Unentbehrlichkeit persönlicher Beziehungen. Nixon schien nur wenige echte Freunde zu haben. Er wirkte introvertiert, rätselhaft und suspekt. Eine Nebenwirkung seiner Isolation war, dass er niemanden hatte, der ihn auf den Boden zurückholte und ihm ausredete, seinen schlimmsten Instinkten zu folgen. Im Gegensatz dazu war mein Vater extrovertiert, optimistisch und entschlossen, in den Menschen das Beste zu sehen. Daher gelang es ihm, seine Freundschaften auch im Verlauf von Watergate aufrechtzuerhalten – und sogar neue zu schließen. Einen unerwarteten Freund fand er etwa in Bob Strauss, Dads Gegenstück in den Reihen des Democratic National Committee. Die beiden verbanden ihre gemeinsamen Erfahrungen, und sie lachten viel miteinander. Sie sollten einander schließlich so viel Respekt entgegenbringen, dass Dad Strauss später sogar als Botschafter in die Sowjetunion entsandte. Der Unterschied zu Nixon war jedenfalls eklatant. Während Richard Nixon eine Liste mit politischen Feinden führte, verwandelte

George Bush seine politischen Gegenspieler in Freunde.

Leider sollten der Nachhall von Watergate noch jeden Präsidenten, der auf Richard Nixon folgte, einholen. Eine ganze Generation von Reportern sah, wie die *Washington Post* für die Aufdeckung des Skandals mit dem Pulitzer-Preis ausgezeichnet wurde, und nun träumten viele davon, der nächste Woodward oder Bernstein zu werden. Eine starke wie skeptische Presse ist gut für eine Demokratie. Oft besteht der erste Impuls der Medien aber darin, jede Story als Skandal aufzubauschen, was ein schiefes Licht auf die Regierung wirft und die Öffentlichkeit zynisch werden lässt.

Was George Bush betraf, so erlaubten sein Charakter und sein gutes Urteilsvermögen, Watergate zu überstehen, ohne dass dabei sein Ruf oder seine Integrität Schaden genommen hätten – eine Leistung, die mit der Zeit besonders beeindruckend wirkt.

NACHDEM ER MITANGESEHEN hatte, wie Richard Nixon am 9. August 1974 auf dem Südrasen des Weißen Hauses in den Hubschrauber gestiegen war, kehrten Mutter und Dad zurück in den East Room, um der Vereidigung des neuen Präsidenten Gerald Ford beizuwohnen. Ford ist bis heute der einzige Präsident, der nie gewählt wurde, denn Richard Nixon hatte ihn zum Vizepräsidenten gemacht, nachdem sein erster Vize Spiro Agnew seinen Hut nahm, um einer Haftstrafe wegen Steuerbetrugs zu entgehen.

Ford hob sich sofort von Nixon ab. Er war ein großer, stattlicher Mann aus dem Mittleren Westen mit einem optimistischen Auftreten und somit exakt die Art von Integrationsfigur, welche die Nation nun brauchte. Als Präsident Ford seinen berühmten Kommentar: »Meine lieben amerikanischen Mitbürger, unser langwieriger nationaler Albtraum hat nun ein Ende«, aussprach, schien er auf mehr als nur auf Watergate anzuspielen. Ich hoffte, dass eine lange Ära voller Spannungen und Pein – die Rassenkrawalle, Vietnam, Nixons Feindesliste – nun ihren Abschluss fände.

Ford musste unverzüglich eine schwere Entscheidung fällen. Der ehemalige Präsident Nixon hätte nämlich aufgrund seiner Verwicklung in Watergate strafrechtlich verfolgt werden können, doch sein Nachfolger

Ford begriff, dass durch einen Prozess gegen den Ex-Präsidenten dem amerikanischen Volk das Watergate-Trauma über Jahre hinweg immer und immer wieder vor Augen geführt worden wäre. Er schuf dieses Szenario aus der Welt, indem er Nixon eine vollständige und bedingungslose Amnestie zugestand. Diese Entscheidung war höchst unpopulär, und viele denken, dass ihn das die Wahl im Jahr 1976 kostete. George Bush respektierte den Beschluss des Präsidenten. Dieses Vorgehen war nicht nur notwendig, nein, es zeugte auch von politischer Courage.

Den Sommer 1974 verbrachte ich in Fairbanks, Alaska, wo ich einem Job bei Alaska International Air nachging. Ich war zwischen meinem ersten und zweiten Jahr an der Harvard Business School dorthin gegangen, um sowohl meine Abenteuerlust zu befriedigen als auch geschäftliche Optionen auszuloten. Die Schönheit der Natur in Alaska verblüffte mich, und ich erfreute mich daran, zu wandern, zu fischen und die langen Sommertage zu genießen. Mich überraschte allerdings, wie abhängig der Bundesstaat und seine Unternehmen von der Bundesregierung waren. Das gefiel mir nicht, und am Ende des Sommers kam ich zu der Erkenntnis, dass die Geschäftsmöglichkeiten in Texas besser waren.

Eines Morgens griff ich mir in Fairbanks eine lokale Zeitung und las darin, dass George Bush zu einer engeren Auswahl von Leuten gehöre, die für den verwaisten Posten des Vizepräsidenten in Frage kämen. Mir wäre nie eingefallen, dass mein Dad ein Kandidat für den Job sein könnte. Ich rief meinen Vater an, der mir dann bestätigte, dass die Meldung der Wahrheit entspreche.

»Nun, es gibt da Leute, die denken, dass ich gute Arbeit leiste«, sagte er, »jedoch würde ich zum jetzigen Zeitpunkt nicht zu viel darauf geben.«

Er befand sich auf dieser Liste, unter anderem, da eine Umfrage des RNC unter den Lenkern der Partei ergeben hatte, dass Dad mehr Rückhalt als sonst jemand genoss. Ein paar seiner Freunde vom Kapitol intervenierten beim neuen Präsidenten für ihn. Wenn Dad Vizepräsident werden wollte, so wäre ich natürlich voll und ganz auf seiner Seite, doch tief in mir drinnen hatte ich meine Zweifel, ob sich Ford für jemanden entscheiden würde, der unlängst noch in Verbindung zu Nixon gestanden hatte.

Tatsächlich hörte ich ein paar Tage später, dass sich Ford für Nelson Rockefeller, den Gouverneur des Bundesstaates New York als Vizepräsidenten entschieden hatte. Ich konnte mir gut vorstellen, was Prescott Bush zu dieser Wahl gesagt hätte.

Zwei Tage später rief Präsident Ford meinen Vater ins Oval Office, um die Zukunft zu besprechen. Dad sagte ihm, dass ihm seine Zeit bei der UN sehr gefallen habe und dass er seine diplomatische Erfahrung gerne weiter ausbauen würde. Der Präsident meinte, dass er meinen Vater aussuchen lasse, wo er als Botschafter dienen wolle – auch in Großbritannien oder Frankreich. Das waren heißbegehrte Posten, die schon von John Adams und Thomas Jefferson bekleidet worden waren.

Einer von Fords Mitarbeitern hatte Dad bereits vorab über den Grund für das Treffen informiert, weshalb er vorbereitet war. Er teilte dem Präsidenten mit, dass er gerne nach China gehen würde. Dad war sich bewusst, dass der Vertreter Amerikas in China nicht im Rang eines Botschafters stünde, da die USA keine vollwertigen diplomatischen Beziehungen zur Volksrepublik unterhielten. Allerdings hielt er sich nicht mit Titeln auf. Er hatte sich eine Zeitlang mit China befasst und war überzeugt, dass Amerikas Beziehung zu China in der Zukunft eine entscheidende Rolle spielen würde – eine Erkenntnis, zu der damals noch nicht viele gelangt waren. Im Herbst 1974 ernannte ihn Präsident Ford zum Leiter des Verbindungsbüros der Vereinigten Staaten in Peking.

Wenn ich daran zurückdenke, war Dads Entscheidung, den diplomatischen Chefposten in China zu übernehmen, vermutlich sein überraschendster Karriereschritt, seit er und Mutter 1948 in den Westen von Texas gezogen waren. So wie er seinerzeit keine Lust darauf gehabt hatte, einen konventionellen Berufsweg als Investmentbanker an der Wall Street einzuschlagen, wollte er nun auch nicht bei diplomatischen Abendessen in London oder Paris festhängen. So wie das westliche Texas stellte auch China ein unerschlossenes Gebiet dar – es war ein aufregender Wohnort mit einer unverwechselbaren Kultur. Das Land stellte darüber hinaus ein großes Versprechen für die Zukunft dar. Für jemanden, der der Politszene in Washington überdrüssig war, schien China der ideale Fluchtpunkt.

GEORGE BUSH KAM im Oktober 1974 in China an. Bevor er Washington den Rücken kehrte, hatte er noch einiges an Vorbereitung mit Blick auf seinen neuen Posten bewältigt. So hatte er sich etwa mit China-Experten quer durch die amerikanische Regierung getroffen. Auf dem Flug ins Land der Mitte legte er einen Zwischenstopp in Japan ein, um den US-Botschafter in Japan zu konsultieren. Er und Mutter nahmen auch Unterricht in Chinesisch. Ihnen gelang es keinesfalls, die Sprache zu meistern, doch wussten sie, wie man grüßte und sich bedankte – kein schlechter Anfang für einen Diplomaten.

Bei ihrer Ankunft bat Dad seinen Stellvertreter, den erfahrenen John Holdridge, um eine detaillierte Einweisung und freundete sich rasch mit jedem im Büro an, angefangen bei den Nachwuchsbeamten bis hin zu seinem Chauffeur sowie dem Dolmetscher. Er löcherte seine neuen Kollegen mit Fragen zu China, ihren Kindern, ihren Interessen und ihrer Vorgeschichte. Er und Mutter arbeiteten hart, um das Verbindungsbüro und ihre private Unterkunft weniger formell und offener zu gestalten. Sie luden Stabsmitglieder zum Abendessen ein, kauften eine Tischtennisplatte und fügten auch sonst überall eine persönliche Note hinzu. George Bush war ein Teamspieler, und er baute sich sein »Team China« auf.

Eine weitere Priorität bestand darin, persönliche Beziehungen zu anderen Diplomaten aufzubauen. Er besuchte Dutzende Empfänge in anderen Botschaften und empfing regelmäßig seine jeweiligen Pendants im Verbindungsbüro. So mancher hätte diese Veranstaltungen vielleicht als Plackerei empfunden. Nicht so George Bush. In jeder Cocktailparty und jedem Empfang sah er die Möglichkeit, jemanden Neuen kennenzulernen und eine neue Beziehung aufzubauen. Seiner Ansicht nach konnte kein Land zu klein sein, um ihm nicht Aufmerksamkeit entgegenzubringen. Nichts stieß ihm saurer auf, als wenn sich jemand wie ein großer Zampano aufführte. Sein erster Besucher im Verbindungsbüro war der oberste Delegierte Kuwaits – ein kleines Königreich im Nahen Osten, das Jahrzehnte später während seiner Präsidentschaft noch eine überaus wichtige Rolle spielen sollte.

So wie er das schon bei der UN gehandhabt hatte, vermengte er auch jetzt wieder sein Privatleben mit seinen Aufgaben als Diplomat. Er liebte es,

Tennis zu spielen, weshalb er regelmäßig Matches mit anderen Diplomaten im International Club arrangierte. Dad liebte den Wettkampf und die Bewegung. Er hatte nämlich verstanden, dass seine Kollegen viel eher auf seine Anrufe reagierten, wenn sie zuvor schon seinen Aufschlag retourniert hatten.

Einen großen Teil seiner Aufmerksamkeit widmete er den chinesischen Amtsträgern. So kannte er bereits vorab den chinesischen Außenminister Qiao Guanhua, der der erste Abgesandte der Volksrepublik China bei der UN gewesen war. Obwohl sich Dad bei der Abstimmung bezüglich Taiwan der Volksrepublik entgegengestellt hatte, waren sie zu Freunden geworden. Der Außenminister erinnerte sich gerne an ein Mittagessen, das Dads Mutter für die chinesische Abordnung in Greenwich veranstaltet hatte, und war nun darauf bedacht, die Gastfreundschaft zu erwidern.

Trotz seiner Rolle als amerikanischer Chefdiplomat in China war sein politischer Einfluss beschränkt. Die wichtigen Entscheidungen trafen Präsident Ford und Henry Kissinger. Dad mag die mangelnde Einbindung frustriert haben, jedoch verstand er das Bedürfnis des Präsidenten, die Beziehung zwischen den beiden Ländern vom Weißen Haus aus zu regeln. Während seiner Präsidentschaft hatte er später selbst auch oft direkt mit ausländischen Anführern wie John Major aus Großbritannien oder Brian Mulroney aus Kanada zu tun. Und auch bei mir und meinem engsten Verbündeten Tony Blair war das so.

Die größten Wellen während seines Aufenthalts in China schlug ein Staatsbesuch von Präsident Ford im Jahr 1975. Es war der erste seit Nixons historischer Reise drei Jahre zuvor. Dad begleitete den Präsidenten zu seinem Treffen mit Mao Zedong, dem Revolutionsführer und Vorsitzenden der Kommunistischen Partei Chinas. Es war faszinierend, Mao zu treffen, der sich aus gesundheitlichen Gründen zurückgezogen hatte. Rückblickend war es aber wichtiger, dass Dad so seinen kleinen lächelnden Stellvertreter Deng Xiaoping kennenlernte. 13 Jahre später sollten sie sich wiedersehen – dieses Mal als Anführer ihrer jeweiligen Nationen.

Der neue Posten in China erlaubte meinen Eltern mehr Freizeit als in vielen Jahren zuvor. Sie erkundeten Peking auf ihren Fahrrädern und flanierten mit C. Fred – ihrem Cockerspaniel, den sie nach einem Freund benannt hatten – durch die Stadt. C. Fred zog jedes Mal interessierte Blicke der Einheimischen auf sich, da die Kommunisten Hunde eigentlich verboten hatten. Mutter und Dad nahmen weiterhin Sprachunterricht und gingen am Sonntag in eine lokale Kirche – eine der wenigen vom Staat abgesegneten –, in der die Messe auf Chinesisch gelesen wurde.

Mutter und Dad ermutigten die Familie und ihre Freunde, sie in China besuchen zu kommen. Eine der Ersten, die auf die Einladung zurückkam, war meine Großmutter, die zu Weihnachten 1974 vorbeischaute. Nachdem Dorothy Walker Bush nach einem anstrengenden Flug aus New York eingetroffen war, schloss sie sich im Anschluss daran auf die für sie typische Weise meinen Eltern auf einem Fahrradausflug in die Verbotene Stadt an. Es ist vermutlich keine Übertreibung, wenn man behauptet, dass sie an diesem frostigen Dezembertag wohl die einzige 73-jährige westliche Dame war, die da in die Pedale trat.

Auch Freunde aus Texas begaben sich auf die Reise nach China. Jake Hamon, einer von Dads Kumpels aus dem Ölgeschäft, kam im März 1975 mit seiner Frau Nancy zu Besuch. Nancy trug bei ihrer Ankunft einen Mantel und einen Hut aus Zobelpelz. Das Outfit fand zumindest einen Bewunderer im Haushalt. Während meine Eltern mit den Hamons plauderten, bemerkte meine Mutter mit Entsetzen, wie C. Fred auf einem pelzigen Objekt herumkaute. Jahre später, als Laura und ich Nancy zu einer Valentinstags-Feier ins Weiße Haus einluden, musste sie immer noch über ihren in Mitleidenschaft gezogenen Hut lachen.

Ich besuchte Mutter und Dad kurz, nachdem ich 1975 die Harvard Business School abgeschlossen hatte. Das Verbindungsbüro war komfortabel, aber ansonsten war ich über die primitiven Zustände erstaunt. Die meisten Menschen bewegten sich mittels Fahrrad oder Pferdekutsche fort. Der Sommer war heiß und trocken und die Stadt mit Staub bedeckt, der von der Wüste hergeweht worden war. Es erinnerte mich an Midland, Texas. Anders als in Midland gab es jedoch keine Anzeichen für Kapitalismus. Alle trugen die gleiche dröge graue Kleidung, die sie von der chinesischen Regierung erhalten hatten. Dads Vision von China umfasste die Vorstellung, dass es sich in der Zukunft zur Weltmacht aufschwingen würde, womit er schließlich Recht behalten sollte. 1975 hatte das Land allerdings noch einen weiten Weg vor sich.

Während meines Aufenthalts konnte ich Dads persönliche Diplomatie aus der Nähe miterleben. Am 4. Juli veranstaltete er eine große Feier im Verbindungsbüro, komplett mit Hamburgern, Hotdogs und amerikanischem Bier. Kein amerikanischer Beamter hatte je zuvor etwas Ähnliches organisiert, weshalb der Event unter großer Beteiligung seitens des Diplomatenkorps über die Bühne ging. Ich erinnere mich lebhaft an einen skandinavischen Botschafter, der die Party etwas schwankend mit einen gigantischen Senffleck auf dem Hemd verließ.

AM 2. NOVEMBER 1975 standen Mutter und Dad früh auf und begaben sich auf eine Radtour durch Peking. Sie genossen gerade den frischen Herbstmorgen, als ein Bote aus seinem Büro mit dem Drahtesel auf sie zuhielt. Er hatte ein Telegramm des Weißen Hauses dabei, das mit dem Vermerk »George Bush, persönlich« versehen war. Der Inhalt des Telegramms versetzte Dad einen Schock. Präsident Ford wollte, dass er China verließ und in die USA zurückkehrte, um fortan die Central Intelligence Agency zu leiten.

Wie meine Eltern aus ihrem knapp bemessenen Zugang zu amerikanischen Nachrichten wussten, schlug der CIA vernichtende Kritik von Seiten der Öffentlichkeit, der Medien und des Kongresses entgegen. Im Dezember 1974 hatte die *New York Times* auf ihrer Titelseite einen Artikel veröffentlicht, in dem enthüllt wurde, dass die CIA unter mehreren Präsidenten in illegale Aktivitäten verstrickt war, etwa in die Überwachung von amerikanischen Antikriegsaktivisten und anderer Gruppierungen von Dissidenten. Der Kongress formierte daraufhin zwei Sonderausschüsse, das Church Committee und das Pike Committee, die der Sache auf den Grund gehen sollten. Wütende Abgeordnete forderten Transparenz und eine umfangreiche Restrukturierung der Agency. Als mein Vater ihr die Botschaft vorlas, brach Mutter in Tränen aus. Der Präsident hatte soeben den Mann, den sie liebte, darum gebeten, sich erneut in politisches Sumpfland zu begeben.

Mutter war nicht die Einzige, die dem Angebot skeptisch gegenüberstand. Auch Dad war widerwillig. Die Demokraten hatten bei den

Kongresswahlen 1974, die auf Watergate folgten, massiv zugelegt, und mein Vater wusste, dass er es mit dem liberalsten Kongress der jüngeren Geschichte zu tun bekäme, was höchst unangenehm werden würde. Außerdem wollte er die Türe zu weiteren politischen Unternehmungen offenhalten. Er war 1974 als möglicher Vizepräsident gehandelt worden, und die texanischen Republikaner verhandelten mit ihm über die Kandidatur für das Gouverneurs-Amt im Jahr 1978. Solche Pläne würden durch den Job bei der CIA gefährdet werden. Wie er es in einem Brief an seine Brüder und seine Schwester ausdrückte, war die CIA »ein politischer Friedhof«.

Aber wieder einmal gab Dads Pflichtbewusstsein den Ausschlag. Er hatte während seiner Zeit in China mit der CIA zu tun gehabt und wusste um die Bedeutung ihrer Arbeit. Ein paar Stunden, nachdem er das Telegramm erhalten hatte, telegrafierte er zurück nach Washington, dass er den Posten annehmen werde. Er schrieb dem Präsidenten und Henry Kissinger: »Mein Vater impfte seinen Söhnen eine Reihe von Tugenden ein, die mir in meiner eigenen kurzen Karriere im Staatsdienst sehr nützlich waren. Eine dieser Tugenden war ganz einfach, dass man seinem Land und seinem Präsidenten zu dienen habe. Und deshalb lautet meine Antwort, wenn es das ist, was der Präsident von mir wünscht, klar und deutlich ›JA‹.«

Die Übernahme des CIA-Postens musste erst noch vom Senat abgesegnet werden. Die Nominierung bekam einen kontroversen Beigeschmack, als manche Senatoren lauthals behaupteten, dass George Bush zu politisch für so einen Job sei. Dad wies darauf hin, dass er auch schon die apolitischen Jobs bei der UN sowie als Botschafter in China innegehabt habe, und versicherte den Senatoren, dass Parteidenken keine Rolle bei dieser Aufgabe spiele. Doch das reichte ihnen noch nicht. In einem historisch gesehen ungewöhnlichen Brief gab Präsident Ford daher eine schriftliche Garantie ab, dass er George Bush nicht als Vizepräsident in Erwägung ziehe, wenn er sich 1976 der Wiederwahl stelle. Der Präsident war einverstanden zu tun, was notwendig war, um seinen Kandidaten durchzusetzen, und das Engagement und Pflichtbewusstsein meines Dads für sein Land waren so stark, dass er auf sein in der Verfassung verankertes Recht verzichtete, für besagtes Amt zu kandidieren. Und so bestätigte ihn der Senat schließlich mit 64 zu 27 Stimmen.

CIA-DIREKTOR BUSH trat seinen neuen Job an und versuchte starke und vertrauensvolle Bindungen zu seinen neuen Kollegen aufzubauen. Diese Aufgabe war besonders wichtig bei der CIA, da die Moral wegen der Prügel, die die Agency durch den Kongress bezogen hatte, am Boden war. Ihr Image war arg in Mitleidenschaft gezogen worden.

Von Anfang an machte Dad klar, dass er an die Mission der Agency glaube und für ihre Leute eintreten werde. Bei seinen Auftritten vor dem Kongress und den Medien betonte er die Bedeutung eines potenten Geheimdienstes. Nachdem er Verfehlungen in der Vergangenheit eingeräumt hatte, erklärte er, welche Maßnahmen die Agency unternehmen werde, um etwaige Missstände zu korrigieren. Am allerwichtigsten war, dass er die Geheimdienstler »Patrioten« nannte – ein Begriff, den nur wenige in diesem Zusammenhang öffentlich in den Mund nehmen wollten, als einem täglich Schlagzeilen über die Missetaten, die die CIA in der Vergangenheit begangen hatte, entgegensprangen.

Dad zeigte seine Rückendeckung für die CIA auch auf andere Weise. Präsident Ford bot ihm ein Büro im Old Executive Office Building an, das sich direkt neben dem Weißen Haus befindet. Hätte er das Angebot angenommen, so hätte das allen seine Bedeutung in Washington signalisiert, da die Nähe zum Präsidenten mit Einfluss gleichgesetzt worden wäre. Jedoch hatte er das Gefühl, dass sein Büro sich im Hauptquartier der CIA in Langley, Virginia, befinden sollte. Dort fuhr er mit dem Angestelltenaufzug und nicht jenem, der für den Direktor vorgesehen war. Rund um Weihnachten 1976 arrangierte er für die Angestellten im »Bubble«, dem großen Auditorium der CIA, einen Auftritt des großartigen Jazzkünstlers Lionel Hampton. (Anders als bei der Weihnachtsfeier seinerzeit in Texas kümmerte sich Dad dieses Mal nicht um die Bar.)

Direktor Bush bereiste CIA-Stützpunkte im Ausland, um sich bei Analytikern und Sachbearbeitern zu bedanken. Einige der beim Geheimdienst Beschäftigten hatten noch nie einen CIA-Direktor getroffen. Er traf auch einige schwierige Personalentscheidungen, die notwendig waren, um die Agency zu verbessern – ein weiterer Grund, warum es ihm so wichtig war, von Beginn an Vertrauen aufzubauen. Er hob vorsichtig ältere Führungskräfte aus dem Sattel, was ihm die Möglichkeit gab, Jüngeren eine Chance zu geben und sich dem Rekrutierungsproblem zu widmen. Er äußerte sich auch nachdrücklich gegen Informanten, die Geheimnisse ausplauderten, wie etwa den ehemaligen CIA-Agenten Philip Agee, der gerade ein Enthüllungsbuch veröffentlicht hatte. Mein Vater konnte viele Verfehlungen verzeihen, aber er empfand es als schändlich, wenn ein Mann seinen Eid verletzte und Staatsgeheimnisse ausplauderte, besonders wenn er damit unschuldige amerikanische Menschenleben aufs Spiel setzte.

Es brauchte nicht lange, bis sich in Langley herumgesprochen hatte, dass George Bush die Aufgabe der CIA und ihre Menschen sehr am Herzen lagen. Er fand seine Arbeit faszinierend, und seine wissbegierige Natur wurde durch den Kader von brillanten Analysten, die für die Agency arbeiteten, befriedigt. Bemerkenswerterweise schloss er innerhalb von nur einem Jahr einen engen Bund mit den Leuten bei der CIA – engagierte Staatsdiener, die nicht die öffentliche Anerkennung erhielten, die sie verdient hätten. Ein Historiker nannte ihn sogar den populärsten CIA-Direktor seit Allen Dulles in den Fünfzigerjahren.

Dads Liebe zur Agency hielt lange über sein Jahr in Langley hinaus an. Als Präsident bat er beinahe täglich um persönliche Lagebesprechungen. Als ich zum Präsidenten gewählt wurde, riet er mir, das Gleiche zu tun. Ich nahm seinen Rat an und fand diese Briefings mit den smarten, fähigen CIA-Analytikern einen der interessantesten Aspekte meiner Arbeit. So wie Dad hatte auch ich größten Respekt für die furchtlosen Beamten im Geheimdienst.

MEIN VATER HIELT Wort und mied während seiner Zeit bei der CIA die Politik. Präsident Fords Umfragewerte hatten nach der Begnadigung von Nixon gelitten, und die wirtschaftliche Lage war ebenfalls schwierig. Im November 1976 verlor er schließlich eine knappe Wahl gegen Jimmy Carter. Dad hatte Carter während des Wahlkampfes getroffen, als der Gouverneur von Georgia ein Vorbereitungsgespräch verlangte, da er dann im Falle eines Wahlsiegs schon auf dem Laufenden wäre. Nachdem Carter gewonnen hatte, bot mein Vater an, im Amt zu bleiben. Er war bis dahin nur ein Jahr bei der Agency gewesen und hatte das Gefühl, Stabilität garantieren zu können, während der Präsident die restlichen Posten seines für die nationale Sicherheit zuständigen Teams hätte besetzen können.

Jimmy Carter entschied sich jedoch, Dad zu entlassen – ein Zug, den ich für einen Fehler hielt. Als er selbst zwölf Jahre später Präsident wurde, übernahm Dad den amtierenden CIA-Direktor William Webster, der noch von Ronald Reagan ernannt worden war. Als ich dann ins Amt gewählt wurde, behielt ich George Tenet, der wiederum von Bill Clinton an die Spitze der CIA befördert worden war. Ich hielt meine Entscheidung für ein Zeichen der Kontinuität und Überparteilichkeit in Bezug auf einen wichtigen Posten im Bereich der nationalen Sicherheit, weshalb ich auch enttäuscht war, als Präsident Obama beschloss, Michael Hayden abzulösen, der sein Leben lang im Staatsdienst gearbeitet hatte und 2007 von mir zum Direktor der CIA ernannt worden war. Niemand kannte sich im Geheimdienst besser aus als Mike, und seine Kenntnisse wären auch für meinen Nachfolger sehr wertvoll gewesen.

Schlussendlich war es allerdings ein Präsident aus den Reihen der Demokraten, der Dads Leistungen für die CIA anerkannte. 1998 segnete Bill Clinton einen Antrag des Kongressabgeordneten Rob Portman aus Ohio mit seiner Unterschrift ab, wodurch das Hauptquartier der CIA einen neuen Namen erhielt. Als ich zum ersten Mal Langley besuchte, begrüßte mich Direktor George Tenet mit den Worten: »Mr. Präsident, willkommen im George Bush Center for Intelligence.«

IM VERLAUF VON nur einem Jahrzehnt hatte George Bush als Botschafter bei den Vereinten Nationen, Verbindungsmann zum offiziellen China und als Direktor der CIA gedient. Er hatte mit ansehen müssen, wie ein Präsident gestrauchelt war, und vor Ort miterlebt, wie sich eine neue Weltmacht erhob. Er hatte erfolgreich mit Diplomaten, Kommunisten und Spionen Umgang gepflegt. Er hatte Organisationen durch Krisen gelenkt und dabei seinen guten Ruf noch aufgewertet. Dennoch gingen viele davon aus, als er ins Flugzeug stieg, um an Jimmy Carters Amtseinführung teilzunehmen, dass seine politische Karriere vorüber wäre. Gemäß aller Konventionen galt keiner der Jobs, die er in den Siebzigerjahren ausübte, als Sprungbrett zu politischem Erfolg. Selbstverständlich gab George Bush nie allzu viel auf Konventionen. Er glaubte, dass ihn seine diplomatischen Posten gut auf weitere Aufgaben im Staatsdienst vorbereitet hatten. Und er sollte Recht behalten. Nicht nur ist mein Vater der einzige Präsident, der alle vier dieser Jobs innehatte, nein, er ist sogar der einzige Präsident, der auch nur *einen* dieser Posten bekleidete. Rückblickend verdankte er den Erfahrungen und dem Urteilsvermögen, das er dabei erwarb, dass er einer der auf das hohe Amt am besten vorbereiteten Präsidenten war.

# VIZE

WÄHREND SEINER KARRIERE als Geschäftsmann und Politiker hatte George Bush mit vielen unvertrauten Situationen zurechtkommen müssen. Im Frühjahr 1977, kurz nachdem er mit dem Ende der Ära Ford die CIA verlassen hatte, fanden sich meine Eltern mit einer neuen Herausforderung konfrontiert: Sie waren nun allein zu Hause.

Mutter und Dad waren kurz nach Jimmy Carters Vereidigung als Präsident nach Houston zurückgekehrt. Sie kauften ein Haus, ihre insgesamt 25. neue Wohnadresse in 32 Jahren Ehe. Alle ihre Kinder waren mittlerweile erwachsen und lebten woanders. Meine Eltern verwendeten nun ihre Zeit dafür, sich wieder mit ihren vielen texanischen Freunden in Kontakt zu setzen und sich an ihrem ersten Enkelkind zu erfreuen, George Prescott Bush, Sohn meines Bruders Jeb und seiner Frau Columba. Sie genossen ihre Verschnaufpause von der Polit-Arena. Mutter nannte es ihre »zweiten Flitterwochen«. Mein Vater konnte sich allerdings nicht lange entspannen. Er vermisste die »Action«. Und er glaubte, noch mehr beitragen zu können. Seinem Freund Gerry Bemiss schrieb er: »Ich möchte nicht in dieses Drei-oder-vier-Martinis-, Sehr-spätes-Dinner- und Reiche-Gesellschaft-Mäßige abgleiten. Es gibt noch immer so viel zu lernen.«

Und mein Vater war nicht der Einzige in der Familie, der einen Drang in sich spürte, einen Beitrag zu leisten. In unserer alten Heimat Midland bereitete ich mich nämlich darauf vor, selbst auf der Politbühne, die er gerade verlassen hatte, zu erscheinen – allerdings sollte auch Dad schon bald im großen Stil zurückkehren.

EIN JAHRZEHNT IM Staatsdienst in Kombination mit den Ausgaben für die Ausbildung von fünf Kindern hatten finanzielle Spuren bei meinen Eltern hinterlassen. 1977 verstarb Herbie, der Onkel meines Vaters im Alter von 72 Jahren. Er war einer der ursprünglichen Besitzer der New York Mets und stand somit auch Pate für meinen eigenen Traum, einst ein Team zu besitzen. Seine Frau Mary entschied, Walker's Point zum Verkauf freizugeben. Das große Haus war bei einem Sturm im vorherigen Winter beschädigt worden, und sie hatte keine Lust, das Geld für die Instandhaltung aufzubringen. Ihr war ein großzügiges Angebot von einem Interessenten außerhalb unseres Familienverbundes unterbreitet worden. Zum Glück gab sie jedoch meinem Vater die Gelegenheit, mitzugehen. Er hatte Walker's Point schon sein ganzes Leben lang geliebt und hasste die Vorstellung, den traditionellen Treffpunkt der Familie – seinen persönlichen »Ankerplatz« – zu verlieren. Damals hatte er nicht genug Geld auf der hohen Kante, um sich das Grundstück sofort leisten zu können, weshalb er seine Tante darum bat, ihm etwas Zeit zu geben, damit er es beschaffen könne. Sie stimmte zu, und so erstand er schließlich im Jahr 1981 Walker's Point.

Meinem Vater gefiel der Gedanke nicht, Profit aus seinem Dienst an der Öffentlichkeit zu schlagen, aber er war seit jeher an der Geschäftswelt interessiert. Indem er sich ein paar Firmenvorständen anschloss, blieb er am Ball und machte so etwas Geld. So war er etwa in den Vorständen von Eli Lilly, Texasgulf Oil und First International Bancshares vertreten. Außerdem erhielt er ein Angebot von H. Ross Perot, einem Geschäftsmann aus Dallas, der eine erfolgreiche Technologiefirma gegründet hatte, in die Ölbranche zurückzukehren. Dad dankte Ross, lehnte dann aber doch ab. Er erklärte ihm, dass er sich auf keine Langzeit-Verpflichtung in der Geschäftswelt einlassen wolle. Das war indes nicht das letzte Mal, dass George Bush von Ross Perot hören sollte.

Obwohl Dad seine geschäftlichen Aufgaben genoss, so gehörte sein Herz trotzdem noch immer der Politik und dem Dienst an der Öffentlichkeit. Einige seiner Freunde drängten ihn, sich 1978 für die Gouverneurswahlen in Texas aufstellen zu lassen. Aber seine Interessen lagen woanders. Er hatte in den Kabinetten zweier US-Präsidenten gedient und wusste mit dem Druck, der in der Politik vorherrschte, umzugehen. So sehr Mutter auch das ruhige gemeinsame Leben liebte, wusste sie, dass ihre »zweiten Flitterwochen« nicht von Dauer sein würden. Dad wollte sich einbringen, und zwar auf der großen Bühne. Bald schon begannen sie, durch das Land zu reisen, um sich nach den Aussichten einer eventuellen Präsidentschaftskandidatur umzuhören.

NACH MEINEM ABSCHLUSS an der Harvard Business School 1975 kehrte ich nach Midland zurück. Wie schon mein Dad eine Generation zuvor, so war auch ich von den unternehmerischen Möglichkeiten Midlands sowie der Begeisterung rund um den Ölboom angetan. Mein erster Job im Ölgeschäft bestand darin, mich umzusehen, alte Gerichtsakten zu durchforsten und um Mineralien und Förderabgaben zu feilschen. Gelegentlich erhielt ich einen kleinen Anteil an einem Deal. Ich hatte geringfügigen Erfolg, und meine Lebenshaltungskosten waren niedrig.

Am 6. Juli 1977, meinem 31. Geburtstag, verkündete Midlands Langzeit-Abgeordneter im Kongress, George Mahon, dass er sich nach 44 Jahren aus dem Repräsentantenhaus zurückziehen werde. Eine mögliche Kandidatur für seinen Sitz faszinierte mich. Ich mochte die Politik und hatte einiges an Erfahrung sammeln können, als ich meinen Dad 1964 und 1970 im Wahlkampf unterstützte sowie bei Kampagnen bei Senatswahlen in Florida (für Edward Gurney, der gewann) und Alabama (für Red Blount, der unterlag) mithalf. Meine Überzeugungen waren stark. So glaubte ich, dass sich das Land unter Jimmy Carter in die falsche Richtung bewegte, vor allem in Bezug auf Energieregulierung und Steuerpolitik. Kurz gesagt: Ich hatte mich mit dem Polit-Virus infiziert.

Dad war überrascht, als ich ihm mitteilte, dass ich in Erwägung ziehe, für den Kongress zu kandidieren. Er schlug mir vor, seinen Freund, den ehemaligen Gouverneur Allan Shivers, zu treffen, um ihn um Rat für den Wahlkampf zu fragen. Shivers war eine politische Koryphäe. Jahrzehntelang hielt er den Rekord für die längste durchgehende Amtsdauer eines Gouverneurs von Texas (bis ihn schließlich mein Nachfolger Rick Perry überflügelte). Als ich Ex-Gouverneur Shivers nun erklärte, dass ich mich mit dem Gedanken beschäftige, im 19. Kongresswahlbezirk zu kandidieren, sah er mir direkt in die Augen und sagte mir, dass ich nicht gewinnen könne. Der Sitz war seit 44 Jahren immer von einem konservativen Demokraten vom Land gehalten worden, weshalb die Gegend wie geschaffen war für den konservativen demokratischen Senator Kent Hance, der vom Land kam.

Ich bedankte mich bei Shivers für das Treffen und machte mich einigermaßen perplex auf den Weg. Hatte Dad gewusst, dass Shivers so reagieren würde? Und wenn ja, warum hatte er mich dann zu ihm geschickt? Es war nicht der Stil meines Vaters zu versuchen, mir meinen Lebensweg zu diktieren. Bei einer Entscheidung dieser Größenordnung zog er es vor, dass ich mir meine eigenen Gedanken machte. Rückblickend hege ich den Verdacht, dass er mich zu Shivers schickte, um mich darauf vorzubereiten, dass der Wettlauf um das Amt schwierig werden würde und ich mich auf eine Enttäuschung einstellen müsste.

Ich ließ mich dennoch auf die Kandidatur ein. Immerhin war ich ein ausreichend unabhängig denkender Mensch – manche würden es auch stur nennen –, um es zu versuchen. Wie nicht anders zu erwarten war, stand mein Dad, als ich ihm meine Entscheidung mitgeteilt hatte, zu 100 Prozent hinter mir.

Mein Wahlkampf für den Sitz im Kongress war ein kleines Unterfangen. Die meisten, die mit an Bord kamen, waren Freunde, Verwandte oder Freiwillige. Mein Bruder Neil war mein Wahlkampfmanager. Mein Schatzmeister war Joe O'Neill, ein Freund aus Kindertagen, der Abschlüsse von Notre Dame und der Wirtschaftshochschule der University of Michigan vorweisen konnte, in einer Sondereinheit der Army gedient hatte und schließlich nach Midland zurückgekehrt war, um ins Ölgeschäft einzusteigen. Eines Abends im Sommer 1977 luden mich Joe und seine Frau Jan zu einem Barbecue zu sich ein. Sie hatten gesagt, dass es da jemanden gebe, den sie mir vorstellen wollten – eine gute Freundin von Jan aus Midland namens Laura Welch.

Ich war sprachlos angesichts ihrer Schönheit. Laura hatte hinreißende blaue Augen und ein fröhliches Lächeln, das sie jedes Mal aufsetzte, wenn ich etwas Lustiges sagte. Während wir uns unterhielten, fanden wir heraus, wie viel wir gemeinsam hatten. Sie war in Midland zur selben

Zeit wie ich aufgewachsen und hatte ein Jahr lang gleichzeitig dieselbe Schule, die San Jacinto Junior High, besucht. Es stellte sich heraus, dass wir nach dem College sogar im selben Apartmentkomplex in Houston gelebt hatten (sie hatte einen Abschluss von der Southern Methodist University in Dallas und dann noch einen Master in Bibliothekswissenschaft an der University of Texas gemacht). Laura war clever und würdevoll und hatte eine gelassene, natürliche Art. Es war etwas anders als damals, als George Bush Barbara Pierce bei jener Weihnachtsfeier im Jahr 1944 kennengelernt hatte. Niemand tanzte einen Walzer hinterm Haus von Joe und Jan. Unsere erste gemeinsame Verabredung fand dann auf einem Minigolfplatz statt. So wie meine Eltern verliebten allerdings auch wir uns schnell ineinander. Wir waren beide über 30 und bereit, zur Ruhe zu kommen. Nur wenige Monate später heirateten wir schließlich.

Laura war sich bewusst, dass sie in eine politische Familie einheiratete. Sie war allerdings weniger am politischen als am familiären Aspekt interessiert. Als Einzelkind war sie begeistert, drei Schwäger und eine Schwägerin hinzuzugewinnen. Auch zu meinen Eltern baute sie eine gute Beziehung auf, die sie wiederum wie eine eigene Tochter willkommen hießen. Neben anderen Dingen verband Laura mit meiner Mutter ihre Verantwortlichkeiten als Gattinnen von Anwärtern auf politische Ämter. Laura war mir bei meinem Wahlkampf eine große Stütze, obwohl sie kein Interesse an einer Hauptrolle hatte. Mir gefiel das an ihr, denn ich war nicht auf der Suche nach einer stereotypen »Politikergattin«. Sie schwor sogar, dass sie niemals eine politische Ansprache halten werde. Zum Glück brach sie diesen Schwur. Sie wurde zu einer äußerst effektiven Fürsprecherin in meinem Wahlkampf um einen Sitz als Kongressabgeordneter im Jahr 1978 sowie in den vielen anderen, die noch folgen sollten.

Der Favorit auf die parteiinterne Nominierung hieß Jim Reese, ein ehemaliger Bürgermeister von Odessa, der Mahon 1976 einen harten Kampf geliefert hatte. Reese konnte auf ein paar namhafte Unterstützer setzen, darunter etwa auch Ronald Reagan, der ehemalige Gouverneur von Kalifornien. Ich hatte den Gouverneur bei einer Parteiveranstaltung in Jacksonville, Florida, kennengelernt, als ich dort in einen Senatswahlkampf involviert war. Reagan hinterließ einen mächtigen Eindruck. Er war groß und attraktiv und gab sich wie ein Hollywoodstar, der er ja tatsächlich einst gewesen war. Seine Ansprache elektrisierte die Menschen, und ich war nicht überrascht, dass er um ein Haar den amtierenden Präsidenten bei den Vorwahlen im Jahr 1976 hinter sich gelassen hätte beziehungsweise nun als aussichtsreicher Kandidat für eine republikanische Nominierung für die Präsidentschaftswahl im Jahr 1980 gehandelt wurde.

Selbstverständlich war ich deshalb enttäuscht darüber, dass Reagan meinen Kontrahenten empfahl. Als ich die Situation meinem Dad gegenüber erwähnte, sagte er sofort: »Reagan wird dich anrufen, wenn du die Vorwahl gewinnst.« Und tatsächlich: Als ich Jim Reese im Rennen um die Kandidatur abhängen konnte, klingelte am nächsten Tag mein Telefon. »George, hier spricht Ron Reagan«, sagte er. »Ich gratuliere, dass du mich widerlegen konntest. Ich möchte dir nur sagen, dass ich alles in meiner Macht Stehende unternehmen werde, um dir zu helfen, den Sitz zu gewinnen.« Ich dankte ihm für den Anruf und legte beeindruckt von seinem Großmut auf. Ich bat ihn nicht um Hilfe, da ich so naiv war zu glauben, dass die Wähler honorieren würden, wenn ich auf seine Schützenhilfe beziehungsweise die meines Vaters verzichten würde.

Im Sommer und Herbst 1978 führte ich dann fleißig durchgehend Wahlkampf. Nach der Vorwahl verließen Laura und ich unser Heim in Midland und mieteten ein Haus in Lubbock, der größten Stadt des Kongresswahlbezirks. Es verlangte meiner frischgebackenen Ehefrau schon viel ab, so kurz nach unserer Hochzeit ihrer Heimatstadt den Rücken zu kehren, aber sie nahm die Herausforderung an. Obwohl wir nach der Hochzeit einen kurzen Ausflug nach New Mexico unternommen hatten, empfand sie vielmehr die Wahlkampftour als unsere Flitterwochen. Wir verbrachten viele lange Stunden auf der Landstraßen und fuhren durch den weitläufigen Wahlkreis, um in Kleinstädten wie Levelland, Plainview und Brownfield Station zu machen. Am 4. Juli fuhren wir als Teil einer Parade auf einem weißen Pritschenwagen durch den vorwiegend demokratischen Teil unseres Wahlkreises. Niemand wollte uns zuwinken – zumindest nicht mit allen fünf Fingern der Hand. Es lässt sich wohl behaupten, dass Laura nicht mit so etwas gerechnet hatte, als sie noch ihre Karriere als Schulbibliothekarin geplant hatte. Aber für mich war sie bereit, mir drei Viertel des Weges entgegenzukommen …

Am Wahlabend zog ich schließlich den Kürzeren. Zwar gewann ich in meinem County, Midland, und etwas vom Süden des Wahlkreises, doch wie mir Gouverneur Shivers prophezeit hatte, war die Gegend insgesamt zugeschnitten auf Kent Hance. Er betonte seine texanischen Wurzeln und stellte mich als Außenseiter mit Elite-Uni-Ausbildung hin, womit er in den ländlichen Gebieten, die den Wahlkreis vorwiegend ausmachten, punkten konnte. Er siegte schlussendlich mit 53 zu 47 Prozentpunkten.

Obwohl ich die Wahl verlor, hatte ich auch viel gelernt – über den Wahlkampf an sich und die Partnerin an meiner Seite. Und dank dem Vorbild, das mir mein Vater vorgelebt hatte, wusste ich, dass das Leben auch nach der Wahlniederlage weitergehen würde. In mancherlei Hinsicht war es vielleicht das Beste, dass ich unterlag. Bis heute erinnert mein Freund Kent Hance, der damalige Wahlsieger, die Leute daran, dass er der einzige Politiker sei, der mich je habe bezwingen können. »Ich bin verantwortlich dafür, dass George W. Bush Präsident wurde«, sagt er. »Wenn ich nicht gewesen wäre, dann säße er nämlich noch immer im Kongress.«

* * *

ICH KANN MICH nicht mehr an den exakten Zeitpunkt erinnern, als mir mein Dad mitteilte, dass er beschlossen habe, als Präsident zu kandidieren. Es war offenkundig, dass er 1977 in diese Richtung tendierte, als er den Fund for Limited Government ins Leben rief. Dabei handelte es sich um einen politischen Ausschuss, der es ihm erlaubte, Geld aufzutreiben, während er seine Optionen abwog.

Doch man musste gar nicht lange überlegen, um zu erkennen, dass George Bush nur Außenseiter-Chancen auf eine Nominierung zum Präsidentschaftskandidaten hatte. Anders als seine Mitbewerber hatte er kein gewähltes Amt inne. Ihm fehlte daher eine angestammte Wählerschaft im Rücken. Seine Name hatte landesweit einen so niedrigen

Wiedererkennungswert, dass er in manchen frühen Umfragen gar nicht erschien, weil er so selten genannt worden war – tatsächlich wurden seine Nennungen gemeinsam mit jenen weiterer Außenseiter unter »andere Kandidaten« zusammengefasst. Aber George Bush hatte schon zuvor ganz andere Situationen gemeistert – und das war es, was er auch nun zu tun gedachte.

Die Ausscheidung für die Nominierung als republikanischer Präsidentschaftskandidat versprach spannend zu werden. Zusätzlich zu Ronald Reagan stieg auch noch Senator Bob Dole aus Kansas in den Ring, ein ehemaliger RNC-Vorsitzender und Vizepräsidentschaftskandidat von Gerald Ford im Jahr 1976. Ein weiterer hoffnungsvoller Anwärter auf die Kandidatur war John Connally, der früher für die Demokraten als Gouverneur von Texas im Amt gewesen war und von Richard Nixon für die Republikaner rekrutiert worden war, als dieser ihn zum Finanzminister gemacht hatte. Connally, der an jenem Tag, als Präsident Kennedy in Dallas erschossen wurde, mit ihm im Wagen gesessen hatte, verfügte über Charisma und eine starke Anhängerschaft in den Vorständen der amerikanischen Firmenlandschaft. Das Feld wurde noch von Howard Baker, einem angesehenen Senator aus Tennessee, sowie zwei Kongressabgeordneten aus Illinois, John Anderson und Phil Crane, abgerundet.

Der Vorsitzende des Fund for Limited Government war ein enger Freund und Vertrauter meines Vaters aus Houston, James A. Baker III. Dad traf Jimmy Baker zum ersten Mal, kurz nachdem er und Mutter 1959 nach Houston gezogen waren. Während Dad seine Offshore-Ölfirma aufbaute, machte sich Jimmy einen Namen als Anwalt. Als Absolvent sowohl von Princeton als auch der University of Texas School of Law war Jimmy ein genialer Stratege, ein gewiefter Unterhändler und darüber hinaus auch ein Mann, der wusste, wie man Dad zum Lachen brachte. Er war einer der besten Witze-Erzähler, die ich je erlebt habe – obwohl die meisten seiner besten Pointen nicht öffentlich erzählt werden können. Er und Dad freundeten sich als Tennispartner im Houston Country Club an. Bald schon errangen sie gemeinsam die Clubmeisterschaft im Doppel.

Jimmy und meine Eltern wurden noch engere Freunde, als seine Frau Mary 1970 an Brustkrebs starb. Mutter und Dad bemühten sich, ihren trauernden Freund zu trösten, und Dad erklärte, dass er den Tod seiner Tochter Robin zu bewältigen versucht habe, indem er sich in seine Arbeit stürzte. Er bot Jimmy daraufhin an, eine Rolle in seinem Senatswahlkampf zu übernehmen. Und Jimmy nahm an. Für den Rest der Karriere meines Dads blieb Jimmy Baker einer seiner vertrauenswürdigsten und wertvollsten politischen Ratgeber – was auch auf den Vorwahlkampf zur Präsidentschaftswahl 1980 zutraf.

Ein weiterer Freund aus Houston, der während der damaligen Phase im Präsidentschaftswahlkampf eine wichtige Rolle übernahm, war Bob Mosbacher, der sich freiwillig an die Spitze der Geldbeschaffungs-Initiative meines Vaters stellte. Seine Aufgabe bestand darin, genug Geld aufzutreiben, um das Land bereisen und in einigen Schlüsselstaaten politische Organisationen einrichten zu können. Eines der ersten Stabsmitglieder, die engagiert wurden, war Karl Rove, ein 28-jähriger Polit-Wunderknabe, der das College Republican National Committee geleitet hatte, während Dad beim RNC gewesen war. Karl stellte einen wichtigen Faktor für den Wahlkampf meines Dads dar und wurde später einer meiner engsten Berater und Freunde.

Natürlich wäre eine Auflistung von George Bushs Mitarbeitern nicht vollständig ohne Don Rhodes. Mein Vater lernte Don 1964 kennen, als er Dad bei seinem Senatswahlkampf als Freiwilliger unterstützte. Don kam auf dem Heimweg von seinem Job bei einem Gemischtwarenhändler im Büro vorbei. Er schob strapaziöse Schichten bei uns, in denen er Briefumschläge zuklebte und Adresslisten überprüfte. Anfangs nahmen Don nur wenige Leute ernst. Er war anders und sprach kaum. Und wenn er es tat, dann auf eine laute, undeutliche Art und Weise. Viele rund um unsere Wahlkampfmannschaft bemitleideten ihn. Nur wenige dachten, dass er zu mehr imstande sei, als niedere Aufgaben zu erfüllen.

Don sprach nie über seine Herkunft, abgesehen von einem Aspekt: Er liebte seine Alma Mater, Texas A&M. Im Laufe der Zeit wurde jedoch mehr von seiner Lebensgeschichte bekannt. Seine undeutliche Aussprache war eine Folge seines schlechten Gehörs, und sein ungeschickt wirkendes Auftreten hatte mit seinem problematischen Zuhause zu tun. Ein Kindheitsfreund von Don erklärte uns später, dass Dons Mutter eine

Prostituierte gewesen sei, die starb, als Don noch sehr jung war, und ihn als Waisen in Houston zurückgelassen habe.

Über die Jahre hinweg wurde Don Rhodes zu einem der loyalsten und vertrauenswürdigsten Helfer meines Vaters. Dad sah in dem ehemaligen Ladenangestellten etwas, das anderen entging: Er war ein Mann, der einen Freund brauchte und dem man uneingeschränkt vertrauen konnte. Das Vertrauen meiner Eltern in Don war so umfassend, dass sie ihm sogar die Abwicklung ihrer alltäglichen Finanzen überließen. Für meine Geschwister am College war es nichts Außergewöhnliches, von Don einen Anruf zu erhalten, weil er sie daran erinnern musste, eine Rechnung zu bezahlen oder auf ihren Kontostand zu achten.

Eine meiner liebsten Erinnerung an ihn stammt aus der Zeit kurz nach dem Streik, der die Baseball-Saison der Major League 1994 stoppte. Don war so wütend, dass er schwor, zehn Jahre lang kein Spiel mehr zu besuchen. Als die Houston Astros im Jahr 2000 in ein wunderschönes neues Stadion zogen, fragte Dad Don, ob er ihn zur Eröffnung begleiten wolle. Natürlich hatte er tolle Sitzplätze. Don sah meinem Vater direkt in die Augen und sagte: »Ich habe Ihnen doch gesagt, dass ich mir zehn Jahre lang kein Spiel mehr anschauen werde – und die zehn Jahre sind noch nicht um!«

Als Don 2011 verstarb, nannte mein Vater ihn den »selbstlosesten, fürsorglichsten Freund«, den er je gehabt habe. Das war ein großes Lob aus George Bushs Mund. Nach der Gedenkfeier für Don wurde seine Asche auf dem zukünftigen Grab meiner Eltern bei der George Bush Presidential Library verteilt. Das war eine angemessene Würdigung für Don Rhodes. Er war nicht nur ein Mitarbeiter im Stab, sondern ein Familienmitglied.

AM 1. MAI 1979 verkündete mein Vater offiziell seine Absicht, als Präsident kandidieren zu wollen. Dads begrenzte landesweite Anhängerschaft und sein minimal besetzter Personalstab bestimmten die Strategie für die Vorwahlen. 1976 hatte Jimmy Carter seine Ressourcen auf die Bundesstaaten Iowa und New Hampshire, in denen früh gewählt wurde, konzentriert. Seine dortigen Wahlsiege hatten ihm schließlich jenen Schwung verschafft, der ihn bis zur endgültigen Nominierung antrieb. Dad versuchte es nun mit einer ähnlichen Herangehensweise.

Wie schon bei seinen vorangegangenen politischen Duellen versuchte George Bush, seine Kontrahenten in puncto Arbeitseifer zu übertrumpfen. So besuchte er zum Beispiel alle 99 Countys von Iowa – manche sogar mehrmals. Er kreuzte gleichermaßen bei morgendlichen Pfannkuchen-Mahlzeiten, lokalen Jahrmärkten, Dinners der Handelskammer und zum Kaffee bei Leuten zu Hause auf. Außerdem schrieb er Hunderte Briefe von Hand. Einen Monat vor den Vorwahlen veranstaltete er Dutzende von Wahlkampf-Events. Er referierte über die schwächelnde Wirtschaft, die steigende Inflation und den schwindenden amerikanischen Einfluss in der Welt. Seine Botschaft war, dass Jimmy Carter gehen müsse – und er derjenige sei, der über ausreichend Energie und Erfahrung verfüge, um ihn zu ersetzen.

Dad war aber nicht der Einzige, der hart arbeitete. Mein Bruder Jeb kam zurück aus Venezuela, wo er für das internationale Büro einer texanischen Bank gearbeitet hatte, um sich ausschließlich um den Wahlkampf zu kümmern. Neil trieb die Dinge in New Hampshire voran, während Marvin fast ein ganzes Jahr in Iowa verbrachte. Doro belegte einen Kurs im Zehnfingersystem und unterstützte freiwillig das Wahlkampfteam in Massachusetts. Auch Dads Geschwister packten mit an, und Mutters Terminplan war stets randvoll, da sie in Wohnzimmern und in Versammlungshallen darüber sprach, warum George Bush einen großartigen Präsidenten abgeben würde. Unsere Liebe zu ihm war so groß, dass es uns leichtfiel, uns uneingeschränkt für ihn einzusetzen.

Ich schaffte es eine Woche vor den dort stattfindenden Vorwahlen nach Iowa, um den Nordosten des Staates gemeinsam mit dem Kongressabgeordneten Tom Tauke zu bereisen. Wir trafen uns mit Gruppen von Menschen, die vorhatten, zur Vorwahl zu gehen, und versuchten, sie davon zu überzeugen, George Bush ihre Stimme zu geben. Ich liebte jede Minute, dieses traditionell geführten Wahlkampfes.

Ronald Reagan ging mit klarem Vorsprung in die Vorwahlen, aber Dad hatte sich die Unterstützung angesehener Polit-Persönlichkeiten aus Iowa sichern können, darunter etwa die ehemalige RNC-Vorsitzende

Mary Louise Smith und der Kongressabgeordnete Tauke. Und was sogar noch wichtiger war: Er hatte um einiges mehr Zeit als Reagan im Bundesstaat verbracht. Das war ein entscheidender Punkt. Die Bewohner von Iowa schätzen Kandidaten, die ihnen ihre persönliche Aufmerksamkeit schenken. Am Abend der Vorwahlen zeigte sich, dass sich Dads harte Arbeit ausgezahlt hatte. Mit etwas über 30 Prozent Stimmenanteil überquerte er als Erster die Ziellinie. Der Kandidat, der einst bloß unter »ferner liefen« geführt worden war, hatte gerade die erste große Hürde im Wettrennen um die republikanische Kandidatur genommen.

DER BRAVOURÖSE SIEG führte zu einer Welle landesweiter medialer Aufmerksamkeit. George Bushs Name war in den Schlagzeilen. Sein Antlitz strahlte von den Titelseiten der Magazine. Inmitten der Euphorie um den Triumph in Iowa gab er sich jedoch, für ihn gar nicht charakteristisch, überaus vollmundig. Auf die Vorwahlen in New Hampshire vorausschauend, verkündete er: »Dort werden wir uns sogar noch besser schlagen.« Und er fügte schließlich noch hinzu: »Absolut nichts wird mich noch aufhalten.« In einem seiner denkwürdigsten Kommentare gab er an, »Big Mo«, das »große Momentum«, auf seiner Seite zu haben. Das entsprach den Tatsachen – aber nicht für lange.

Rückblickend stellte die Aussage bezüglich »Big Mo« eine verpasste Chance dar. Da nach dem Wahlsieg in Iowa die Scheinwerfer auf ihn gerichtet waren, hätte Dad nun die Gelegenheit gehabt, seine Vision für das Land in den Vordergrund zu rücken. Stattdessen verhaspelte er sich in der Welt der politischen Abläufe und ließ es letztendlich zu, dass andere seine Kandidatur definierten. Daraus lernte ich eine wertvolle Lektion: Jedes Mal, wenn man während des Wahlkampfes ein Mikrofon vor der Nase hat, sollte man die Chance nutzen, um über seine politischen Visionen für die Zukunft zu sprechen. Selbstverständlich hielt ich mich auch nicht immer daran. Im Jahr 2000 etwa trug ich zwar auch den Sieg in Iowa davon, verlor aber in New Hampshire gegen John McCain, zum Teil deswegen, weil ich ihm gestattete, mich zu definieren …

Im Vergleich zu Iowa schien New Hampshire vertrautes Territorium zu sein. Dad war im angrenzenden Massachusetts zur Welt gekommen und im nahegelegenen Connecticut herangewachsen und hatte außerdem seine Ferien jenseits der Staatsgrenze in Maine verbracht. Darüber hinaus verfügte er über ein starkes Netzwerk von Unterstützern unter der Führung des vormaligen Gouverneurs Hugh Gregg. (Jahre später sollte sein Sohn, mein Freund Judd Gregg, als Gouverneur, Senator sowie als Kopf meines Wahlkampfteams in New Hampshire fungieren.)

Trotz des Heimvorteils war die Atmosphäre in New Hampshire jedoch eine andere als in Iowa. Die dortigen Wähler sind ein unabhängiger Haufen, die traditionell im Ruf stehen, Favoriten zu zerpflücken. Dads Spitzenreiter-Position führte auch dazu, dass er von den Medien besonders unter die Lupe genommen wurde. In einem Interview mit Mutter fragte Jane Pauley: »Mrs. Bush, die Leute sagen, Ihr Gatte sei ein Mann der Achtziger und Sie eine Frau der Vierziger. Was sagen Sie dazu?« Mutter reagierte auf diese Beleidigung mit einer witzigen Bemerkung: »Oh, Sie meinen also, dass die Leute finden, ich sehe wie 40 aus?« Das Leben als Mitfavorit im Rennen um die Präsidentschaftskandidatur würde kein leichtes sein.

Bei der TV-Debatte zwei Tage vor der Vorwahl kam es zum Schlüsselmoment in New Hampshire. Mit der Absicht, den Event hochzuspielen, beschlossen die Organisatoren der Debatte, nur die beiden aussichtsreichsten Kandidaten, Ronald Reagan und George Bush, einzuladen. Das Team um Reagan unterstützte das Format und übernahm die Mietkosten für die Räumlichkeiten. Die Idee stammte zwar nicht von Dad, er fand es jedoch reizvoll, mit Reagan von Angesicht zu Angesicht in den Ring steigen zu können.

Selbstverständlich waren die anderen Kandidaten erbost darüber, nicht eingeladen worden zu sein. Sie beschlossen daher, dagegen zu protestieren, indem sie bei der Debatte aufkreuzten und verlangten, gehört zu werden. Später stellte sich heraus, dass die Reagan-Leute den Auftritt koordiniert hatten, um so ein politische Falle auszulegen: Sie wollten George Bush damit bei dieser Debatte in die Defensive zwingen – was ihnen auch gelang.

Nachdem der Moderator, Jon Breen vom *Nashua Telegraph*, dem Publikum Dad und Reagan vorgestellt hatte, traten die anderen Kandidaten vor den Vorhang und postierten sich erzürnt auf der Bühne. Reagan meinte, dass man ihnen die Chance geben solle, an der Debatte teilzunehmen, doch der Moderator bestand auf dem vereinbarten Format. Dad saß linkisch in seinem Sessel, während sich dieses Spektakel vor ihm entfaltete. Seine Instinkte setzten ein. Regeln waren nun einmal Regeln – und Dad war dazu erzogen worden, sich an sie zu halten. Außerdem wollte er Mr. Breen nicht vor einem landesweiten Publikum bloßstellen.

Reagan andererseits hatte kein Problem damit, seinen Gastgeber vorzuführen. Als Breen ihm drohte, sein Mikrofon abstellen zu lassen, polterte Reagan: »Ich bezahle für dieses Mikrofon, Mr. *Green*.« Das Publikum jubelte anerkennend. Da war es auch egal, dass sein Name eigentlich Breen und nicht Green lautete. Der rüde Kommentar war jedenfalls eine Anspielung auf ein Filmzitat Spencer Tracys aus dem Streifen *Der beste Mann* – und der ehemalige Schauspieler hatte das Publikum damit auf seine Seite gezogen. Dads Schweigen ließ ihn schwach erscheinen und brachte die anderen Mitbewerber nur noch mehr in Rage. Die Debatte wurde schließlich im ursprünglich vereinbarten Modus ausgetragen, aber die eine Sache, an die sich jeder erinnerte, war die Kontroverse rund um das Mikrofon. Eine Pressemeldung attestierte Dad »das Rückgrat einer Qualle«, und Bob Dole unterstellte, dass George Bush »König« sein wolle. Er verglich sein Handeln mit jenem der Gestapo – und auch die anderen Kandidaten schossen sich auf ihn ein.

Es war sehr schmerzhaft für mich, mitansehen zu müssen, wie die übergangenen Gegner meines Vaters auf ihn eindroschen. Wenn ich daran zurückdenke, war dies das erste Mal, dass ich diesen unbeschreiblichen Schmerz verspürte, der sich in so einem Fall breitmacht, wenn man das Kind einer Persönlichkeit des öffentlichen Lebens ist. Ich war daran gewöhnt, dass mein Vater während seiner Wahlkämpfe in Texas oder bei seinen Jobs in Washington kritisiert wurde, aber das hier war anders. Die Bühne war größer, die Einsätze höher und die Spitzen persönlicher. Wie konnte irgendjemand George Bush vorwerfen, selbstsüchtig und gleichgültig zu sein? Wussten die denn gar nichts über sein Leben? Es machte mich fuchsteufelswild.

Im Verlauf der Jahre sollte dieses Gefühl immer wieder zurückkehren. Als ich Präsident war, fragten die Leute oft, wie ich denn mit all der

Kritik umgehen könne. Die Antwort darauf lautete, dass die gegen mich gerichtete Kritik nichts war im Vergleich zu den Angriffen auf jenen Mann, den ich bewunderte und liebte. Eine Sache milderte den Schmerz allerdings: Dad schienen die Attacken nie etwas auszumachen. Egal wie gemein oder unwahr die Anschuldigungen sein mochten, er beschwerte sich nie gegenüber seiner Familie oder ließ in unserer Gegenwart Dampf ab. Rückblickend verstehe ich, dass er uns auf diese Weise eine Botschaft vermitteln wollte: Die Kritiker konnten ihm nichts anhaben, also sollte das auch auf uns zutreffen. Ich nahm später die gleiche Haltung ein, als sich meine Töchter angesichts der Kritik, die ich einstecken musste, als ich im Amt war, aufregten.

Wie zu erwarten gewesen war, verlief die Vorwahl in New Hampshire für meinen Dad nicht nach Wunsch. Ronald Reagan landete einen Erdrutschsieg und konnte 50 Prozent der Stimmen für sich beanspruchen. Dad wurde mit 23 Prozent Stimmanteil Zweiter. Bob Dole stieg kurze Zeit später aus dem Rennen um die Kandidatur aus. John Connally, der seine Hoffnungen auf South Carolina gesetzt hatte, warf das Handtuch, als er dort hinter Ronald Reagan nur abgeschlagen auf dem zweiten Platz landete. Mitte März war der Wettlauf um die republikanische Nominierung de facto zu einer Angelegenheit zwischen zwei Männern geworden.

DIE NIEDERLAGEN IN New Hampshire und South Carolina ließen Dad wieder in die Rolle des Underdogs schlüpfen. Reagan hatte mehr Gelder und einen bekannteren Namen, somit war nun er derjenige, der »Big Mo« auf seiner Seite wusste. Dads Wettkampfgeist war indes stark. Er legte sich schwer ins Zeug und schlug sich wacker – und so gingen die Vorwahlen in Massachusetts, Connecticut und Pennsylvania an ihn. Um irgendeine Chance auf die Kandidatur haben zu wollen, musste Dad darauf achten, sich von Reagan abzuheben. Doch fiel es ihm nie leicht, Negativkampagnen zu führen, vor allem nicht gegen andere Republikaner. Sein persönlicher Slogan lautete »A President We Won't Have to Train«, womit indirekt auf die eingeschränkte Erfahrung Reagans außerhalb von Kalifornien angespielt wurde. Er zeigte sich regelmäßig beim Joggen, um seine relative Jugendlichkeit und Ausdauer zu betonen (und um ein bisschen was von den spätabendlichen Junk-Food-Mahlzeiten während des Wahlkampfes abzutrainieren). Gelegentlich ging er auf die Unterschiede zwischen sich und Reagan ein, wobei er Reagans Plan, die Steuern zu senken und das Budget auszubalancieren, bekanntermaßen als »Voodoo-Wirtschaft« bezeichnete.

Den herbsten Rückschlag bei den Vorwahlen musste Dad schließlich Anfang Mai in Texas einstecken. Bereits zum dritten Mal in seiner Polit-Laufbahn führte mein Dad quer durch den ganzen Bundesstaat einen Wahlkampf. Doch Ronald Reagan genoss starken Rückhalt bei den Texanern. Hier hatte er 1976 gegen Gerald Ford die Stimmen aller 100 Delegierten gewonnen, und 1980 entschieden sich gewählte Schlüsselfiguren wie der republikanische Gouverneur Bill Clements, sich aus allem herauszuhalten. Wie schon bei den Senatswahlen von einst erlebte Dad auch dieses Mal in Texas eine Enttäuschung. Reagan gewann mit 53 zu 46 Prozent.

Dad aber führte seinen Kampf fort. So holte er Ende Mai in Michigan einen beeindruckenden Sieg. Jedoch stand Reagan kurz davor, eine eindrucksvolle Anzahl an Delegierten in seinem Heimatstaat Kalifornien für sich zu gewinnen – was ihm unterm Strich die Nominierung sichern würde. George Bush indes war niemand, der aufgab. Sein Instinkt wies ihn an, den Wettstreit bis zu Ende auszufechten. Jimmy Baker vertrat einen anderen Standpunkt. Er riet Dad ausdrücklich, dass er das Handtuch werfen solle, bevor er seine politische Zukunft nachhaltig aufs Spiel setze.

Dad hörte schlussendlich auf den Rat seines Freundes. Nachdem er das Memorial-Day-Wochenende zu Hause in Houston verbracht hatte, verkündete er, dass er sich aus dem Rennen um die Nominierung zurückziehe und Ronald Reagan für die Kandidatur empfehle. Er hatte viel vorzuweisen, auf das er stolz sein konnte. Ein oder zwei Jahre zuvor hätten nur wenige geglaubt, dass er den Wettlauf um die Präsidentschaftskandidatur auf dem zweiten Platz beenden würde. Und sogar in der Niederlage stellte er seinen typischen Sinn für Humor unter Beweis. Auf dem letzten Flug der Wahlkampftour ließ er den Song »The Gambler« von Kenny Rogers laufen: »You've got to know when to hold 'em, know when to fold ’em« – eine Anspielung darauf, dass man wissen müsse, wann es an der Zeit war, die Segel zu streichen. Zwar gab sich George Bush geschlagen, aber das hieß nicht, dass er nun keine Rolle mehr spielen würde.

UNGEFÄHR SIEBEN WOCHEN nach Ende der Vorwahl-Phase nahmen meine Eltern an der Republican National Convention, dem Parteitag der Republikaner, in Detroit teil. Die große Frage war, wen Reagan nun als Kandidaten für das Amt des Vizepräsidenten auswählen würde. Rund um den Parteitag gab es Gerüchte, dass er eine Art »Co-Präsidentschaft« in Erwägung zöge, bei der der ehemalige Präsident Gerald Ford als Vize fungieren würde. Diese Idee ergab keinen Sinn für mich. Kein ehemaliger Präsident war jemals als Vizepräsident zurückgekehrt, und ich konnte mir auch nicht vorstellen, dass ein amtierender Präsident die Macht mit einem Vorgänger im Amt teilen wollte.

Laura und ich wohnten dem Parteitag nicht bei. Stattdessen hielten wir uns in New York auf, wo ich zu Meetings mit Investoren erschien, um mich bezüglich der Öl- und Gasförderung, in der ich seit 1979 tätig war, auszutauschen. Einer unserer Freunde in New York lud uns zum Dinner in den Club »21« ein. Gegen Ende des Essens kam der Oberkellner auf uns zu und verkündete aufgeregt: »Mr. Bush, da gibt es etwas in den Nachrichten, das Sie vermutlich sehen wollen.« Er schob einen Fernseher herein, und Laura und ich verfolgten geschockt, wie Lesley Stahl von CBS News der Nation mitteilte, dass Ronald Reagan George Bush als seinen Kandidaten für die Vizepräsidentschaft ausgesucht habe. Wir eilten zurück ins Hotel, von wo ich meinen überraschten, aber auch begeisterten Vater anrief, um ihm zu gratulieren, beziehungsweise einen Flug nach Detroit buchte.

Den Vizepräsidentschaftskandidaten zu nominieren, ist die erste große Entscheidung, die ein für das Präsidentenamt Nominierter treffen muss. Es dürfte wenig überraschend sein, dass Reagans Wahl meiner Meinung nach das richtige Signal aussandte. Damit hatte er nun einen Partner, der einen außenpolitischen Hintergrund und Erfahrung in Washington aufwies und im Ruf stand, loyal zu sein. Und wieder einmal wurde eine politische Karriere, die am Ende gewesen zu sein schien, wiederbelebt.

Der Urnengang von 1980 sollte große transformative Wirkung haben. Das Land litt unter lähmender Arbeitslosigkeit, Inflation und hohen Zinssätzen. Die Sowjetunion war in Afghanistan einmarschiert, und iranische Radikale hatten in der amerikanischen Botschaft in Teheran Dutzende Amerikaner als Geiseln genommen. Abgesehen davon, die nationale Misere zu beklagen, hatte Jimmy Carter nur wenige Antworten parat. Das amerikanische Volk war bereit für eine Veränderung, und Ronald Reagan war der Mann, der sie herbeiführen sollte. Mit seinem sonnigen Optimismus und seinem Vertrauen in die Nation schenkte er den Amerikanern Hoffnung auf eine bessere Zukunft.

Am Wahltag gewann Ronald Reagan in 44 Bundesstaaten und errang somit 489 Wahlmännerstimmen – mehr als je ein anderer Herausforderer vor oder nach ihm. Mutter und Dad machten sich auf den Weg zurück nach Washington, wo George Bush schon bald der 43. Vizepräsident der Vereinigten Staaten werden sollte.

# IM HANDUMDREHEN

IM JANUAR 1981 flogen Laura und ich nach Washington, um der Reagan-Bush-Vereidigung beizuwohnen. Dad hatte seine ganze Sippe eingeladen: seine Kinder, Geschwister, Tanten, Onkel, Cousinen und Cousins sowie – selbstverständlich – seine Mutter. Am Tag vor der Zeremonie waren einige von uns bei einem Mittagessen zugegen, zu dem Reagans »Küchenkabinett« – also Langzeitvertraute wie Holmes Tuttle und Justin Dart – großzügigerweise geladen hatte. Dort traf ich auf Tuttles und Darts Söhne, Robert Tuttle und Steve Dart, sowie Tuttles Großneffen Jim Click. Mit jedem dieser drei Männer bin ich bis heute befreundet, und Robert Tuttle wurde später mein Botschafter in Großbritannien.

Natürlich war der Höhepunkt des Lunchs, den designierten Präsidenten zu begrüßen. Ronald Reagan strahlte eine Lockerheit aus, die es einem leicht machte, sich zu entspannen. In mancherlei Hinsicht glich er Dad: Er war charmant, freundlich und warmherzig. Schon während dieses kurzen Treffens spürte ich, dass den neuen Präsidenten und seinen Vize eine gute Arbeitsbeziehung verbinden würde.

Am nächsten Morgen nahmen wir unsere Plätze auf dem Podium ein. Zum ersten Mal fand die Vereidigung vor der Westfassade des Kapitols statt. Der Tag war sonnig und warm – die knapp 13 Grad Celsius waren weit wärmer als das, was für Wintertage in Washington üblich ist. Und der Ausblick über die National Mall war spektakulär. Ich beobachtete gebannt die Menschenmenge, die sich weit in Richtung des Washington Monuments, des Lincoln Memorials und des Nationalfriedhofs Arlington erstreckte.

Ich hatte keine Ahnung, dass diese Vereidigung im Jahr 1981 nur eine von sechs sein sollte, der ich beiwohnen würde. (Die anderen folgten dann 1985, 1989, 2001, 2005 und 2009.)

Damals verspürte ich in erster Linie große Freude für meinen Dad. Ich war überglücklich, als ich meiner Mutter zusah, wie sie die Bibel hielt, auf die Dad seinen Amtseid vor Bundesrichter Potter Stewart – einem ihrer langjährigen Freunde sowie ehemaligen Nachbarn in der Palisade Lane im Nordwesten Washingtons – ablegte. Als schließlich Präsident Reagan vereidigt wurde, fühlte ich mich von seinem Optimismus und seiner Entschlossenheit, das Land voranzutreiben, inspiriert. Bei seiner Ansprache rief er dazu auf, die zur Verfügung stehenden Mittel zu nutzen, um Amerika, »diese letzte und größte Bastion der Freiheit«, zu schützen und zu bewahren.

Im Anschluss an die Zeremonie wohnten Dad und der neue Präsident einem Mittagessen im Kapitol bei. Präsident Reagan überraschte dabei die Anwesenden mit einer dramatischen Bekanntgabe: Nach 444 Tagen in Gefangenschaft waren die amerikanischen Geiseln im Iran endlich wieder frei. Ich habe mich immer darüber gewundert, ob die Iraner diesen Zeitpunkt gewählt hatten, weil sie Ronald Reagan fürchteten oder weil sie damit Jimmy Carter Schmach zufügen wollten. In jedem Fall war der Ära Reagan ein großartiger Anfang beschieden. Als eine Woche später die Geiseln auf der Andrews Air Force Base eintrafen, war Vizepräsident Bush vor Ort, um sie zu Hause willkommen zu heißen.

Nachdem wir die Parade und die Bälle zu Ehren des neuen Präsidenten besucht hatten, verbrachten meine Geschwister und ich die Nacht in der Residenz des Vizepräsidenten im United States Naval Observatory. Das Gebäude befand sich auf einer knapp 72 Morgen umfassenden Grünfläche und war wie geschaffen für meine Eltern. Es verfügte über einige zusätzliche Schlafzimmer, was ideal für Familienzusammenkünfte war. Außerdem gab es da noch einen Tennisplatz und eine Laufstrecke, was es ihnen ermöglichte, sich fit zu halten. Das Haus stand in Folge acht Jahre lang der Familie offen. Wie Mutter später betonte, war das der längste Zeitraum, den sie und Dad während ihrer Ehe an ein und demselben Ort gewohnt hätten.

ALS ER UNTER Franklin Roosevelt als Vizepräsident gedient hatte, meinte John Nance Garner (der erste Texaner, der dieses Amt bekleidete), dass sein Job nicht mehr wert sei als »ein Eimer warmer Spucke« beziehungsweise »der schlimmste Fehler«, auf den er sich je eingelassen habe. Zum Glück machte Vizepräsident Bush eine etwas positivere Erfahrung.

Das Büro meines Vaters lag im Erdgeschoss des Westflügels des Weißen Hauses, vom Oval Office aus den Gang runter und direkt neben dem Büro des Stabschefs: James A. Baker. Wie Präsident Reagan erkannt hatte, war Baker ein perfekter Kandidat für diesen Posten. Als geschickter Anwalt, Wahlkampfveteran und ehemaliger Funktionär in Gerald Fords Wirtschaftsministerium verfügte er über die notwendige Expertise in puncto Strategie, Politik und Personal. Ebenso wichtig war, dass er ein ausgeglichenes Temperament und ein tadelloses Urteilsvermögen hatte, was vonnöten war, um das Weiße Haus durch jede Krise zu steuern. Natürlich war es für meinen Dad hilfreich, dass einer seiner besten Freunde nun auch zu den wichtigsten Beratern des Präsidenten zählte. Außerdem sagte es eine Menge über Ronald Reagan aus, dass er so viel Selbstvertrauen besaß, den Wahlkampfmanager eines Kontrahenten aus den Vorwahlen als Stabschef des Weißen Hauses zu engagieren.

Vizepräsident Bush und Präsident Reagan setzten eine Tradition fort, die zuvor Jimmy Carter und Walter Mondale ins Leben gerufen hatten, und aßen ein Mal pro Woche in einem privaten Speisezimmer im Weißen Haus neben dem Oval Office gemeinsam zu Mittag. Ihr Lieblingsessen war dabei mexikanische Küche. Diese Mittagessen boten meinem Dad die Gelegenheit, dem Präsidenten freimütige Ratschläge bezüglich unterschiedlicher Themen zu unterbreiten. Dad schwor dem Präsidenten, diese Unterredungen vertraulich zu behandeln. Bis heute habe ich nicht den blassesten Schimmer, über was sie miteinander diskutierten oder ob es dabei zu Meinungsverschiedenheiten kam.

Ich weiß allerdings, dass George Bush gegenüber Ronald Reagan und seinen Absichten loyal war. Dad begriff, dass es der Präsident war, der die Richtlinien für die Regierung festlegte. Der Job des Vizepräsidenten bestand darin, die Entscheidungen des Präsidenten mitzutragen. Dad war der Meinung, dass die größte Treulosigkeit für einen Vizepräsidenten darin bestünde, Unstimmigkeiten auszuplaudern oder sich vom Präsidenten zu distanzieren. Er bläute seinem Stab ein, dass der Präsident sich nie darüber Sorgen machen dürfe, dass ihm der Vizepräsident (oder einer seiner Stabsmitglieder in diesem Fall) in den Rücken falle. Ich bin mir sicher, dass dem Stab des Präsidenten die Herangehensweise meines Dads an seine Aufgabe positiv auffiel. Und es sollte nicht lange dauern, bis er seine Loyalität auf eine Art unter Beweis stellen konnte, die niemand hatte voraussehen können.

AM 30. MÄRZ 1981 flog George H.W. Bush von Washington nach Fort Worth, wo er eine Veranstaltung im Hotel Texas – dort hatte Präsident John F. Kennedy 1963 seine letzte Nacht verbracht – besuchen sollte. Dad fuhr danach zur Carswell Air Force Base und bestieg die Air Force Two, um nach Austin weiterzureisen, wohin er eingeladen worden war, um eine Reden vor den beiden Kammern des texanischen Parlaments zu halten.

In Washington eröffnete zu dieser Zeit ein geistesgestörter Mann namens John Hinckley das Feuer auf Präsident Reagan, der gerade durch eine Seitentür das Washington Hilton verließ. Bei dem Attentat wurden Pressesekretär James Brady, der Secret-Service-Agent Timothy McCarthy sowie der Polizist Thomas Delahanty verwundet. Der Präsident wurde umgehend ins George Washington University Hospital eingeliefert, wo festgestellt wurde, dass er schwere innere Blutungen hatte, da eine Kugel in seine Lunge eingedrungen war. Man führte ihm zuerst einen Schlauch in den Brustkorb ein, dann wurde er in den OP gerollt, um ihn zu operieren. Hinter der Sauerstoffmaske witzelte der Präsident dabei noch: »Ich hoffe, ihr seid alle Republikaner.«

Dad hörte von dem Zwischenfall, nachdem die Air Force Two in Richtung Austin abgehoben hatte. Sein hochrangigster Geheimdienstmann, Ed Pollard, hatte ihm ursprünglich mitgeteilt, dass der Präsident wohlauf sei. Ein paar Minuten später platzte der Agent erneut in die Kabine. Der Präsident sei *doch* getroffen worden. Über seinen Zustand war noch nichts Genaueres bekannt, weshalb sich Dad umgehend nach Washington begeben musste. Ungefähr zur selben Zeit meldete sich Außenminister Alexander Haig über eine sichere Leitung und verlangte nach dem Vizepräsidenten. Dad versuchte, sich mit ihm zu verständigen, doch alles, was er hören konnte, war ein Rauschen. Die fehlerhafte Kommunikationstechnik trug noch weiter zur Verunsicherung bezüglich des Befindens des Präsidenten bei. 20 Jahre später sollte ich am 11. September 2001 ähnlich Frustrierendes mit der Kommunikationsausrüstung an Bord der Air Force One erleben.

Dad nahm sich einen Moment Zeit, um sich vor Augen zu führen, was er bis dahin gelernt hatte. Er notierte seine Reaktionen auf eine der Flugkarten an Bord der Air Force Two – sie befindet sich mittlerweile in der George Bush Presidential Library an der Universität Texas A&M. Als Erstes dachte er an den Präsidenten als seinen Freund – »anständig, warm, gütig« schrieb er da. Dann wandten sich seine Gedanken seinen Verpflichtungen zu. Er kritzelte eine diesbezügliche Notiz, um sich selbst daran zu erinnern und nicht in Panik auszubrechen. Er notierte sich das Wort »Unsicherheit« – er wusste, dass es das war, was das Land verspüren würde. Ihm war bewusst, wie wichtig es wäre, Ruhe auszustrahlen und damit beizutragen, die Nerven der verunsicherten Nation zu beruhigen.

Als die Air Force Two auf der Andrews Air Force Base landete, wollte der Secret Service, dass Dad mit einem Helikopter direkt zum Südrasen des Weißen Hauses transportiert würde – in der Regel die Landestelle des Präsidenten-Hubschraubers Marine One. Dad lehnte das ab. Er wies den Piloten an, ihn zu seiner üblichen Landezone auf dem Gelände des Naval Observatory zu bringen. Von dort wollte er mit dem Auto zum Weißen Haus weiterfahren.

»Nur der Präsident landet auf dem Südrasen«, sagte er.

Als Dad im Situation Room des Weißen Hauses eintraf, hatte der Präsident seine Operation bereits hinter sich, und die Aussichten auf vollständige Genesung standen gut. Dad gab daraufhin gegenüber den Medien eine kurzgefasste, optimistische Stellungnahme zum Zustand des Präsidenten ab, die im starken Kontrast zu den willkürlichen Verlautbarungen stand, welche hochrangige Beamte im Verlauf des Tages lanciert hatten. Am Tag darauf besuchte Dad den Präsidenten im Krankenhaus und übernahm den Vorsitz bei einer Kabinettssitzung. Journalisten fiel dabei auf, dass Vizepräsident Bush auf seinem angestammten Platz und nicht im Sessel des Präsidenten saß. Ich bin mir sicher, dass mein Vater nie in Erwägung zog, sich auf Präsident Reagans Platz zu setzen. Er sah seine Aufgabe darin, den Präsidenten zu unterstützen, und nicht, ihn zu ersetzen. Nach nur zwei Wochen war der Präsident zurück im Weißen Haus und hielt nicht einmal einen Monat später eine Rede vor den beiden Kammern des Kongresses, vor dem Senat und dem Repräsentantenhaus.

In der Krise zeigt sich der Charakter eines Menschen. Der Präsident und das ganze Land hatten nun miterlebt, dass Vizepräsident George Bush ein Mann war, dem sie vertrauen konnten.

* * *

ALS DAS VERTRAUEN des Präsidenten in seinen Vize wuchs, nahm auch der Stellenwert meines Vaters in der Regierung zu. So bat ihn Präsident Reagan darum, eine Reihe politischer Initiativen umzusetzen – etwa jene Task-Force der Regierung, die sich mit dem Abbau staatlicher Kontrollen und Beschränkungen befasste. Als ehemaliger Geschäftsmann verstand er die belastenden Auswirkungen der Bürokratie, und er und seine Arbeitsgruppe empfahlen, die Hundertschaften überflüssiger oder unwirtschaftlicher Reglementierungen zu reduzieren oder zu überarbeiten. Auch übernahm er die Leitung einer Task-Force, deren Ziel es war, den Drogenschmuggel von Südamerika nach Südflorida und in weiterer Folge an die restliche Ostküste einzudämmen, was in den frühen Achtzigerjahren ein ernstes Problem darstellte.

Eine weitere Aufgabe meines Vaters war, den Präsidenten und das Land im Ausland zu vertreten. Alles in allem besuchte er in acht Jahren über 60 Staaten. Diese diplomatischen Missionen lagen ihm im Blut, da er ja bereits diesbezügliche Erfahrung in China und bei den Vereinten Nationen hatte sammeln können, und so baute er vertrauensvolle Beziehungen zu führenden Politikern in wichtigen Gegenden wie etwa dem Nahen Osten und Asien auf. Außerdem entwickelte er ein gutes

Verhältnis zur britischen Premierministerin Margaret Thatcher. Mein Vater reiste nach Mittelamerika, wo sein Auftreten dabei half, Amerikas Unterstützung für demokratisch gewählte Regierungen, die vom Kommunismus bedroht waren, zu demonstrieren. Er flog nach Afrika, um dabei zu helfen, Lebensmittel- und Medikamentenlieferungen in von Dürre geplagte Gebiete und an Flüchtlinge zu beaufsichtigen. Auch verbrachte er Zeit hinter dem Eisernen Vorhang, um sich mit Schlüsselfiguren wie Lech Walesa, dem Anführer der Solidarność-Bewegung in Polen, zu treffen.

Eine seiner schwierigsten Reisen war jene, die ihn 1983 in den Libanon führte. Dad flog nach Beirut, drei Tage nach einem Bombenanschlag der Hisbollah auf die Barracken der US-Marines, der das Leben von 241 Amerikanern gefordert hatte. Er tat sein Bestes, um die Familien zu trösten, die dabei Angehörige verloren hatten. Als Sicherheitsvorkehrung gegen weitere Anschläge seitens der Hisbollah oder anderer Terroristen beschloss Präsident Reagan, die amerikanischen Truppen aus dem Libanon abzuziehen. Leider interpretierte Al-Kaida diesen Rückzug als Zeichen der Schwäche, und Osama bin Laden verwies später auf diesen Truppenabzug als Beweis dafür, dass Amerika ein »Papiertiger« sei, der »nach ein paar Schlägen die Flucht ergreift«.

Dad musste noch einige weitere Male Amerikanern nach Tragödien Trost zusprechen. 1985 entführten Hisbollah-Terroristen den TWA-Flug 847 von Athen nach Rom. Sie lenkten den Flug in den Libanon um, wo sie einen Taucher der US-Navy, der sich an Bord befand, ermordeten, und hielten die restlichen Passagiere – darunter etliche Amerikaner – als Geiseln fest. Als die Geiseln schließlich freigelassen wurden, schickte Präsident Reagan Dad nach Deutschland, um sie vor ihrer Heimreise in Empfang zu nehmen. Auch als 1986 das Spaceshuttle *Challenger* explodierte, entsandte der Präsident meinen Vater nach Florida, um den Familienangehörigen der Astronauten an Bord tröstend zur Seite zu stehen. Bis heute steht er noch mit June Scobee Rodgers, der Witwe des *Challenger*-Kommandanten Dick Scobee, in Kontakt. Dads Güte, Anstand und Fähigkeit, einen Draht zu Menschen zu finden, machten ihn zu einer idealen Wahl für diese Aufgaben.

Rückblickend waren die wichtigsten Reisen, die mein Vater als Vizepräsident unternahm, jene, die ihn in die Sowjetunion führten. Im Verlauf von drei Jahren starben drei sowjetische Anführer: Leonid Breschnew, Juri Andropow und Konstantin Tschernenko. Präsident Reagan bat meinen Dad, jedem ihrer Begräbnisse beizuwohnen, was Jim Baker dazu brachte, die Rolle meines Dads mit »You die, I fly« zusammenzufassen.

Diese Besuche ermöglichten Dad einen Einblick in das sowjetische System. Er zeigte sich beeindruckt von den Machtdemonstrationen, die im Rahmen der Staatsbegräbnisse zelebriert wurden, etwa den präzisen Militärparaden oder dem Umstand, dass die Särge von einem Panzer gezogen wurden. Auf den Großteil der Welt wirkte die Sowjetunion wie ein unaufhaltbares Imperium. Aber mein Dad vermutete, dass das Fundament zu bröckeln begonnen hatte. Die alternden und sterbenden Anführer symbolisierten den Niedergang der Anziehungskraft des kommunistischen Systems. Wie er der Kirchengemeinde seiner St. Martin's Episcopal Church nach seiner Reise zu Breschnews Begräbnis 1982 mitteilte: »Irgendetwas fehlte. Es war nie die Rede von Gott. Da gab es keine Hoffnung, keine Freude, kein Leben nach dem Tod. (…) in gewissem Sinne so entmutigend, so hoffnungslos und einsam.«

Der wichtigste Moskau-Besuch meines Vaters war jener anlässlich von Tschernenkos Begräbnis im Jahr 1985. Nach der ihm mittlerweile vertrauten Trauerzeremonie auf dem Roten Platz traf Dad den neuen sowjetischen Anführer, Michail Gorbatschow. Er brauchte nicht lange, um zu bemerken, dass Gorbatschow anders war. Er war eine Generation jünger als seine Vorgänger, hatte eine warme, charismatische Persönlichkeit und sprach frei von der Leber weg. Statt die üblichen Plattitüden zu wiederholen, schien er aufrichtig daran interessiert, das Verhältnis seines Landes zu den Vereinigten Staaten zu verbessern.

George Bush war schon immer ein guter Zuhörer und konnte Leute gut einschätzen. Als Gorbatschow ihm mitteilte, dass er einen »Neustart« anstrebe, glaubte er dies und hielt es für eine echte Möglichkeit, die Beziehung zwischen den USA und der Sowjetunion auf eine neue Ebene zu bringen. Dad berichtete Ronald Reagan, dass der Präsident und Gorbatschow eine einzigartige Arbeitsbeziehung aufbauen könnten.

Reagan und Gorbatschow trafen sich später im selben Jahr bei einem Gipfeltreffen in Genf. Im Jahr darauf kam es dann zum historischen Treffen in Reykjavik, Island. Diese Begegnungen waren der Anfang einer der wichtigsten diplomatischen Beziehungen des 20. Jahrhunderts – einer, die sowohl Ronald Reagan als auch Dad geschickt pflegten, bis der Kalte Krieg schließlich sein friedliches Ende fand.

***

MEIN VATER GENOSS seine Zeit als Vizepräsident. Anders als manche seiner Amtsvorgänger fühlte sich Dad nie ausgeschlossen oder nicht eingeweiht. Dad bewunderte die schwierigen Entscheidungen, die Präsident Reagan traf. Mit der Zeit entwickelte sich zwischen Dad und dem Präsidenten mehr als nur eine solide Arbeitsbeziehung, und sie wurden zu guten Freunden.

Ein Grund dafür, dass mein Vater und Präsident Reagan so gut miteinander konnten, war wohl, dass sie beide Sinn für Humor besaßen. In einem Memo, in dem er einen Trip im Auftrag des Präsidenten nach Finnland zusammenfasste, beschrieb er etwa den Besuch einer finnischen Sauna. »Ich war anfangs ein wenig befangen, als ich da splitternackt mit vier finnischen Typen saß, die ich noch nie zuvor gesehen hatte«, schrieb er. »Wir alle durchliefen das komplette Prozedere, mitsamt Sprung in den eiskalten Ozean. Danach sahen wir etwas weniger voneinander.« Präsident Reagan liebte es im Gegenzug Anekdoten und Witze zu erzählen. Als Dad den Präsidenten fragte, wie sein Treffen mit Bischof Desmond *Tutu* verlaufen sei, antwortete der: »So lala.«

Als die Ärzte des Weißen Hauses 1985 bei Präsident Reagan Darmpolypen feststellten, begab er sich für einen Eingriff ins Bethesda Naval Hospital. Bevor er sich unters Messer legte, delegierte er die präsidiale Entscheidungsgewalt an seinen Vizepräsidenten, womit er der erste Präsident war, der vom 25. Zusatzartikel zur Verfassung Gebrauch machte. (Ich tat das Gleiche während meiner Präsidentschaft, als ich einen kleineren Eingriff bei mir durchführen ließ.) Dad fungierte beinahe acht Stunden lang als amtierender Präsident. Er hielt sich zu dieser Zeit in

Maine auf, übte sich bewusst in Zurückhaltung und bestritt eine Partie Tennis. Laut einem seiner Freunde, die sich an diesem Tag bei ihm befanden, stolperte er, als er einen Lob erlaufen wollte, schlug mit dem Kopf auf dem Boden auf und war kurz ohnmächtig. Zum Glück erlangte er jedoch rasch wieder das Bewusstsein und niemand musste Tip O'Neill benachrichtigen, der als Sprecher des Repräsentantenhauses der Nächste in der präsidialen Hierarchie gewesen wäre.

Nachdem der Präsident ins Weiße Haus zurückgekehrt war, stattete Dad ihm einen Besuch ab und wünschte ihm baldige Genesung. Er fand Präsident Reagan in einer roten Robe auf der Couch liegend vor. Ihm Mund hatte er eine Blume, als hätte man ihn für ein Begräbnis aufgebahrt. Als Dad versuchte, diese Szene zu verarbeiten, sprang der Präsident auf und beide brüllten vor Lachen.

Auch Mutter genoss die Jahre der Vizepräsidentschaft. Sie nutzte ihren Status als Second Lady, um sich für wichtige Anliegen einzusetzen, vor allem, wenn es um Schulbildung und die Förderung ehrenamtlicher Tätigkeiten ging. Leider war ihre Beziehung zu Nancy Reagan nicht so eng wie jene von Dad und dem Präsidenten. Mrs. Reagan war zwar herzlich, gab sich aber keine große Mühe, Mutter das Gefühl zu vermitteln, sonderlich willkommen zu sein. So war ich überrascht, als mir Mutter kurz nach Dads Wahl zum Präsidenten erzählte, dass sie in ihren acht Jahren als Gattin des Vizepräsidenten nie eine Führung durch das Weiße Haus bekommen habe. Als ich schließlich Präsident wurde, legten Laura und ich Wert darauf, Dick und Lynne Cheney sowie ihre Familie in die Präsidentenresidenz einzuladen und sie an Veranstaltungen im Weißen Haus teilhaben zu lassen.

TROTZ ALL DER Reisen und politischen Aufgaben während der Jahre als Vizepräsident blieb die Familie für meinen Vater ein wesentlicher Bestandteil seines Lebens. Jeden Sommer besuchte er Walker's Point, um an Familientreffen teilzunehmen. Er liebte es, dort Gäste zu empfangen. Als die National Governors Association 1983 ihr Treffen in Portland, Maine, abhielt, lud Dad alle Gouverneure und ihre Familien zu einem Muschelessen ein. Zumindest für einen Abend war dabei die jeweilige

Parteizugehörigkeit Nebensache. Unter den Gästen befanden sich Mitglieder beider Parteien – darunter auch zwei Gouverneure, mit denen Dad später viel zu tun haben würde: Michael Dukakis und Bill Clinton.

So wie Bill Clinton die Geschichte erzählt, standen er und Hillary mit ihrem drei Jahre alten Töchterchen Chelsea an besagtem Tag in der Empfangsreihe zur offiziellen Begrüßung und instruierten das kleine Mädchen, wie sie den Vizepräsidenten zu grüßen habe. Als der große Augenblick gekommen war, platzte sie heraus: »Wo ist die Toilette?« Zu Gouverneur Clintons Erstaunen begleitete der Vizepräsident Chelsea persönlich ins Haus und stellte sie dort seiner Mutter vor, die sie schließlich zur Toilette führte. Diese gütige Geste sollte einen nachhaltigen Eindruck hinterlassen.

Während all der Jahre seiner Vizepräsidentschaft hielt Dad den engen Kontakt zu seiner Mutter aufrecht. Sie besuchte ihn regelmäßig in Washington, und sogar wenn sie nicht in der Stadt war, hatte sie ein Auge auf ihrem Sohn. Nach einer von Reagans Reden zur Lage der Nation rief sie an, um Dad mitzuteilen, dass sie gesehen habe, wie er währenddessen zu Boden geschaut habe. »Wenn der Präsident spricht, solltest du zuhören«, tadelte sie ihn. Er warf ein, dass er eine Abschrift der Rede gelesen habe, doch sie ließ sich davon nicht überzeugen. Vielleicht war er ja der Vizepräsident der Vereinigten Staaten, aber außerdem war er immer noch Dorothy Walker Bushs Sohn.

Egal, was in der Welt vor sich ging, Dad war nie zu beschäftigt, um mit meinen Geschwistern und mir via Telefon oder Briefen in Kontakt zu treten. In einer typischen Mitteilung von 1983 schrieb er: »Ich werde ein bisschen älter und bin mir nicht sicher, was die Zukunft für mich bereithält. Ich mache mir darüber keine Gedanken. Gewinnen oder verlieren, älter oder jünger, wir haben unsere Familie.«

Dad fasste seine Hingabe an die Familie nicht nur in Worte, nein, er lebte sie. Als mein Bruder Marvin mit einer schweren Dickdarmentzündung ins Krankenhaus musste, besuchte Dad ihn jeden Tag. An den Tagen, an denen Marvin die stärksten Schmerzen hatte, verlegte mein Vater Termine und richtete sein Büro vorübergehend quasi im Krankenhaus ein, damit er seinem Sohn beistehen konnte. Marvin verlor 20

Kilo, und lebenswichtige Funktionen setzten kurzfristig sogar aus. Ich weiß, dass meine Eltern dabei an Robin denken mussten. Sie beteten, dass sie nicht noch ein Kind verlieren würden.

Zum Glück erholte sich Marvin wieder. Um seine Stimmung nach der komplizierten Operation zu heben, wandte sich Dad an einen Freund im Management der New York Mets namens Arthur Richman. Binnen Kurzem riefen Marvin diverse Baseballspieler an, um ihn aufzuheitern. Er wurde schließlich wieder ganz gesund und hatte schon bald darauf Grund zu feiern, als er und seine Frau Margaret ihr erstes Kind, ihre Tochter Marshall, aus dem Gladney Home in Fort Worth, Texas, adoptierten. Später adoptierten sie auch noch einen Sohn, Walker, aus derselben wunderbaren Einrichtung. Dad blieb den Mets für ihre großzügige Geste in Dankbarkeit verbunden – bis sie schließlich die Houston Astros 1986 in den Spielen um die Meisterschaft in der National League besiegten. Seinerseits erinnerte sich Marvin, wie sehr es geholfen hatte, dass er aufmunternde Anrufe erhielt. Als Tip O'Neill, der Sprecher des Repräsentantenhauses, sich wegen einer ähnlichen Krankheit einer Operation unterziehen musste, rief Marvin an, um ihn aufzuheitern. O'Neill sagte später zu meinem Vater: »Jeder, der jemand so anständigen wie Marvin aufgezogen hat, muss in Ordnung sein.«

Marshall und Walker waren im Laufe der Jahre nicht die einzigen Neuzugänge in unserer Familie. Meine Geschwister und ich zeugten innerhalb von acht Jahren acht Enkelkinder – darunter auch Lauras und meine Zwillingstöchter Barbara und Jenna, die am 25. November 1981 das Licht der Welt erblickten. Dad brachte seine Gefühle in einem Brief an Jeb und Colu nach der Geburt ihres dritten Kindes, John Ellis Bush Jr., 1983 auf den Punkt: »Der Anruf am gestrigen Abend bescherte uns wahres Glück«, schrieb er. »Nichts anderes zählt. Die Geburt von JB Jr. hat alles, was wirklich wichtig ist, ins Zentrum gerückt.«

28 Jahre später, im August 2011, waren es wiederum Jeb Jr. und seine Frau Sandra, die von George Bush angeschrieben wurden. Als Zeichen der Zeit erreichte sie seine Botschaft nicht mehr mittels der Post, sondern per E-Mail. »Ich habe dich noch nicht getroffen und liebe dich dennoch schon«, schrieb Dad. »Du bist schon ein glückliches Mädchen.«

Die Mitteilung war mit »Gampy« gezeichnet und direkt an sein erstes Urenkelkind Georgia Helena Walker Bush gerichtet.

WIE DIE MEISTEN Vizepräsidenten der Moderne verbrachte George Bush einen großen Teil seiner Zeit damit, sich um die politische Basis zu kümmern. Das lag meinem Dad im Blut, da er die Menschen liebte und bereits Erfahrung als Parteivorsitzender gesammelt hatte. Als die Wahlen von 1984 näherrückten, reiste Dad in alle 50 Bundesstaaten, um die Leistungen des Präsidenten zu preisen und den freiwilligen Wahlkampfhelfern einzuheizen. Er beehrte eine nie abreißen wollende Kette von Fundraiser-Events und politischen Gummi-Adler-Abendessen mit seiner Anwesenheit, wobei die Veranstaltung, die ihm dabei am besten gefallen haben dürfte, wohl das Altherren-Baseballspiel im Mile High Stadium gewesen sein dürfte. Er befand sich gerade auf Wahlkampftour in Colorado und ließ ausrichten, dass er gerne zum Spiel kommen würde. Die Organisatoren des Freundschaftsspiels überraschten ihn dann, indem sie ihn aufs Spielfeld einluden, um seine alte Position auf der ersten Base einzunehmen.

Für einen 60 Jahre alten Politiker war das ein riskantes Angebot. Das Spiel bot einiges an Potenzial, sich zum nationalen Gespött zu machen. Aber im ehemaligen Kapitän des Baseballteams von Yale steckte immer noch ein junger Mann. Und so streifte er die Mannschaftskleidung der Denver Bears über, einem Team der American Association League. Als er gegen Milt Pappas zu schlagen hatte, den ehemaligen Pitcher der Baltimore Orioles und Chicago Cubs, einen ehemaligen All-Star, der bereits einen der seltenen No-Hitter gelandet hatte, gelang es ihm, den Ball in die rechte Spielfeldhälfte zu hämmern. Es war sicher nicht zu seinem Nachteil, dass Milt dem Vizepräsidenten einen fetten Fastball kredenzte. Pappas und Dad blieben nach dem Spiel über Jahre hinweg in Kontakt.

Auch auf dem Feld schlug Dad sich wacker. Orlando Cepeda, ein in der Hall of Fame vertretener Schlagmann, der den Großteil seiner Karriere bei den San Francisco Giants verbracht hatte, ballerte eine Rakete entlang der First-Base-Line. Dad reagierte gekonnt, fing den Ball und warf ihn dem Pitcher zu, um Cepeda die Suppe zu versalzen.

Ich habe immer noch sein glückliches Gesicht vor Augen, als er zurück zur Spielerbank joggte.

Dads politische Reisen intensivierten sich, als die Demokraten ihren Präsidentschaftskandidaten für die Wahl 1984 präsentierten: Walter Mondale, der unter Jimmy Carter den Posten des Vizepräsidenten bekleidet hatte und sich bei den Vorwahlen in einem engen Rennen gegen Senator Gary Hart aus Colorado hatte durchsetzen können. Typisch für die Ära der markanten Sprüche in der amerikanischen Politik wurde das Duell durch eine einzige Formulierung definiert. Bei einer der Debatten kritisierte Mondale die fehlende inhaltliche Substanz seines Kontrahenten, indem er sich bei einem Werbeslogan der Fast-Food-Kette Wendy's bediente und fragte: »Where's the Beef?« Also in etwa: »Wo sind denn Ihre Inhalte?« So wie schon Ronald Reagans vernichtende Frage bei seinem Aufeinandertreffen mit Jimmy Carter 1980 – »Geht es euch denn jetzt besser als vor vier Jahren?« –, brachte Mondales Spruch seine Kritik an Hart effektiv auf den Punkt.

Präsident Reagan hatte in den Umfragen den Großteil des Sommers einen komfortablen Vorsprung, doch kurz vor dem Parteitag der Demokraten brachte Mondale Spannung ins Rennen ums Weiße Haus, indem er die Kongressabgeordnete Geraldine Ferraro als seine Kandidatin für die Vizepräsidentschaft präsentierte. Die erste Frau, die jemals für eine der beiden großen Parteien in den Wettlauf um den Einzug ins Weiße Haus einstieg, war eine ausgebuffte Politikerin aus Queens, New York. Sie hatte zwar nur wenig Erfahrung auf landesweiter Ebene, allerdings garantierte ihre Nominierung Aufregung und sollte sich quer durchs Land als Publikumsmagnet erweisen. Dad schrieb der Kongressabgeordneten am Tag ihrer Nominierung einen Brief. »Liebe Geraldine, es ist tatsächlich ein guter Job«, stand darin. »Ich gratuliere zur Nominierung und wünsche Ihnen Glück – bis zu einem gewissen Grad.«

Einen Monat vor der Wahl hatte Dad das zweifelhafte Vergnügen, im Rahmen einer mit großer Spannung erwarteten TV-Debatte gegen Ferraro zum Duell der beiden Vizepräsidentschaftskandidaten anzutreten. Seine Erfahrung übertraf die ihrige bei weitem, doch sorgte er sich, herablassend zu wirken. Ihm war bewusst, dass die Presse darauf lauerte, sich auch nur bei einem Anflug von Sexismus seinerseits auf ihn zu stürzen. Er bereitete sich auf die Debatte gemeinsam mit der Kongressabgeordneten Lynn Martin aus Illinois vor (von der er so beeindruckt war, dass er sie später in sein Kabinett berief). Alles in allem verlief der große Abend in Philadelphia für meinen Dad durchaus zufriedenstellend. Er behandelte seine Kontrahentin mit Respekt, zögerte allerdings nicht, die Unterschiede zwischen sich und ihr hervorzuheben beziehungsweise auf ihre Fehler hinzuweisen, zum Beispiel ihre falsche Einschätzung der Regierungsposition bezüglich des Abrüstungsabkommens START und die Stationierung von Raketen in Europa. Jahre später, als ich vor den Gouverneurswahlen in Texas mit Ann Richards debattierte, erinnerte ich mich an Dads Vorstellung und daran, wie man standhaft rüberkommt, ohne dabei beleidigend zu werden …

Die größte Schlagzeile lieferte dann allerdings eine Begegnung mit Seeleuten am nächsten Morgen in New Jersey. Ein erleichterter und energiegeladener George Bush teilte ihnen seine Einschätzung seiner Performance in Worten mit, denen man ihre »Hafentauglichkeit« kaum absprechen konnte. »Wir haben versucht, gestern ein paar Arschtritte auszuteilen«, meinte er da. Allerdings war ihm nicht bewusst, dass ein TV-Mikro diese Bemerkung einfing. Die Presse hatte jedenfalls ihre Freude an dem Kommentar, blies die Sache unverhältnismäßig auf und warf Dad nun doch Sexismus vor. Glücklicherweise ging der Wahlkampf rasch weiter, und der Vorfall war bald schon wieder vergessen.

Diese Episode war nur eines der Beispiele für das angespannte Verhältnis zwischen Dad und den Medien während des Wahlkampfes von 1984. Als ich ihn in den letzten Tagen vor der Wahl begleitete, fiel mir auf, dass die Beziehung zu den mitreisenden Journalisten feindselig geworden war. Sie löcherten Dad mit den immer gleichen Fragen bezüglich Abtreibung und seiner privilegierten Herkunft. Mein Eindruck war, dass etliche Vertreter des Pressekorps, vor allem die Frauen, aktiv für Geraldine Ferraro Partei ergriffen.

Mutter war erzürnt über die negative Berichterstattung – bis sie schließlich überkochte. Nachdem ein Reporter sie schon wieder danach fragte, ob Dad nicht ein elitärer Geldsack sei, wies sie darauf hin, dass eigentlich die Kongressabgeordnete Ferraro und ihr Ehemann über mehr Eigenkapital verfügten.

»Diese vier-Millionen-Dollar-B … – ich kann das jetzt nicht aussprechen, aber es reimt sich auf das [englische] Wort *rich* – könnte sich George Bush an jedem beliebigen Tag kaufen«, sagte sie. Ein klassischer Barbara-Bush-Ausrutscher, den sie im selben Moment schon wieder bereute. Mutter meldete und entschuldigte sich telefonisch bei Geraldine Ferraro, die ihr ohne Umschweife verzieh. Meine Geschwister und ich waren da aber nicht so gnädig und hatten einen Heidenspaß damit, Mutter fortan die »Haus- und Hofdichterin« unserer Familie zu nennen.

Jahre später sollte sich zwischen Dad und Geraldine Ferraro eine echte Freundschaft entwickeln. Gegen Ende ihres Lebens schickte Dad ihr eine E-Mail: »Ich denke oft über unsere seltsame, aber auch wunderbare Freundschaft nach«, schrieb er, »und ich hoffe, dass Sie wissen, dass ich Sie als echte Freundin sehe. In der Tate hoffe ich, dass es in Ordnung ist, wenn ich Ihnen sage, dass ich Sie liebhabe.«

Rückblickend waren die Scharmützel mit der Presse vor der Wahl 1984 eine nützliche Erfahrung. Ein Präsidentschaftswahlkampf ist zermürbend und sehr stressig. Sogar die erfahrensten Wahlkämpfer können sich manchmal dazu verleiten lassen, ihrem Frust Luft zu machen – und man kann nie wissen, was ein einsames Mikrofon so aufschnappen kann. An diesen Umstand wurde ich im Jahr 2000 erinnert, als ein unerwartet eingeschaltetes Mikro in Naperville, Illinois, meine wenig schmeichelhafte Meinung bezüglich eines Reporters der *New York Times*, die ich kurz Dick Cheney mitteilen wollte, einfing. Die Lehre daraus war, dass man stets diszipliniert sein muss, nie die Fassung verlieren darf und immer sachlich bleiben sollte. Und wenn deiner Frau ein verbaler Lapsus unterläuft, dann geh ihr drei Viertel des Weges entgegen und vergib ihr.

TROTZ ALL DES Dramas während des Wahlkampfes brachte der Wahlausgang schließlich einen der überwältigendsten Triumphe überhaupt. Präsident Reagan gewann in jedem Staat außer in Minnesota (und dem District of Columbia). Schon früh in ihrer zweiten Amtszeit überließ der Präsident Dad großzügigerweise Camp David für ein Wochenende.

Er lud seine Geschwister und seine Kinder ein, damit sie das Wahlkampfteam, das sich langsam im Hinblick auf die Wahlen 1988 zu bilden begann, kennenlernen konnten. Einer der Strategen, die wir an diesem Tag trafen, war Lee Atwater, ein brillanter Kopf aus South Carolina, der einer von Präsident Reagans Schlüsselberatern gewesen war. Jeb und ich fühlten ihm auf den Zahn, ob er in jeder Hinsicht unserem Vater gegenüber loyal wäre – oder wie es Jeb ausdrückte: »Wenn jemand eine Granate auf Dad wirft, erwarten wir, dass Sie sich über sie werfen.« Lee versicherte uns, dass er George Bush hundertprozentig ergeben sei.

Dann schlug er eine interessante Idee vor. »Wenn ihr euch um meine Loyalität sorgt«, meinte er, »warum kommt ihr dann nicht mit nach Washington, um beim Wahlkampf mitzuhelfen und eine Auge auf mich zu haben?«

# DER WEG INS WEISSE HAUS

Als Lee Atwater vorschlug, ich solle nach Washington ziehen, um ihn beim Wahlkampf meines Dads zu unterstützen, war ich von der Idee fasziniert. Der Zeitpunkt schien der richtige zu sein. Ich hatte gerade meine Ölfirma mit einer größeren fusioniert und war interessiert daran, neue Möglichkeiten zu erkunden. Und es gab gar keine bessere Sache als diese: George Bush würde nämlich einen hervorragenden Präsidenten abgeben.

Ich wusste außerdem, dass Dad alle Hilfe, die er kriegen konnte, benötigen würde. Sowohl mein Vater als auch ich lieben es, uns mit Geschichte zu befassen, und Vizepräsidenten, die nach der Präsidentschaft strebten, war in der Vergangenheit nicht viel Erfolg beschieden gewesen. Dad musste sich gegen den Van-Buren-Faktor stemmen: Seit Martin Van Buren 1836 William Henry Harrison schlagen konnte, hatte kein Vizepräsident demjenigen Mann, der ihn zu seinem Stellvertreter erwählt hatte, ins Amt nachfolgen können.

Als ich mich im Herbst 1986 dem Team anschloss, fragte mich Lee Atwater, welchen Titel ich mir denn selbst geben wolle. Ich beriet mich mit Dad. Er war der Auffassung, dass ich keinen speziellen Titel benötige. Immerhin hatte ich ja bereits den Titel »Sohn«. Sein Argument war, dass die Nähe zur Macht selbst wiederum Macht darstelle. Damit hatte er Recht. Jeder, der in seinem Wahlkampfteam engagiert war, wusste, dass ich jederzeit Zugang zum Kandidaten hatte – und das war wertvoller als jeder Titel. Ihre Nähe zur Macht war auch der Grund dafür, dass Mutter im Verlauf der Jahre eine so effektive Rolle spielen konnte. Jeder wusste, dass mein Vater und ich uns regelmäßig mit ihr unterhielten und auf ihr

Urteilsvermögen vertrauten. Wenn Mutter oder Laura eine Bitte oder einen Ratschlag vorbrachten, waren unsere Berater in der Regel weise genug, sich zu fügen.

Mir wurde kein bestimmter Aufgabenbereich zugeteilt. Mein Pflichten umfassten die Geldbeschaffung, mich um Ersatzreden zu kümmern, die Freiwilligen zu ermutigen, mich gelegentlich mit den Reportern auseinanderzusetzen, Vorschläge und Beschwerden durchzugehen und die Strategie mit hochrangigen Beratern zu besprechen. Ich machte es mir auch selbst zur Aufgabe, Loyalität einzufordern und sicherzustellen, dass die Mitarbeiter an Bord waren, um für George Bush zu arbeiten – und nicht, um ihre eigenen Interessen zu verfolgen. Ein denkwürdiges Beispiel dafür war Lee Atwater. Schon kurz nach dem Anlaufen der Wahlkampagne brachte das Magazin *Esquire* ein Porträt von Lee, in dem ein Teil des Interviews, das man mit ihm führte, stattfand, während er die Toilette benutzte. So sollte der Eindruck erweckt werden, dass er der »böse Bube« der Republikaner wäre – und für George Bush von solch großer Bedeutung, dass er sich praktisch alles leisten konnte. Ich war außer mir und teilte Lee mit, dass sein Job darin bestünde, George Bush gut aussehen zu lassen und nicht, sich selbst zu schmeicheln.

»Übrigens, wenn du denkst, ich wäre sauer«, sagte ich, »dann solltest du mal mit Mutter reden.«

Lee entschuldigte sich umgehend bei Mutter und zügelte sich fortan in der Öffentlichkeit.

IM HERBST 1986 schien es, als würde Ronald Reagans Vizepräsident über gute Karten für die Präsidentschaftswahlen 1988 verfügen. Der Präsident war mit einem landesweiten Erdrutschsieg wiedergewählt worden. Allerdings gibt es da eine Tatsache, die auf jede Präsidentschaft, die sich über zwei Amtszeiten erstreckt, zutrifft: Je näher das Ende rückt, desto satter haben die Amerikaner ihre Präsidenten. Auch ich kann ein Lied davon singen. Die ersten Anzeichen für Präsident Reagans sinkende Sympathiewerte kamen in Form der Zwischenwahlen – den sogenannten *midterm elections* – im Jahr 1986. Die Republikaner büßten dabei fünf Sitze im Repräsentantenhaus und acht im Senat ein. Damit hatten die

Demokraten zum ersten Mal in der Ära Reagan die Kontrolle über beide Kammern des Kongresses.

Im November 1986 berichteten mehrere Pressekanäle, dass die Regierung Reagan heimlich Waffen an den Iran geliefert habe, um im Gegenzug den Iran zur Mithilfe bei der Freilassung amerikanischer Geiseln, die im Libanon von der Hisbollah festgehalten wurden, zu überreden. Obwohl das Bedürfnis, die Geiseln freizubekommen, verständlich war, mutete die Enthüllung alarmierend an. Die Regierung hatte bis dahin immer angegeben, nie Lösegeld zahlen zu wollen. Außerdem hatte der Kongress beschlossen, dass es illegal wäre, Waffen an Staaten, die den Terrorismus unterstützen, zu liefern – womit eben auch der Iran gemeint war.

So schlimm das Ganze bereits war, die Lage sollte sich noch verschlechtern. Ende November enthüllte Justizminister Ed Meese, dass mehr als die Hälfte der Geldsumme, die die Iraner für die Waffen gezahlt hatten, an die Contras, antikommunistische Rebellen in Nicaragua, weitergeleitet worden sei. Das war ein Problem, da der Präsident zwei Jahre zuvor ein Gesetz unterzeichnet hatte, das der Regierung verbat, die Contras zu unterstützen.

Die Presse, auf der Suche nach einem Skandal in der Größenordnung von Watergate, verlangte zu wissen, wie viel der Präsident ab welchem Zeitpunkt gewusst habe. Die Regierung wies zuerst die Anschuldigungen, dass Präsident Reagan den Deal – Waffen gegen Geiseln – abgesegnet habe, zurück, doch musste er später zurückrudern und eingestehen, dass er das sehr wohl getan habe. Der Präsident bestand darauf, dass er nicht gewusst habe, dass Vertreter des National Security Council Gelder an die Contras hätten fließen lassen. Letztlich übernahm er aber die Verantwortung für das Handeln seiner Regierung und setzte einen unabhängigen Ausschuss ein, um Anklage gegen jeden zu erheben, der das Gesetz gebrochen hatte, und so wurden schließlich der Nationale Sicherheitsberater John Poindexter und Lieutenant Colonel Oliver North schuldig gesprochen (ihre Strafen wurden nach dem Revisionsverfahren jedoch wieder aufgehoben).

Der Skandal, der schlussendlich als Iran-Contra-Affäre bekannt wurde, brachte Dad in eine schwierige Lage. Obwohl er vom Waffenverkauf an die Iraner gewusst hatte, war ihm nichts über die Geldflüsse an die Contras bekannt. Egal, ihm war klar, dass die Presse und seine politischen Gegner ihr Bestes geben würden, um ihn in Verbindung mit dem Skandal zu bringen. Obwohl keine der Kommissionen, die mit der Untersuchung der Angelegenheit betraut waren, zu dem Schluss kam, dass er etwas Falsches getan habe, wurde er doch vom Gespenst der Iran-Contra-Affäre heimgesucht. Präsident Reagans Zustimmungswerte fielen in den Wochen nach den Enthüllungen unter 50 Prozent. Noch schlimmer war, dass bereits 39 Prozent es vorgezogen hätten, wenn bei den nächsten Wahlen ein Demokrat das Rennen machen würde, wohingegen nur mehr 27 Prozent einen weiteren Republikaner im Amt sehen wollten.

Die große Frage, die sich nun George Bush stellte, lautete, ob er sich nun vom Präsidenten distanzieren sollte. Einige Berater und Freunde meinten, dass darin seine einzige Hoffnung bestehe, die Nominierung an Land zu ziehen. Reporter setzten ihn unter Druck, dass er zum Ausdruck bringe, worin er mit dem Präsidenten nicht konform gehe. George Will von der *Washington Post* verspottete ihn gar als »Reagans Schoßhündchen«. Aber Dad weigerte sich, den Köder zu schlucken. Er war loyal – in guten wie in schlechten Zeiten. Dad war das politische Risiko bewusst, aber er war nicht die Art Mensch, die einen Freund fallen ließ.

ALS DIE VORWAHLEN des Jahres 1988 näherrückten, begann sich eine Wahlkampfstrategie herauszukristallisieren. Anders als 1980, als er sich primär auf Iowa und New Hampshire konzentriert hatte, setzte er dieses Mal auf eine landesweite Infrastruktur. Der Wahlkampf legte etwa spezielles Augenmerk auf die 17 Bundesstaaten, die ihre Vorwahlen am selben Tag Anfang März, dem sogenannten »Super Tuesday«, abhalten würden. Diese Vorwahlen würden für George Bush zur Feuerprobe werden – wenn er in den Staaten, wo zuvor gewählt würde, als Verlierer vom Platz ginge, könnte er mit Siegen am »Super Tuesday« noch die Kohlen aus dem Feuer holen.

Obwohl Dads Favoritenrolle durchaus ihre Vorteile hatte, stellte sie ihn auch vor Herausforderungen. So verbrachte er das gesamte Jahr 1987 mit einer virtuellen Zielscheibe auf dem Rücken, und die Presse sowie

1974 ernannte Präsident Ford George Bush zu Amerikas Repräsentanten in China. Dad erkannte, dass China – so wie der Westen von Texas – ein aufregendes neues Betätigungsfeld darstellte. Mutter und Dad erkundeten Peking auf ihren Fahrrädern. *(GBPLM)*

Ein paar Stunden, nachdem er ein Telegramm aus dem Weißen Haus erhalten hatte, in dem er darum gebeten wurde, aus China zurückzukehren, um die CIA zu leiten, telegrafierte er zurück: „... wenn es das ist, was der Präsident von mir wünscht, [lautet meine Antwort] klar und deutlich ‚JA'." *(GBPLM)*

Dad 1979 bei den Planungen für seinen ersten Anlauf für das Amt des Präsidenten mit seinem engen Freund und Berater James A. Baker III. Jimmy ist ein brillanter Stratege, ein fähiger „Verhandler“ und einer der besten Witze-Erzähler, die ich je getroffen habe. Ich zähle ihn zu den herausragendsten politischen Figuren des 20. Jahrhunderts. *(Bush Family Photo)*

Franklin Roosevelts Vizepräsident beschwerte sich, dass sein Job nicht einmal „einen Eimer warmer Spucke“ wert gewesen sei. Zum Glück war die Erfahrung von Ronald Reagans Vize eine bessere. Dad und der Präsident aßen jede Woche miteinander zu Mittag – eine Tradition, die auch ich und Dick Cheney fortsetzen würden.
*(GBPLM/Cynthia Johnson)*

Eine meiner liebsten Erinnerungen an Dads Präsidentschaftswahlkampf 1988: Er lud unsere Familie dazu ein, ihn rund um Halloween auf eine Reise durch den Mittleren Westen zu begleiten. Ich muss immer noch lächeln, wenn ich mich daran erinnere, wie Barbara und Jenna die Sitzreihen der Air Force Two auf und ab wanderten, um die Pressevertreter um Süßigkeiten zu bitten. *(GBPLM)*

Als der 60-jährige Vizepräsident eine Altherrenpartie im Mile High Stadion von Denver besuchte, zog er sich kurzerhand gleich selbst ein Trikot über und schlug den Ball weit ins Spielfeld hinein. *(GBPLM/David Valdez)*

An einem sonnigen Morgen im Januar 1989 wurde George H.W. Bush als 41. Präsident der USA vereidigt. Als ich ihm dabei zusah, wie er die Hand hob und den Eid sprach, durchströmte mich ein unbeschreibliches Gefühl des Stolzes. *(GBPLM/Carol Powers)*

Beim Hufeisenwerfen mit dem sowjetischen Staatschef Michail Gorbatschow in Camp David im Jahr 1990. Dads Strategie war es, eine Freundschaft zu ihm aufzubauen und ihn gleichzeitig zu ermuntern, die Sowjetunion friedlich aufzulösen. Am Weihnachtstag 1991 unterschrieb Gorbatschow schließlich die Papiere, die gleichbedeutend mit dem Ende des kommunistischen Regimes waren. *(GBPLM/David Valdez)*

Dad war ein produktiver Verfasser persönlicher Schreiben. Heute gibt es Tausende Menschen, die in eine Schublade greifen und einen Dankesbrief von George Bush hervorziehen können. *(GBPLM/David Valdez)*

Einst fragte ich meine Mutter, wie sie und mein Vater es fertiggebracht hätten, beinahe 70 Jahre lang eine glückliche Ehe zu führen. „Wir beide waren stets bereit, dem anderen drei Viertel des Weges entgegenzukommen", sagte sie. *(GBPLM)*

Präsident George H.W. Bushs Regierungsbilanz umfasst eine Reihe großer Leistungen auf nationaler Ebene. Einer seiner stolzesten Momente war der *Americans with Disabilities Act*. *(GBPLM/Joyce Naltchayan)*

Laura und ich warten darauf, dass die First Lady bei einem Spiel der Texas Rangers den ersten Ball wirft. Dad musste sich nie Sorgen darüber machen, ob Mutter mit dem Druck einer Präsidentschaft umgehen und gleichzeitig unsere Familie zusammenhalten konnte. Ich hatte das Glück, dass Laura mit Blick auf meine Person zum gleichen Seelenfrieden beitrug.
*(GBPLM/Carol Powers)*

Ein Meeting mit General Colin Powell, Verteidigungsminister Dick Cheney, Stabschef John Sununu und dem Nationalen Sicherheitsberater Brent Scowcroft nach der Invasion Kuwaits durch Saddam Hussein. „Diese Aggression gegen Kuwait", teilte Dad der Presse mit, „darf keinen Bestand haben." Und das war keine leere Floskel. *(GBPLM/Susan Biddle)*

Als kampferprobter Veteran kannte Dad den Schrecken des Krieges aus erster Hand und verspürte als Oberbefehlshaber eine besondere Verbindung zu den Truppen. 1990 verbrachten Mutter und Dad Thanksgiving mit den Frauen und Männern, die in Saudi Arabien stationiert waren. *(GBPLM/Susan Biddle)*

seine politischen Rivalen auf Seiten beider Parteien wurden nicht müde, mit spitzen Pfeilen auf ihn zu zielen. Eine der unerhörtesten Anschuldigungen kam in Form der Unterstellung, eine außereheliche Affäre gehabt zu haben. Bezeichnenderweise konnten sich die Klatschbasen allerdings nicht darauf einigen, wer nun diese »andere Frau« gewesen sei. Ungefähr zur selben Zeit zog sich Senator Gary Hart aufgrund von Seitensprung-Vorwürfen aus dem präsidialen Wettstreit um die Nominierung als Kandidat der Demokraten zurück.

Als sich der Washingtoner Zirkus vor mir offenbarte, stieg Wut in mir hoch. Die Gerüchte waren nicht nur falsch, sondern stellten auch eine Kränkung meiner Eltern dar. Lee Atwater und ich einigten uns darauf, dass die Vorwürfe nicht unwidersprochen bleiben dürften, weshalb er für mich ein Interview mit der *Newsweek* arrangierte.

»Die Antwort auf die Ehebruch-Frage ist ein klares Nein«, sagte ich.

Als Mutter von meinem Interview erfuhr, war sie sehr aufgebracht.

»Wie kannst du es nur wagen, deinen Vater so zu entehren, indem du dieses Thema ansprichst?«, verlangte sie zu wissen.

Obwohl sie es war, die ihren Unmut zum Ausdruck brachte, war ich mir sicher, dass sie auch die Bedenken meines Vaters aussprach. Sie fürchteten, dass mein Dementi dem Tratsch erst Glaubwürdigkeit verleihen würde und somit eine neue Runde der Berichterstattung anleiern könnte. Meine Aussage schaffte es landesweit in die Nachrichten, aber zum Glück schlief die Story bald darauf ein.

Rückblickend weiß ich nicht, ob meine öffentliche Reaktion hilfreich war oder nicht. Es ist möglich, dass die Geschichte einfach so lächerlich war, dass sie von ganz alleine wieder in der Versenkung verschwunden wäre. Mutter lag richtig, dass man manchmal ein falsches Gerücht gar nicht erst mit einer Stellungnahme würdigen sollte. Das war gemeinhin auch mein Ansatz im Umgang mit Leuten, die mir gegenüber während meiner Kandidaturen falsche Anschuldigungen machten. Aber als diese Lüge, den Charakter eines Mannes, den ich liebte und respektierte, in Frage stellte, konnte ich mich eben nicht mehr zurückhalten.

Wie sich herausstellen sollte, war ich nicht der Einzige in der Familie, der so empfand. Als ich mich im Jahr 2004 als Präsident zur Wiederwahl stellte, schrieb mir meine Tochter Jenna, dass sie sich für meinen Wahlkampf zur Verfügung stelle. »Ich hasse es, Lügen über dich zu hören. Ich hasse es, wenn Leute dich kritisieren. Ich hasse es, dass nicht jeder den Menschen erkennen kann, den ich liebe und respektiere und dem ich eines Tages hoffentlich gleichen werde. (...) Ich mag vielleicht noch ein wenig ungeschliffen sein, aber mit dem entsprechenden Training könnte ich die Menschen dazu bringen, den Dad zu sehen, den ich liebe.«

AM 12. OKTOBER 1987 verkündete Vizepräsident George Bush offiziell seine Kandidatur zur Präsidentschaftswahl. Er machte sie in Houston publik und versprach, die Politik der Reagan-Regierung fortzusetzen und gleichzeitig neue eigene Ideen einzubringen. Eine dieser Ideen war ein Versprechen, das er in den folgenden Monaten noch oft wiederholen sollte: »Ich werde die Steuern nicht anheben. Punkt.« Sein Wahlslogan rückte seine Erfahrenheit in den Mittelpunkt: »Vom ersten Tag an bereit, ein großer Präsident zu sein.« Alles verlief gut, bis man schließlich, wie üblich, Luftballons auf ihn hinunterregnen ließ. Einige der Ballons waren über Nacht geplatzt und, wie es Dad ausdrückte, »für einen beängstigenden Moment sah es so aus, als würde es Kondome regnen – Gummis, die von der Decke prasselten.«

Ich wohnte der Rede in Houston bei, kochte allerdings innerlich. Auf meine Anregung hin hatten Familienmitglieder und Wahlhelfer der *Newsweek*-Reporterin Margaret Warner Interviews gegeben, da sie ein Porträt über Dad verfassen wollte. Ich erwartete mir einen objektiven Artikel, weshalb ich schockiert war, als ich das Cover des Magazins, das in dieser Woche erscheinen sollte, zu Gesicht bekam. »George Bush – im Kampf gegen den ›Weichei-Faktor‹.« Der rote Faden, der sich durch die Story zog, war der, dass Dad nicht zäh genug sei, um Präsident zu sein. Ich war verblüfft, dass jemand, der seine Lebensgeschichte kannte, auch nur in Erwägung ziehen konnte, ihn für ein Weichei zu halten: Immerhin war die Rede von einem ehemaligen Navy-Piloten, der im Zweiten Weltkrieg gedient hatte, beziehungsweise von einem Kongressabgeordneten, der Morddrohungen erhalten hatte, als er für den *Fair Housing Act* gestimmt hatte. (25 Jahre später brachte *Newsweek* schließlich die Schlagzeile

»Romney – der Weichei-Faktor« auf ihrem Titelblatt. Offenbar sind in ihren Augen ausschließlich Republikaner Weicheier.)

Die Weichei-Kritik sorgte unter Dads Freunden und Unterstützern für große Sorge. Viele von ihnen boten dem Kandidaten ihren Rat an – wobei oft ich als erste Anlaufstelle zur Verfügung stand. Mir war bewusst, dass es wichtig war, Dad nicht mit allen Vorschlägen, die mir mitgeteilt wurden, zu belasten. Meine Rolle war somit die eines Filters. Zuerst war ich allerdings kein sonderlich feiner Filter. Ich erinnere mich etwa daran, dass einer seiner Freunde mir telefonisch den Rat zukommen ließ, dass Dad »einfach er selbst« sein solle. Dad rollte mit den Augen und meinte: »Wer soll ich denn zur Hölle noch mal sonst sein?« Von da an ging ich ein wenig überlegter vor.

Im Verlauf des Wahlkampfes des Jahres 1988 begriff ich, dass die meisten Politiker eine Vielzahl von Profis haben, die ihnen beratend zur Seite stehen. Was sie von ihren Freunden und Angehörigen brauchen, sind Trost und Unterstützung. Das ist einer der Gründe, weshalb ich so dankbar war, dass während meiner Präsidentschaft mein Bruder Marvin und meine Schwester Doro mit ihren Familien in der Nähe wohnten. Sie kamen regelmäßig zum Abendessen ins Weiße Haus und Marv kam außerdem vorbei, um Sport im Fernsehen zu verfolgen oder zu trainieren. Sie hatten keine eigenen Absichten, sondern wollten mir nur dabei helfen, mich zu entspannen. Ich versuchte meinem Dad, die gleiche Art von Unterstützung bieten zu können.

IN DEN WOCHEN vor der Vorwahl in Iowa brachte CBS über jeden der aussichtsreichsten Kandidaten ein Porträt. Es lag eine gewisse Anspannung in der Luft, dass Dan Rather, der legendäre Journalist, aber nicht auf dieselben Dinge wie bei den anderen Kandidaten eingehen würde – etwa Familie, Hintergründe und Erfahrungen –, sondern sich stattdessen auf die Iran-Contra-Affäre konzentrieren würde. Das Wahlkampfteam stimmte einem Interview zu, bestand jedoch darauf, dass es live ausgestrahlt werden müsse, damit Rathers Produzenten die Aussagen Dads nicht beliebig zusammenschneiden und aus dem Kontext reißen könnten.

Kurz vor dem Interview kam Dads oberstem Medienberater, dem gewieften Roger Ailes, durch ein paar seiner Freunde aus der Fernsehwelt zu Ohren, dass Rather plane, sich exklusiv mit dem Thema Iran-Contra auseinanderzusetzen. Tatsächlich saß Dad schließlich vor dem Beginn des Interviews da und bekam mit, wie Rather einen sechs Minuten langen Beitrag zu den Anschuldigungen bezüglich des Iran-Contra-Skandals abspielte. Rathers erste Frage bezog sich dann darauf, warum er immer noch einen Berater beschäftige, der in den Skandal verstrickt gewesen sei. Dad erklärte ihm darauf, dass der betreffende Mitarbeiter von allen Anschuldigungen freigesprochen worden sei. Nach ein paar weiteren Fragen zur Iran-Contra-Affäre teilte Dad Rather mit, dass er der Meinung sei, dass es sich beim Thema ihrer Diskussion um »einen Aufguss« handele und eine Fehlinterpretation seitens CBS vorliege.

Der Anchorman ließ jedoch nicht locker bei seinem Kreuzverhör. Dad blieb ruhig, aber ich wusste, dass es in ihm brodelte. Als die Sendezeit voranschritt, erinnerte Dad den Nachrichtenmann, dass sie sich darauf geeinigt hätten, auch andere Themen zu besprechen. Als Rather daraufhin zu einer weiteren Fragerunde zum Iran-Contra-Skandal ansetzte, holte Dad zum mit Roger Ailes besprochenen Gegenschlag aus.

»Ich denke nicht, dass es fair ist, meine ganze Karriere an dieser wieder aufgewärmten Iran-Geschichte zu messen«, sagte er. »Oder wie würde es Ihnen gefallen, wenn man Ihre Karriere nach diesen sieben Minuten beurteilt, als sie in New York das Set verlassen haben?«

Rather schien wie gelähmt von dieser Frage, die sich auf seinen blamabelsten Augenblick als Journalist bezog. Ein paar Monate zuvor war er nämlich, als seine Sendung wegen eines Tennismatches bei den U.S. Open verschoben wurde, so wütend gewesen, dass er aus dem Studio stürmte, um sich bei leitenden Angestellten von CBS darüber zu beschweren. Als die Tennis-Übertragung nun doch früher als erwartet endete, war sein Moderatorenpult verwaist gewesen, und genau das war es auch, was die Zuschauer nun geboten bekamen.

Dad rief mich aus dem Backstage-Bereich des Studios an, um sich nach meiner Meinung zum Verlauf des Interviews zu erkundigen. In seiner Stimme lag kein Anflug von Triumph oder Prahlerei. Es war nicht seine Art, jemanden bloßzustellen, und ich spürte, dass ihm sein harscher Konter gegen Rather unangenehm war. Ich war jedoch begeistert von seiner Performance.

»Du hast einen Homerun geschafft«, versicherte ich ihm.

Die meisten Fernsehzuschauer waren der gleichen Meinung. Die Telefonleitungen liefen in der Folge heiß, da sich die Leute über Rathers grobe Art beschweren wollten. Beim Bush-Wahlkampfteam gingen hingegen massenhaft Anrufe ein, weil die Menschen Dad zu seinem Auftritt gratulieren wollten. Eines war gewiss: Von einem Weichei-Faktor war nun nicht mehr oft die Rede.

Seinerseits setzte Dan Rather seine Negativkampagne auch während der Präsidentschaft meines Dads fort, und als schließlich ich ins Amt gewählt wurde, dehnte er seinen Groll auch auf mich aus. Den Tiefpunkt erreichte er letzten Endes 2004, als er Anschuldigungen bezüglich meines Dienstes bei der Nationalgarde, die auf gefälschten Dokumenten beruhten, ausstrahlte. Erneut war die öffentliche Empörung groß. Dieses Mal nahm Dan Rather seinen Hut und verließ CBS.

DADS INTERVIEW MIT Dan Rather führte zu einer Welle der Unterstützung für ihn, aber es reichte dennoch nicht aus, um die Eröffnungsschlacht im Kampf um die republikanische Nominierung – die Vorwahl in Iowa – für sich zu entscheiden. Der Favorit in Iowa war Senator Bob Dole aus Kansas, Dads alter Rivale aus dem Vorwahlkampf von 1980, der mittlerweile Mehrheitsführer im Senat war. Dole wusste seinen Heimvorteil in Iowa gekonnt auszunutzen. Mit seiner Bewerbung betonte er seine Wurzeln, die in einem ebenso landwirtschaftlich geprägten Bundesstaat lagen, und er versicherte den Wählern in Iowa, dass er einer von hnen sei. Wie zu erwarten gewesen war, trug Dole in Iowa schließlich mit insgesamt 37 Prozent Stimmenanteil den Sieg davon.

Der Schock war aber, dass George Bush nur die drittmeisten Stimmen erringen konnte und damit auch noch hinter dem Fernsehprediger Pat Robertson lag. Robertson hatte keine Erfahrung als gewählter Volksvertreter vorzuweisen und vertrat einige extreme politische Positionen. Trotzdem hatte er sich in Iowa sehr effektiv in Stellung gebracht und korrekt prophezeit, dass eine »unsichtbare Armee« von Wählern für ihn stimmen werde – genauer gesagt entschieden sich 25 Prozent aller Wähler für ihn. Rückblickend bot der Wahlkampf 1988 eine Vorschau auf einen Block von Wählern, deren oberste Priorität die Werte waren. Diese waren es auch, die später eine wichtige Rolle dabei spielen sollten, dass ich zwei Amtszeiten lang das Präsidentenamt ausüben durfte.

Dad kam auf 19 Prozent der Stimmen. Die einzigen bedeutsamen Kandidaten, die noch weiter hinten landeten, waren Jack Kemp, ein dynamischer Kongressabgeordneter aus dem Staat New York, der sich ursprünglich einen Namen als Quarterback der Buffalo Bills gemacht hatte, sowie Pete du Pont, ein intellektueller ehemaliger Kongressabgeordneter und Gouverneur von Delaware. Al Haig, der ehemalige Außenminister und Stabschef im Weißen Haus, konnte auch ein paar hundert Stimmen auf sich vereinen.

Trotz der Schlappe blieb Dad optimistisch. Am Abend der Vorwahl versicherte er seinen Unterstützern: »Ich wollte besser abschneiden, aber ich bin ein Kämpfer. Ich werde zurückkommen.«

Als sich der Wahlkampf nach New Hampshire verlagerte, hatte Dole nun Rückenwind, hatte das »Momentum« auf seiner Seite. Die ersten Umfragen nach Iowa zeigten, dass es ihm gelungen war, den Vorsprung Dads im sogenannten »Granite State« zu verringern. Nur wenige Tage später zog sich Al Haig aus dem Rennen um die Kandidatur zurück und empfahl, an seiner Stelle doch Dole zu wählen. Dole wurde außerdem auch von Donald Rumsfeld, Präsident Fords ehemaligem Stabschef und Verteidigungsminister, unterstützt. Doch Dad verfiel nicht in Panik. Wie er besser als die meisten anderen wusste, ließ sich »Big Mo« aus Iowa nicht immer in Erfolg in New Hampshire ummünzen.

So wie schon bei vergangenen Wahlkämpfen war es Dads Ziel, sich in puncto Fleiß von keinem seiner Konkurrenten übertrumpfen zu lassen. Am Morgen nach seiner Niederlage in Iowa war er bereits vor Ort in New Hampshire, um sich im Morgengrauen in Nashua mit Fabrikarbeitern zu treffen. Umgehend machte er sich daran, eine Reihe von weiteren Terminen dieser Art, die sein effizienter Wahlkampfmanager in New

Hampshire, Gouverneur John Sununu, organisiert hatte, wahrzunehmen. Seine Herangehensweise erinnerte mich an seine frühen Wahlkämpfe in Texas, wo er hart dafür gearbeitet hatte, einen persönlichen Draht zu so vielen Wählern wie möglich herzustellen.

Einen Präsidentschaftswahlkampf zu führen und dennoch nicht die Pflichten eines amtierenden Vizepräsidenten zu vernachlässigen, war ein heikler Balanceakt. Einerseits war es prestigeträchtig und komfortabel, mit der Entourage eines Vizepräsidenten zu reisen, andererseits konnte dieses Drumherum den Anschein erwecken, dass Dad unbeteiligt und distanziert wirkte. Deshalb war es ihm wichtig, gegen dieses Image anzukämpfen. Er verkleinerte zunächst die Größe seines Gefolges und hielt seine Events in kleineren lokalen Örtlichkeiten ab. Einen Morgen verbrachte er etwa bei Dunkin' Donuts, McDonald's und einem Pfannkuchen-Imbiss, um sich mit Wählern zu treffen. (Zum Glück blieb ihm genug Zeit, um auch joggen zu gehen.)

Dad griff auf sein Netzwerk aus Freunden und politischen Verbündeten zurück, das er schon seine ganze Karriere über aufgebaut und kultiviert hatte. Er war ihnen gegenüber loyal gewesen, und nun zahlten sie ihm dies zurück. Einer der Höhepunkte des Wahlkampfes war eine Kundgebung gemeinsam mit Dads Freund und Angelkumpel, dem ehemaligen Baseball-Ass Ted Williams (später zeichnete Dad ihn mit der Freiheitsmedaille des Präsidenten aus). Im Stadion der Boston Red Sox konnte es kaum einen Besseren als den »Splendid Splinter« – so der Spitzname von Williams – für eine Wahlwerbung geben.

IN EINEM HITZIGEN politischen Wettkampf kann es mitunter vorkommen, dass die Intensität der Wahlkampftour die unverfälschten Emotionen an die Oberfläche durchbrechen lässt. Eine dieser Emotionen, so schien es mir, war Bob Doles Feindseligkeit gegenüber George Bush. Dole stellte Dad als Eliteschnösel mit reichen und mächtigen Eltern hin, »der in sieben Jahren keine Entscheidung getroffen habe«, während er sich selbst als Selfmademan, der die ärmlichen Verhältnissen in seiner Heimat Russell, Kansas, überwinden musste, präsentierte.

»Niemand hat mir je etwas geschenkt«, sagte Bob Dole.

Ich fragte mich, ob ihre unterschiedlichen Erfahrungen im Zweiten Weltkrieg zu Doles ablehnender Haltung gegenüber meinem Vater geführt haben. Beide waren verwundet worden, doch Dad war in der Lage gewesen, nach seinem Abschuss zu seiner Einheit zurückzukehren, wohingegen Doles schwere Verwundung ihn bis zum Ende des Krieges ans Bett fesselte.

Dad zögerte, einen negativeren Kurs gegen Dole einzuschlagen. Lee Atwater rief mich oft an, um seinen Frust darüber zum Ausdruck zu bringen, dass er Dad nicht dazu überreden konnte, Wahlwerbung abzusegnen, die einen schärferen Kontrast zu Bob Dole aufwies. Als Dad mich nach meiner Meinung fragte, sagte ich ihm, dass ich Lee zustimme. Ich erklärte ihm, dass ich es für wichtig hielte, Dole in die Defensive zu drängen. Irgendwann gab Dad schließlich nach, und ein Clip, der Senator Dole für seine sich verändernden Positionen zum Thema Steuern anprangerte, wurde ausgestrahlt. Es war keine besonders ruppige Attacke, aber es reichte aus, um Dole unter die Haut zu gehen und einen klaren Gegensatz zwischen den Kandidaten bezüglich einer Thematik herauszuarbeiten, die den Wählern in New Hampshire ein Anliegen war.

Als die Vorwahlen immer näher rückten, wirkte Dole verbittert und gereizt. Einem Wähler, der nicht seiner Meinung war, legte er nahe, sich »zurück in [seine] Höhle« zu verziehen. Am Abend der Vorwahl konnte Dad 38 Prozent der Wählerstimmen verbuchen. Dole belegte mit 29 Prozent den zweiten Platz. In seiner Siegesrede verglich Dad sich mit Mark Twain, da in seinem Fall »Berichte über seinen Tod« ebenfalls »maßlos übertrieben« gewesen seien. Als Tom Brokaw Dad fragte, ob er nicht eine Botschaft für seinen Rivalen habe, meinte der: »Richten Sie ihm alles Gute aus; wir werden uns im Süden treffen.«

Als Brokaw Dole die gleiche Frage stellte, blaffte dieser: »Ja, er soll aufhören, über meine Bilanz Lügen zu verbreiten.«

Acht Tage nach dem Desaster in Iowa hatte Dad das Momentum nun plötzlich wieder auf seiner Seite.

Zum Glück löste sich die Bitterkeit der Vorwahlen von 1988 mit der Zeit in Luft auf. Sowohl Bob Dole als auch mein Vater waren Männer von gutem Charakter und schließlich in der Lage, ihre Differenzen auszuräumen beziehungsweise während Dads Präsidentschaft eng zusammenzuarbeiten. Die beiden alten Soldaten sollten nicht nur lernen, einander zu respektieren, sondern sogar Sympathien füreinander entwickeln. Kurz nach Dads Wahlniederlage von 1992 besuchte er ein Dinner der republikanischen Senatoren, bei dem Oppositionsführer Dole ihn herzlich und tränenreich umarmte. »Kein Präsident gab sich je mehr Mühe, seinen Job zu erledigen«, sagte Dole. »Ihr Platz in den Geschichtsbüchern ist Ihnen gewiss. (…) George Bush hat dazu beigetragen, die Welt zu verändern, und das ist uns allen sehr wichtig.« Bob Dole sollte schließlich als republikanischer Präsidentschaftskandidat zur Wahl 1996 antreten und konnte dabei auf die starke Unterstützung George Bushs zählen.

NACH NEW HAMPSHIRE rückte als Nächstes South Carolina in den Fokus – die erste Vorwahl, die südlich der Mason-Dixon-Linie ausgetragen wurde und ein guter Indikator für den an Delegierten reichen Süden. Da er aus South Carolina stammte, kannte Lee Atwater das politische Terrain und hatte sich einen mächtigen Wahlkampfapparat zusammengestellt. Aufgrund seiner konservativen Wählerschaft bot South Carolina für Pat Robertson die größte Chance, einen wichtigen Sieg einzufahren. Allerdings hatte er keine so ausgeklügelte Organisation im Rücken, und Dad konnte sich mit 49 Prozent der Stimmen einen komfortablen Vorsprung sichern.

In insgesamt 17 Bundesstaaten fanden am »Super Tuesday«, dem 8. März 1988, Vorwahlen statt. Das eindrucksvolle Fundraising des Wahlkampfteams, die Planung und Strategie zahlten sich aus, und George Bush gewann gleich in 16 Staaten. Zum ersten Mal in seiner politischen Laufbahn konnte er auch eine im gesamten Bundesstaat Texas ausgetragene Wahl für sich entscheiden. Nachdem alle Delegierten-Stimmen zugeordnet waren, befand sich George Bush bereits zu zwei Dritteln am Ziel, der Nominierung zum republikanischen Präsidentschaftskandidaten. »Super Tuesday« war somit nicht nur eine Feuerprobe, sondern de facto auch das vorläufige Ende seines Wahlkampfes.

Als voraussichtlicher Kandidat gab sich Dad nun die größte Mühe, die Partei zu einen. Er traf sich mit Mitgliedern aus beiden Kammern des

Kongresses – Abgeordneten und Senatoren –, um herauszufinden, ob sie hinter ihm standen oder nicht. Er rief Gouverneure im ganzen Land an und lud sie nach Walker's Point ein. Und in einer für George Bush typischen Geste luden Mutter und er die Kandidaten, die gegen ihn bei den Vorwahlen angetreten waren, zu einem Abendessen in die Residenz des Vizepräsidenten auf dem Gelände des Naval Observatory ein. Dad ergriff die Gelegenheit beim Schopf, um etwaige Gräben zuzuschütten und seine Gäste um Unterstützung für die Wahlen im November zu bitten. Er brauchte ihre Hilfe, weil er die Präsidentschaftswahl aus einem tiefen Loch heraus in Angriff nehmen musste.

Wenn die Präsidentschaftswahl im Sommer 1988 abgehalten worden wäre, hätte wohl Gouverneur Dukakis aus Massachusetts einen Erdrutschsieg verzeichnen können. Michael Dukakis war vor den Vorwahlen nicht jedem ein Begriff. Er war der irgendwie uncharismatische Gouverneur eines mittelgroßen, liberal eingestellten Bundesstaates. Allerdings bestritt er einen soliden Wahlkampf und übertrumpfte seine Kontrahenten um die demokratische Kandidatur – Senator Al Gore Jr. aus Tennessee, Dick Gephardt, seines Zeichens Kongressabgeordneter aus Missouri, sowie den Bürgerrechtler Jesse Jackson – in einem parteiinternen Wettstreit, bei dem wiederholt die amtierende Reagan-Bush-Regierung ins Visier genommen wurde.

Mitte Juli trafen sich die Demokraten um Dukakis zu ihrem Parteitag in Atlanta. Zwei der dort auftretenden Redner sollten in unserem Leben noch Schlüsselrollen übernehmen. Zum einen war da Ann Richards, die temperamentvolle Schatzmeisterin und zukünftige Gouverneurin des Bundesstaates Texas, die mit ihrer Bemerkung Schlagzeilen machte, der zufolge Dad »mit einem Silberlöffel im Mund von Fettnäpfchen zu Fettnäpfchen eilte«. Und dann war da eben noch Gouverneur Bill Clinton aus Arkansas, der eine so lange Rede hielt, dass er den größten Applaus erntete, als er einen Satz mit »Und zum Abschluss …« einleitete.

Einen dramatischen Moment lieferte die Vorstellung von Dukakis' Kandidaten für das Amt des Vizepräsidenten, Senator Lloyd Bentsen aus Texas. Bentsen war ein anerkannter Abgeordneter aus einem einflussreichen Staat, der darüber hinaus auch über wertvolle Erfahrung in Washington verfügte. Und er besaß noch eine weitere Qualität, die Michael Dukakis nützlich erschien: Er wusste, wie man George Bush schlug. Bentsen hatte Dad im Rennen um einen Senatssitz 1970 hinter sich gelassen, weshalb seine Ernennung durch Dukakis eine Woche vor dem Parteitag als meisterhafter Schachzug gepriesen wurde. Durch die Bildung dieser Boston-Austin-Achse wurde nicht nur ein geübter Wahlkämpfer ins Boot geholt, sondern auch an die erfolgreiche gemeinsame Kandidatur von JFK und LBJ, die aus denselben Bundesstaaten stammten, erinnert, welche den Demokraten eine Generation vorher schon einmal einen Sieg über einen amtierenden Vizepräsidenten – nämlich Richard Nixon – beschert hatte. Die beiden verließen den Parteitag der Demokraten schließlich mit einem großen Vorsprung in den Umfragen.

Dad verbrachte die Woche, in welcher der Parteitag der Demokraten stattfand, mit Jim Baker auf einem Angelurlaub in der Wildnis von Wyoming. Nachdem dieser während Ronald Reagans erster Amtszeit als Stabschef im Weißen Haus gedient hatte, wurde er während der zweiten schlussendlich zum Finanzminister ernannt. Er trat von diesem Posten, der zu den einflussreichsten im Kabinett zählt, zurück, um Dads Wahlkampf um das Präsidentenamt zu leiten.

Als jemand, der den Wahlkampf aus nächster Nähe beobachtete, kann ich den Unterschied bezeugen, den Jim Baker ausmachte. Im Verlaufe eines langen Wahlkampfes kann es dazu kommen, dass Hierarchien verschwimmen und Entscheidungen nachlässig getroffen werden. Nicht so unter der Führung Jim Bakers. Er brachte Struktur und Klarheit in die Sache. Ratschlägen gegenüber war er stets aufgeschlossen, aber es bestand kein Zweifel darüber, dass er das Kommando hatte. Nie gestattete er es den Beratern im Flugzeug, unverhältnismäßigen Einfluss auf den Kandidaten auszuüben oder seine Entscheidungen, die er im Hauptquartier gefällt hatte, zu unterminieren (ein gängiges Phänomen bei weniger disziplinierten Wahlkampfteams). Seine Nähe zu Dad verlieh ihm Glaubwürdigkeit sowohl innerhalb wie außerhalb der Organisation, und es verschaffte meinem Dad inneren Frieden zu wissen, dass sich der Wahlkampf in den Händen eines vertrauenswürdigen Freundes befand.

NACH EINEM FÜR George Bush mühsamen Sommer blickte die an Politik interessierte Welt schließlich Mitte August nach New Orleans, wo der Parteitag der Republikaner stattfinden sollte. Seit über einem Jahr schon balancierte Dad, zugleich Vizepräsident und Präsidentschaftskandidat, auf einer dünnen Linie. Er hatte dem Druck, mit Präsident Reagan zu brechen oder ihn zu kritisieren, standgehalten – es war jedenfalls eine Strategie, die sowohl Disziplin als auch Zurückhaltung erforderte, vor allem, als seine Umfragewerte immer weiter sanken. Er handelte aus Loyalität und war außerdem weise genug, um zu verstehen, dass eine Schwächung des Präsidenten seine Chancen bei der abschließenden Wahl nur mindern würde. Letztendlich bewies Dad einen hervorragenden Sinn für Timing. Die große Bühne, die der Parteitag darstellte, diente ihm als Gelegenheit, um aus dem Schatten des Präsidenten herauszutreten und seine eigene Vision für das Land zu definieren.

Beim Parteitag in New Orleans herrschte eine Atmosphäre, die an ein Familientreffen erinnerte. Als Dad formell als Nominierter genannt wurde, sekundierte Jebs Frau Columba zuerst auf Spanisch und dann auf Englisch. George P. Bush, Jeb und Columbas Sohn, sprach den Fahneneid. Meine Geschwister und ich verkündeten jeweils die Unterstützung unserer jeweiligen Heimatdelegationen: Neil für Colorado, Jeb für Florida, Marvin für Virginia und Doro für Maine. Mir fiel es zu, die Unterstützung der texanischen Abordnung zuzusagen, womit Dad offiziell die Kandidatur sicher war – »einem Mann, den wir respektieren und lieben (…) einem Lieblingssohn und dem besten Vater in Amerika«, wie ich verkünden durfte.

Dad begann seine Dankesrede, indem er den neuen Zeitabschnitt thematisierte, der nun angebrochen war. »Viele von euch haben gefragt: ›Wann wird jetzt endlich dieser Wahlkampf beginnen?‹ Ich bin [hierher] gekommen, um euch und Amerika mitzuteilen: Heute Nacht ist die Nacht.« Und er fuhr fort: »Siebeneinhalb Jahre lang habe ich dem Präsidenten dabei geholfen, den schwierigsten Job der Welt zu erledigen. (…) Aber nun müsst ihr mich als den sehen, der ich bin: der republikanische Kandidat für die Präsidentschaft der Vereinigten Staaten von Amerika.«

Die Menge jubelte, und Dad hielt ihren Jubel für die nächste Stunde aufrecht. Ein paar Tage zuvor hatte er mich gebeten, einen Entwurf seiner Rede durchzulesen. Die starke Argumentation und der knackige Schreibstil beeindruckten mich, doch nichts hätte mich auf die Wirkung seines Vortrags in jener Nacht im Superdome vorbereiten können.

»Ich bin ein Mann, der sein Leben im Sinne unterschiedlicher Missionen begreift«, sagte er. »Missionen, die definiert und ausgeführt werden müssen. Als ich einen Torpedo-Bomber flog, wurden uns unsere Missionen vorgegeben. Noch bevor wir abhoben, hatten wir verstanden, dass man unter allen Umständen versuchen muss, das Ziel zu erreichen. Ich war auch schon auf anderen Missionen – der Kongress, China und die CIA. Aber heute bin ich hier – und ich bin euer Kandidat –, weil es die wichtigste Aufgabe meines Lebens ist, diese Mission, die wir 1980 begonnen haben, zu vollenden.«

Er lieferte eine forsche Kritik der Leistungsbilanz von Michael Dukakis und stellte ihn als Pessimisten dar, der Amerika auf dem absteigenden Ast vermutete. Sein Gegner sei »ein Technokrat, der sicherstellt, dass die Zahnräder ineinandergreifen, aber keine Ahnung hat, wie die Maschine tatsächlich funktioniert«. Daraufhin ergänzte er seine eigene Vision für das Land: eine Außenpolitik, die auf »dem Wissen fußt, dass Stärke und Klarheit zum Frieden führen« und nicht etwa auf »Schwäche und Ambivalenz, die zu Krieg führen«; Unterstützung für wohltätige Organisationen und Ehrenamtliche, was zu einer »freundlicheren, sanftmütigeren Nation« beitrage, einer Nation, die »von tausend Lichtpunkten auf einem weiten und friedlichen Himmel« beleuchtet werde; und eine Wirtschaftspolitik, die darauf abziele, Arbeitsplätze zu schaffen, ohne dabei die Steuern zu erhöhen. Dann erreichte seine Rede ihren Höhepunkt: »Lest es mir von den Lippen ab: Keine neuen Steuern.«

Schließlich beschrieb er seinen Charakter. Dad war stets wortkarg, wenn er über sich selbst reden sollte, aber in einer so kurzen wie selbstironischen Passage traf er hier genau den richtigen Ton. »Ich mag vielleicht nicht der Eloquenteste sein, aber ich lernte schon früh, dass man mit Eloquenz kein Öl aus dem Boden fördern kann. Vielleicht bin ich manchmal ein wenig linkisch, aber in der Liebe zu meinem Land steckt keinerlei Unsicherheit. Ich bin ein stiller Mann – aber ich höre die stillen Menschen, die sonst niemand hört: Jene, die eine Familie aufziehen, die Steuern bezahlen, die Hypotheken abstottern. Ich höre sie und bin bewegt – und ihre Sorgen sind die meinigen.«

Dann kam er zu seinem Fazit: »Ich werde Amerika auf Kurs halten, immer vorwärts – für ein besseres Amerika, für einen endlos dauerhaften Traum und tausend Lichtpunkte. Das ist meine Mission. Und ich werde sie durchführen.«

Das Publikum explodierte förmlich. Laura, Barbara, Jenna und ich strömten mit dem Rest der Familie auf die Bühne, um uns bei Mutter und Dad für den Ballon-Schauer zusammenzufinden. George Bush strahlte. Ich kann mich an keine andere Rede erinnern, die so perfekt einen Augenblick einzufangen vermochte. Dad hatte sich problemlos von Ronald Reagans Vizepräsidenten zum eigenständigen Anwärter auf das Präsidentenamt weiterentwickelt. So wie viele andere, die tiefe Gefühle für George Bush in sich trugen, war ich an diesem Abend in einer überschwänglichen Stimmung.

Jahre später, als ich 2000 gemeinsam mit dem Redenschreiber Mike Gerson meine eigene Rede verfasste, in der ich die Nominierung annahm, dachte ich zurück an Dads Rede aus dem Jahr 1988. Eine der Lehren daraus war, dass ein Kandidat nicht nur denkwürdige Zitate liefern muss, sondern auch eine Vision bereitzuhalten hat, der die Amerikaner folgen wollen. Genau das war es, was George Bush 1988 gelang. Nach diesem abschließenden Abend des Parteitags war ich überzeugt, dass viele Amerikaner sich einen Präsidenten George H.W. Bush vorstellen konnten.

DADS VORSTELLUNG auf dem Parteitag war makellos – mit einer Ausnahme: der Ankündigung seines Kandidaten für das Amt des Vizepräsidenten.

Mein Vater begab sich unmittelbar, nachdem er sich die Kandidatur hatte sichern können, auf die Suche nach einem geeigneten Stellvertreter. Anders als viele andere Kandidaten suchte er aber nicht nach jemandem, der etwaige Löcher in seinem Lebenslauf würde kaschieren können – so wie er selbst das acht Jahre für Ronald Reagan hatte tun können beziehungsweise Dick Cheney, der mit seiner Erfahrung bezüglich der nationalen Sicherheit aushelfen konnte, es zwölf Jahre später für mich tat. Abgesehen davon, dass er sich jemanden wünschte, der im Notfall das Amt des Präsidenten übernehmen könnte, strebte er danach, einen Generationenkonflikt zu überbrücken. Obwohl er selbst mit seinen 64 Jahren vor Energie strotzte, gehörte er auch zur Generation des Zweiten Weltkriegs, die seit John F. Kennedy – also seit beinahe drei Jahrzehnten – die Präsidentschaft innegehabt hatte. Dad hatte es ihm Gespür, dass die Generation der Babyboomer bereit war, ihre Rolle auf der nationalen Bühne zu spielen. Ihm gefiel die Idee, einen Vizekandidaten auszusuchen, der jüngere Wähler ansprechen würde und dabei behilflich sein könnte, den Weg für eine neue Generation von republikanischen Führungspersönlichkeiten zu ebnen. Es gab außerdem ein historisches Vorbild, von dem sich Dad in dieser Frage beeinflussen ließ: 1952 wählte der 61 Jahre alte Dwight Eisenhower – ein Präsident, den Dad sehr bewunderte – den 39-jährigen Senator Richard Nixon als seinen *running mate*, seinen Anwärter auf das Amt des Vizepräsidenten.

Dad entschied sich letztlich für den 41-jährigen Senator Dan Quayle aus Indiana. Er hatte Quayle während gemeinsamer Jahre in Washington kennengelernt, wo dieser seit seiner Wahl zum Kongressabgeordneten im Alter von 29 Jahren im Repräsentantenhaus tätig gewesen war. Vier Jahre später schlug er Birch Bayh, den demokratischen Senator, der drei Amtszeiten gedient hatte, bei den Senatswahlen und sicherte sich später auch die Wiederwahl mit respektablem Abstand auf die Verfolger. Er hatte seine Kollegen so sehr beeindrucken können, dass er mit Plätzen in zwei einflussreichen Senatsausschüssen – nämlich jenen, welche sich mit Budget und Verteidigung befassten – belohnt wurde. Dort holte er sich Expertise in Bezug auf Rüstungskontrolle und stellte sich vehement gegen die Bestrebungen der Demokraten, die Rüstungsausgaben zu reduzieren. Außerdem war Dad überzeugt, dass er ein dynamischer Wahlkämpfer sein würde.

Dad hielt seine Wahl geheim – vor der Presse, seinen Beratern und sogar vor Mutter und mir. Der Plan war, die Spannung zu steigern und den Kandidaten für die Vizepräsidentschaft erst am Mittwoch, also einen

Tag vor der Rede meines Vaters, bekanntzugeben. Allerdings erreichten die Spekulationen bereits am Dienstagvormittag einen Höhepunkt. Gerüchte rund um Dads Wahl begannen alles andere zu überschatten. Reporter bedrängten ohne Unterlass Bob Dole und Jack Kemp, die zu den heißgehandelten Kandidaten zählten. Dad tat es leid, dass er Dole und Kemp in eine so eine unangenehme Lage gebracht hatte. Deshalb beschloss er, den Plan zu ändern und Quayle bereits am Dienstagnachmittag der Öffentlichkeit zu präsentieren – also einen Tag vor dem anvisierten Termin.

Dad bat mich, mit ihm im Raum zu sein, wenn er Dan rufe, um ihm telefonisch das Angebot zu unterbreiten. Wir befanden uns auf dem Flussschiff *Natchez*, das in Bälde eine große Gruppe Familienangehöriger, Wahlhelfer und Unterstützer von Algiers Point über den Mississippi zu einer Ankunftskundgebung auf der Spanish Plaza transportieren sollte. Dad und Quayle führten eine kurze Unterhaltung, Quayle nahm das Angebot an, und Dad gab den Hörer an Jim Baker weiter. Es blieb nicht viel Zeit, um zu plaudern. Baker wies Quayle kurz und bündig an, zur bevorstehenden Kundgebung zu erscheinen, wo Dad ihn auf die Bühne rufen werde, um ihn vorzustellen. Der Senator werde dann in eine Limousine des Secret Service steigen und zu einem Treffen mit seinen Redenschreibern gebracht, damit er an einer Rede, in der er seine Ernennung akzeptiere, arbeiten könne, die er dann vor einem landesweiten Fernsehpublikum halten müsse.

Das Flussschiff überquerte den Mississippi, und Dad war bereit, auf der Kundgebung seine Ankündigung zu machen. Es gab nur ein Problem. Quayle war nirgends zu finden. Er und seine Frau befanden sich immer noch auf dem Weg zu den Docks. Irgendwann wurde der Senator aber gesichtet, und Dad schockte die Menge, indem er Dan Quayle als seinen Vizepräsidentschaftskandidaten präsentierte. Ich dachte darüber nach, was in Dan Quayles Kopf vorgegangen sein muss, als er sich in Richtung des Podiums begab. Er war ein Jahr jünger als ich und hatte nur ein paar Stunden zuvor keine Ahnung davon gehabt, dass er schon in Kürze im Rampenlicht des landesweiten Polittheaters auftreten würde.

Er geriet dann umgehend in die Kritik, als Reporter Fragen zu seinem Dienst in der Nationalgarde während des Vietnamkriegs zu stellen begannen. Das Wahlkampfteam hatte den Kandidaten auf mögliche Schwachstellen abgeklopft und war zum Schluss gekommen, dass kein Grund zur Sorge bestehe. Rückblickend betrachtet, hatten weder Quayle noch Dads Wahlkampfteam ausreichend Zeit, um sich auf das bevorstehende Sperrfeuer an Fragen vorzubereiten, da mein Vater seine Wahl so lange geheim gehalten hatte.

In der hitzigen Atmosphäre des Parteitags führte die mediale Wissbegierde im Handumdrehen zu einer Krise. Die Berichterstattung wurde so rau, dass manche Anhänger meinen Dad aufforderten, Quayle abzuservieren und sich einen neuen *running mate* auszusuchen. George Bush zog dies aber nie in Betracht. Er wusste, dass es eine Katastrophe auslösen würde, wenn er zugäbe, dass bereits seine erste Entscheidung als Nominierter seiner Partei ein Fehlschlag gewesen wäre. Damit lag er richtig. Die Krise löste sich letzten Endes auf, nachdem Dan Quayle mit seiner Rede eine solide Vorstellung abgeliefert hatte und Dad am letzten Abend schließlich noch seine umwerfende Performance folgen ließ. Der Parteitag verhalf der Paarung Bush-Quayle zu einem der größten Popularitätssprünge in der Geschichte der amerikanischen Politik, und schlussendlich konnten sie sogar einen kleinen Vorsprung herausholen. Und ich erhielt eine wertvolle Lektion: Als ich meinen eigenen Kandidaten für den Posten des Vizepräsidenten nennen musste, tat ich dies bereits im Vorfeld des Parteitags.

AUF DEM PARTEITAG hatte George Bush sich selbst definiert. Als das Rennen die Zielgerade erreichte, gelang es ihm, auch Michael Dukakis zu definieren. Der Gouverneur von Massachusetts hatte ihn dazu praktisch eingeladen, indem er auf dem Parteitag der Demokraten verkündete: »Bei dieser Wahl geht es nicht um Ideologie, sondern um Kompetenz.« Es war lachhaft, dass Dukakis behauptete, kompetenter als George Bush zu sein, der mehr wichtige Regierungsämter bekleidet hatte als jeder andere Präsidentschaftskandidat der jüngeren Vergangenheit. Damit nicht genug, zwei Jahrzehnte auf der nationalen Politbühne hatten Dad davon überzeugt, dass den Wählern bei ihren Entscheidung Werte ebenso wichtig wie jeder andere Faktor waren. Und er wusste, dass die Wertvorstellungen eines Michael Dukakis bei großen Teilen des amerikanischen Wahlvolks nicht besonders gut ankommen würden.

Den ganzen Herbst hindurch nannte Dad Dukakis einen »typischen Liberalen aus Massachusetts« und verwies auf dessen Aussage, dass er ein Mitglied der ACLU, der linksgerichteten amerikanischen Bürgerrechtsunion, sei. Er erinnerte das Land daran, dass Dukakis sich gegen das Schulgebet an öffentlichen Schulen ausspreche und gegen ein Gesetz sein Veto eingelegt habe, das Schulen in Massachusetts dazu verpflichtet hätte, mit dem Fahneneid in den Schultag zu starten. »Wir sind eine Nation unter Gott«, verkündete Dad in seiner Standard-Rede, »und wir sollten nicht daran gehindert werden, den Fahneneid in unseren Schulen aufzusagen.« Wir wussten, dass wir mit dieser Angriffsstrategie ins Schwarze trafen, als Dukakis bei seinen Wahlkampfevents begann, den Fahneneid zu schwören.

Eine weitere Chance, sich von ihm abzuheben, bot das Thema Kriminalität. Gouverneur Dukakis hatte sich für eine Reglementierung des Waffenbesitzes eingesetzt, eine Position, die viele Amerikaner besorgte, da sie daran glaubten, dass das individuelle Recht, Waffen zu besitzen und zu tragen – sei es zur Jagd, für sportliche Aktivitäten oder zum persönlichem Schutz –, durch den Zweiten Zusatzartikel zur Verfassung geschützt wäre. Auch war er ein Gegner der Todesstrafe, womit er der mehrheitlichen Meinung der Bevölkerung widersprach. Die umstrittenste Entscheidung seiner Gouverneurs-Laufbahn war aber wohl, dass er ein Programm unterstützt hatte, dass Strafgefangenen in Massachusetts, unter anderem auch Gewaltverbrechern, an den Wochenenden Hafturlaub ermöglichte.

George Bush war nicht der Erste, der dieses Hafturlaubsprogramm kritisierte. Senator Al Gore hatte Dukakis bereits während einer Debatte, die im Verlauf des Wahlkampfs um die demokratische Nominierung stattfand, diesbezüglich attackiert. Wie Gore offenbarte, seien elf der Gefangenen auf Hafturlaub geflüchtet und zwei von ihnen hätten weitere Morde begangen.

Ein berühmt-berüchtigter Häftling aus Massachusetts war Willie Horton, der seinen Hafturlaub dazu genutzt hatte, um sich nach Maryland abzusetzen, wo er eine Frau vergewaltigte. Ende September hob eine unabhängige Organisation namens Americans for Bush die Geschichte in einem Wahlkampfspot hervor und zeigte dabei auch ein Foto von Horton. Kritiker lamentierten, dass Dad damit auf rassistische Impulse abziele, da Horton Afroamerikaner sei. Dads Wahlkampfteam hatte aber gar nichts mit dem Clip zu tun. Tatsächlich machte ihn das bitterböse. Niemals hätte er auf Rassismus gesetzt. Er hatte zwar Werbespots ausstrahlen lassen, in denen er das Hafturlaubsprogramm kritisierte, was ja auch eine politisch legitime Herangehensweise war, allerdings nie ein Foto von Horton gezeigt oder auch nur sonst irgendwie auf Hortons ethnischen Hintergrund angespielt. In der Rückschau betrachtet, war die Kontroverse um Horton ein Vorbote eines neuen politischen Phänomens, nämlich unabhängiger Gruppen, die versuchten, Wahlen zu beeinflussen.

Dads Fokus auf Wertvorstellungen – in Kombination mit seiner beeindruckenden Erfahrung als Führungspersönlichkeit und seiner soliden Bilanz – sprach die Wähler an und half ihm, sich von Dukakis abzusetzen. Auch Michael Dukakis selbst leistete seinen Beitrag. Er versuchte seine Glaubwürdigkeit in puncto nationaler Sicherheit zu verteidigen, indem er in einem Panzer der Army mitfuhr. Allerdings war ihm sein Helm zu groß, was ihn eher albern als wie einen potenziellen Präsidenten wirken ließ.

Wie in den meisten Wahljahren waren die Fernsehdebatten die populärsten Events auch des Wahlkampfs von 1988. Die erste Debatte fand Ende September in North Carolina statt. Für mich ereignete sich der denkwürdigste Moment aber noch während der Vorbereitung auf die TV-Auseinandersetzung. Dad hatte Barbara und Jenna eingeladen, die Nacht im Naval Observatory zu verbringen. Irgendwann in der Nacht entdeckte die sechsjährige Barbara, dass ihr geliebter Stofftierhund Spikey verschwunden war. Sie informierte ihren Großvater, dass sie ohne ihn nicht schlafen könne. Darauf folgte eine gründliche Suchaktion in Haus und Garten, die von Gampy höchstpersönlich angeführt wurde. Ich weiß zwar nicht, was Michael Dukakis in der Nacht vor der TV-Debatte getan hat, aber ich glaube nicht, dass er mit einer Taschenlampe bewaffnet nach einem Stofftier suchte … Zum Glück wurde Spikey schließlich unversehrt geborgen, und die Debatte endete den meisten Beobachtern zufolge mit einem Unentschieden.

Mit Spannung wurde auch die zweite und letzte TV-Debatte, die in Los Angeles stattfinden sollte, erwartet. Da die Wahlen schon in wenigen Wochen über die Bühne gehen würden, war dies eine der letzten Gelegenheiten für beide Kandidaten, vor einem landesweiten Publikum Punkte zu sammeln. Ich wohnte der Debatte nicht bei – so wie keiner von Dads Fernsehkonfrontationen. Ich war zu nervös dafür. Um meine Nerven zu beruhigen, gingen mein Bruder Marvin und ich stattdessen in einen Film von Woody Allen. An den Titel kann ich mich nicht mehr erinnern, aber ich weiß noch, dass Marvin das Münztelefon in der Lobby benutzte, um einen guten Freund, bekannt als PQ, anzurufen, um herauszufinden, wie die Debatte so lief. Marvin kehrte dann zurück in den Kinosaal und berichtete, dass Dad einen guten Start erwischt habe. Es vergingen weitere 20 Minuten, dann begab sich Marvin erneut in die Lobby, um sich erneut ein Update geben zu lassen. Wieder waren die Nachrichten positiv. Nach einer dritten beruhigenden Rücksprache mit PQ verließen wir das Kino und schafften es genau nach dem Ende der Debatte nach Hause. Ein paar Minuten später klingelte das Telefon.

»Wie habe ich mich geschlagen, Sohn?«, fragte Dad.

Ohne zu Zögern antwortete ich: »Dad, du hast einen Homerun geschafft.«

Damit traf ich voll ins Schwarze. So wie die meisten Debatten sollte auch diese für eine einzelne Situation in Erinnerung bleiben – und die ereignete sich bereits, als die erste Frage des Abends gestellt wurde. Der Moderator, Bernard Shaw von CNN, stellte sie Dukakis: »Gouverneur, wenn Kitty Dukakis vergewaltigt und ermordet würde, wären sie dann für ein unwiderrufliches Todesurteil für den Killer?«

Diese schreckliche Vorstellung muss die meisten Zuschauer schockiert haben, aber der Gouverneur antwortete, als wäre er gerade zum Wetter befragt worden. »Nein, das wäre ich nicht, Bernard. Und ich denke, Sie wissen, dass ich bereits mein ganzes Leben lang gegen die Todesstrafe bin«, sagte er. Er fuhr dann fort, sein politisches Grundprinzip zu erörtern – ohne dabei auch nur einmal auf eine potenzielle Vergewaltigung und Ermordung seiner Ehefrau einzugehen.

Seine Antwort schadete Dukakis, da er damit das Wahlvolk nur noch einmal in seiner Wahrnehmung bestärkte, dass er ein kühler Technokrat wäre. Dad folgte hingegen seinem Bauchgefühl und sagte, dass er für die Todesstrafe sei, und zwar für Verbrechen, die »so abscheulich, so brutal, so abstoßend« wie das beschriebene seien.

Bernie Shaw machte es Dad jedoch auch nicht einfach. In seiner ersten Frage erkundigte er sich, was passiere, wenn Dad gewählt werde, aber noch vor seiner Vereidigung das Zeitliche segne und somit Dan Quayle das Amt übernehmen müsse. Die Frage war eine Reaktion auf den denkwürdigsten Moment der TV-Debatte der beiden Kandidaten um das Amt des Vizepräsidenten eine Woche zuvor. Als Quayle anmerkte, dass er bereits so viele Jahre wie John F. Kennedy im Kongress sei, fuhr ihn Lloyd Bentsen an: »Senator, ich habe gemeinsam mit Jack Kennedy gedient. Ich kannte Jack Kennedy. Jack Kennedy war ein Freund von mir. Senator, Sie sind kein Jack Kennedy.« Bentsen scharfe Antwort fasste die Sichtweise mancher Kritiker zusammen, dass Quayle nicht darauf vorbereitet sei, als Präsident zu fungieren.

Dad antwortete, dass er Vertrauen in die Erfahrung und die Fähigkeiten seines für das Amt des Vizepräsidenten nominierten Mitstreiters habe. Und er sagte auch, dass er noch nie einen Präsidentschaftswahlkampf erlebt habe, bei dem der Kandidat für die Vizepräsidentschaft den Unterschied ausgemacht habe. Dad hatte eine Binsenweisheit der amerikanischen Politik begriffen: Die Menschen stimmten für einen möglichen Präsidenten, nicht seinen Vize. So wie George Bush keine Wahlen für Ronald Reagan gewonnen hatte und Geraldine Ferraro keinen Wahlsieg Walter Mondales hatte ermöglichen können, so würde auch Lloyd Bentsen nicht den Ausschlag für Michael Dukakis geben. Als ein paar Tage nach der finalen TV-Konfrontation der beiden Kandidaten neue Umfragen veröffentlicht wurden, hatte das Gespann Bush-Quayle einen Vorsprung von 17 Prozent.

OBWOHL ER AUF EINEN soliden Vorsprung verweisen konnte, weigerte sich Dad, einen Wahlsieg als selbstverständlich anzusehen. Immerhin war er nur zwei Monate zuvor selbst mit einem Rückstand im zweistelligen Bereich dagestanden. Er hielt deshalb im Verlauf der letzten beiden Wochen vor der Wahl noch überall im Land Wahlreden. Ich begleitete ihn bei einigen dieser Trips, was manche der Erinnerungen an das Jahr 1964 auffrischte, als er zum ersten Mal als Kandidat in Erscheinung trat und ich ein 18-jähriger Junge war. Vieles hatte sich in den 24 Jahren, die dazwischenlagen, verändert, aber eine Sache war gleich geblieben: Dad liebte es immer noch, Zeit mit seiner Familie zu verbringen.

Eine meiner liebsten Erinnerungen an Dads Präsidentschaftswahlkampf 1988: Er lud Laura, Barbara, Jenna und mich dazu ein, ihn rund um Halloween auf eine Reise durch den Mittleren Westen zu begleiten. Die Geste war wohldurchdacht. Er wusste, dass seine Enkelinnen ihren Spaß haben würden, und er genoss es, sie um sich zu haben. Auf dem Flug zurück nach Washington trugen Barbara und Jenna ihre Halloween-Kostüme. Ich muss immer noch lächeln, wenn ich mich daran erinnere, wie die beiden, verkleidet als Vampirin beziehungsweise als Kaugummipackung, die Sitzreihen der Air Force Two auf und ab wanderten, um die Pressevertreter um Süßigkeiten zu bitten.

Dads Wahlkampf von 1988 war der erste, bei dem ich von Anfang bis Ende dabei war. Ich lernte viel – über politische Abläufe und den Charakter meines Vaters. Inmitten all der Unsicherheiten, die selbstverständlich auftreten, wenn der Wahlkampf eines Kandidaten auf der Kippe steht, blieb Dad ruhig und ausgeglichen. Er konzentrierte sich auf seine langfristige Strategie und nicht darauf, die täglichen Umfragen zu studieren. Obwohl viele Leute seine Chancen anzweifelten, blieb er optimistisch und ließ sich nie von seinem Glauben an den Wahlsieg abbringen. Auch heute noch blicke ich voller Bewunderung auf die Energie, die Disziplin und das zeitliche Gespür zurück, die er während dieses Wahlkampfs 1988 an den Tag legte.

AM 8. NOVEMBER 1988 war dann endlich Wahltag. Dad war erschöpft, aber auf guter Dinge. Unsere Großfamilie versammelte sich im Houstonian Hotel, um den Wahlausgang zu verfolgen. Als die Stimmenauszählung in New Jersey und Ohio zu Dads Gunsten ausfiel, wussten wir, dass die Schlacht geschlagen war. Schlussendlich sollte er in 40 von 50 Bundesstaaten das Feld siegreich verlassen – darunter auch in einigen, in denen seitdem kein Republikaner mehr gewinnen konnte: Kalifornien, Connecticut, New Jersey, Maryland, Michigan und Pennsylvania. Michael Dukakis wartete ab, bis die Wahllokale an der Westküste schlossen, um dann anzurufen und Dad zu gratulieren.

Nach einer kurzen Feier mit der Familie und Wahlhelfern machte sich Dad auf, um seine Siegesrede zu halten. Mutter stand an seiner Seite und die ganze Familie hinter den beiden. 40 Jahre zuvor waren er, Mutter und ich in ein kleines Haus im westlichen Teil von Texas gezogen, ohne jegliche Vorstellung, was die Zukunft für uns bereithielt. Der Weg, den er seit damals beschritt, war nicht immer einfach für George Bush gewesen. Er hatte sich als Republikaner für eine politische Laufbahn in einem von den Demokraten dominierten Bundesstaat entschieden. Er hatte so viele Wahlen verloren, wie er letztlich auch gewann. Er hatte sich aus dem Schatten des Van-Buren-Faktors sowie der Iran-Contra-Affäre befreien müssen. Er schuftete stets weiter, kandidierte weiter und strebte weiterhin danach, sein Bestes zu geben. Und nun, nach einer der großartigsten Karrieren im öffentlichen Dienst des ganzen 20. Jahrhunderts, hatte er den Posten, den er sich mehr als alles andere gewünscht hatte. George Herbert Walker Bush würde der 41. Präsident der Vereinigten Staaten werden.

# NUMMER 41

NACHDEM ER ZWEI JAHRZEHNTE in wichtigen Regierungspositionen gearbeitet und Präsident Reagan acht Jahre lang im Weißen Haus beim Regieren auf die Finger geschaut hatte, verstand George Bush das Amt des Präsidenten. Nun verschwendete er keine Zeit und stürzte sich sogleich in die Arbeit. Am Tag nach der Wahl nominierte er James A. Baker als Außenminister. Kurz darauf ernannte er John Sununu zum Stabschef des Weißen Hauses. Als Nächstes berief er seinen Nationalen Sicherheitsberater: Brent Scowcroft, einen gewieften General der Air Force, der schon unter Präsident Ford dasselbe Amt innegehabt hatte – womit er bis heute der Einzige ist, der diesen heiklen Posten für mehr als einen Präsidenten bekleidete.

Dad benutzte die Phase vor der Amtseinführung dazu, um seine Vision für das Land weiter zu präzisieren. Er sprach kompetent und gehaltvoll Themen wie die Wirtschaft und den Kalten Krieg an. Sein Auftreten beeindruckte die Journalisten, die ihn während seiner Zeit als Vizepräsident unterschätzt hatten. Wie es ein TV-Moderator auf den Punkt brachte, war es, »als hätte sich Clark Kent in Superman verwandelt«.

Am Tag nach den Wahlen luden Mutter und Dad die Familie zu einem Gottesdienst in die St. Martin's Episcopal Church in Houston ein. Sie baten mich, die Zusammenkunft im Gebet anzuführen. »Bitte leite uns auf unseren Wegen an – behüte besonders Dad und Mutter«, betete ich vor. »Wir beten, dass unsere Leben für dich Leuchtfeuer darstellen, indem wir uns an die Worte Davids erinnern: ›Mögen meine Worte und das, was ich in meinem Herzen trage, dir genehm sein, oh Herr.‹« Als ich zurück zu meiner Kirchenbank ging, war der designierte Präsident, erschöpft und bescheiden, immer noch ins Gebet versunken.

Dieser Augenblick war symbolträchtig für den stillen Glauben meines Vaters. Er war ein religiöser Mann, aber es war ihm nicht angenehm, seinen Glauben in der Öffentlichkeit zur Schau zu stellen. Ich war da weniger befangen. Bei einer Präsidentschaftsdebatte der Republikaner Ende 1999 fragte der Moderator, mit welchem Philosophen sich die Kandidaten am meisten identifizieren würden. Ich antwortete: »Mit Christus, weil er mich verändert hat.« Das war keine vorbereitete Antwort, ich platzte einfach mit der Wahrheit heraus. Dad meldete sich kurz darauf telefonisch bei mir, wie er das oft tat. »Gut gemacht, Sohn«, lobte er mich. Wir besprachen ein paar der Schlüsselmomente. Dann sagte er: »Ich denke nicht, dass dir die Antwort zu Jesus allzu sehr schaden wird.« Es war vielsagend, dass es sein erster Instinkt war zu denken, dass der Kommentar mir schaden könnte. Diese Reaktion reflektierte seinen Widerwillen, anderen seine Religion aufzudrängen. Rückblickend war es vielleicht Dads Art, mich an einen meiner liebsten Bibelverse für Politiker zu erinnern. Aus dem Buch Matthäus: »Was siehst du aber den Splitter im Auge deines Bruders, den Balken aber in deinem Auge bemerkst du nicht?«

Mutter und Dad luden Laura, unsere Mädchen und mich großzügigerweise ein, später am selben Tag mit ihnen nach Washington zu fliegen. Zu meinem Entsetzen musste ich während des Flugs feststellen, dass Barbara und Jenna die Toiletten der Air Force Two mit Toilettenpapier verstopft hatten. Bis heute löchert Mutter die Mädchen mit der Frage, ob sie das damals mit Absicht getan hätten. Zum Glück schien es aber niemanden weiter zu stören. Alle waren immer noch von Dads Triumph euphorisiert.

Unsere Familie feierte Weihnachten in diesem Jahr in der Residenz des Vizepräsidenten. Es war das letzte Weihnachten, das wir in dem wunderbaren Gebäude auf dem Grundstück des Naval Observatory verbrachten. Dad sollte in nur wenigen Wochen zum Präsidenten vereidigt werden, zeigte aber dennoch keine Anzeichen von Stress. Das einzige Drama, an das ich mich erinnern kann, betraf ein Hufeisenwerfen, bei dem Dad und ich gegen einen Mitarbeiter des Observatory und einen

Journalisten von *Sports Illustrated*, George Plimpton, antraten. Plimpton konnte eine frühe Führung nicht über die Runden bringen, und Dad holte schlussendlich mit einem perfekten Wurf noch den Sieg. »Bescheuert!«, rief Plimpton aus. Er schrieb daraufhin einen schönen Artikel über seine Erfahrung mit Dad, in dem er die Energie, den Humor und die Lebenslust meines Vaters gut einfing. Dieser Artikel gehört zu meinen Lieblingsporträts von George Bush.

AM SONNIGEN MORGEN des 20. Januar 1989 nahm unsere Familie ihre Plätze auf dem Podium ein, auf dem die Vereidigung stattfinden sollte. Billy Graham steuerte das Bittgebet bei, und Alvy Powell vom U.S. Army Chorus sang »The Star Spangled Banner«. Ein paar Minuten nach Mittag trat Dad auf das Podium, um sich vereidigen zu lassen. Mutter hielt ihm die Bibel, auf der George Washington 200 Jahre zuvor, im Jahr 1789, seinen Schwur bei seiner Amtseinführung geleistet hatte. Der Oberste Bundesrichter William Rehnquist bat Dad, die rechte Hand zu heben und ihm den Eid nachzusprechen. Als ich meinen Vater beobachtete, durchströmte mich eine Welle unbeschreiblichen Stolzes – zusammen mit einem Anflug von Sorge in Bezug auf das, was noch alles bevorstehen würde.

Die vermutlich aufgeregteste Angehörige auf dem Podium an diesem Tag war die 87-jährige Dorothy Walker Bush. Der gesundheitliche Zustand meiner Großmutter war so fragil, dass sie in einem Flugzeug, das mit Pflegeprofis bemannt war, nach Washington geflogen worden war. Aber nichts hätte sie davon abgehalten, diesem Augenblick beizuwohnen. Sie bedauerte einzig und allein, dass mein Großvater, der so stolz auf seinen Sohn gewesen wäre, nicht hier sein konnte, um diesen Moment der Freude mit ihr zu teilen. Dad erkundigte sich bei ihr über die vielen Vereidigungsfeiern, denen sie im Laufe der letzten 50 Jahre beigewohnt hatte. »Natürlich ist das hier die beste«, sagte sie, »weil ich hier sitze und die Hand meines Sohnes, des Präsidenten der Vereinigten Staaten, halte.« Das war auch schon das Maximum an Prahlerei, welches Dorothy Walker Bush sich je erlaubte.

Das Land hatte einen weiten Weg zurückgelegt, seitdem Ronald Reagan acht Jahre zuvor vereidigt worden war. 1981 hatte Präsident

Reagan seine Ansprache begonnen, indem er zu einer der längsten Inflationen in der Geschichte der USA Stellung nahm. Zum großen Teil dank der Politik der Regierung Reagan übernahm Dad das Amt von ihm mit einem Wirtschaftswachstum von 3,8 Prozent bei einer Arbeitslosenquote von 5,3 Prozent. Trotzdem war es 1987 zu einem Börsencrash gekommen, und einige Industriezweige hatten zu kämpfen. Auf der weltpolitischen Ebene hatten Präsident Reagan und Gorbatschow Schritte unternommen, um die Spannungen des Kalten Krieges zu entschärfen. Sie hatten etwa den INF-Vertrag unterschrieben, und die Sowjetunion hatte sich aus Afghanistan zurückgezogen. Dennoch dominierten die Sowjets nach wie vor Osteuropa, mischten sich immer noch in Lateinamerika ein und stellten vor allem aufgrund ihres nuklearen Arsenals eine existenzielle Gefahr dar. Auch andere internationale Probleme stellten eine Bedrohung dar – etwa in Gestalt von Terroristen, die Flug 103 der Pan Am über dem schottischen Lockerbie einen Monat zuvor in die Luft gesprengt hatten, oder der generellen Instabilität im Nahen Osten.

Als er die größte Herausforderung seines Lebens in Angriff nahm, war es George Bush ein Anliegen, zuerst einmal seinen Dank zum Ausdruck zu bringen. So dankte er zunächst Präsident Reagan für seinen Dienst am Land. Dann betete er im Namen der Nation vor: »Himmlischer Vater, wir senken unsere Häupter und danken dir für deine Liebe.« Er schloss mit den Worten: »Es gibt nur einen gerechten Einsatz von Macht – und zwar, um dem Volke zu dienen. Hilf uns, uns daran zu erinnern, Herr. Amen.«

»Ich trete vor euch hin und übernehme das Amt des Präsidenten in einem Moment, reich an Verheißungen«, fuhr er fort. »Wir leben in einer friedvollen, glücklichen Zeit, aber wir können es noch besser machen.« Er brachte seinen Optimismus bezüglich der Zukunft zum Ausdruck: »Denn es weht eine frische Brise, und die Welt, erquickt von Freiheit, erscheint wie neu geboren.« Er verkündete, dass die Tage der Diktatoren gezählt seien und die totalitären Vorstellungen einer ganzen Ära hinweggeweht würden »wie Blätter von einem leblosen Baum«.

Dann wandte er sich den Zielen zu, die er in der Heimat verfolgen wollte. »Meine Freunde«, sagte er, »wir sind nicht die Summe unserer

Besitztümer. Sie sind nicht der Maßstab unseres Lebens. In unseren Herzen wissen wir, was wichtig ist. Wir können nicht nur darauf hoffen, unseren Kindern ein größeres Auto, ein fetteres Bankkonto zu hinterlassen. Wir sollten hoffen, dass wir ihnen ein Gespür dafür schenken, was es bedeutet, ein loyaler Freund, ein liebevolles Elternteil zu sein, oder ein Bürger, der sein Zuhause, seine Nachbarschaft und seine Stadt besser als zuvor zurücklässt.« Er fuhr fort und brachte seine nationalen und internationalen Ziele auf einen gemeinsamen Nenner. »Amerika ist nie ganz es selbst, solange es sich nicht hohen moralischen Prinzipien verpflichtet«, verkündete er. »Wir als Volk haben heute eine solche Bestimmung. Es geht darum, dass Antlitz der Nation gütiger und auch jenes der ganzen Welt sanftmütiger zu gestalten.«

Nach der Antrittsrede begleiteten Mutter und Dad die Reagans zum Hubschrauber des Präsidenten, um sie zu verabschieden. Dann wohnten sie einem Mittagessen im Regierungsviertel Capitol Hill bei und paradierten anschließend die Pennsylvania Avenue entlang. An diesem Abend besuchten sie zwölf verschiedene Bälle anlässlich des Amtsantritts, bevor sie schließlich todmüde ins Weiße Haus zurückkehrten. Zum Glück war die Residenz groß genug, um sie vom freudvollen Geschrei ihrer zehn Enkelkinder, die alle eingeladen waren, die Nacht im Weißen Haus zu verbringen, abzuschirmen. Am nächsten Morgen war Dad bereits früh auf, um seine Arbeit als 41. Präsident der USA anzutreten.

* * *

GEORGE BUSH GEWÖHNTE sich rasch an sein Amt als Präsident. Vor allem die außenpolitischen Aspekte seiner Arbeit fielen ihm leicht. Seine erste größere diplomatische Entscheidung war, dem Begräbnis des japanischen Kaisers Hirohito beizuwohnen. Damit geriet er unter Beschuss seitens mancher seiner ehemaligen Kameraden aus dem Zweiten Weltkrieg, die sich nur zu gut an die Gräueltaten erinnerten, die unter Hirohito begangen wurden. Mein Vater hatte Verständnis für ihre Reaktion. Immerhin hatte er gegen denselben Feind gekämpft. Jedoch glaubte Dad, dass eine Nation sich – so wie auch ein Mensch – ändern könne. Und Japan hatte eine solche Änderung im großen Stil vollzogen. Nach dem Krieg hatte Hirohito dabei geholfen, den Übergang zu einem demokratischen System zu beaufsichtigen. 1989 war Japan schließlich einer von Amerikas engsten Verbündeten, und Dad wollte die Beziehung zwischen den beiden Demokratien würdigen. Die japanische Staatsführung waren jedenfalls dankbar für seine Respektsbekundung. Auch während meiner eigenen Präsidentschaft, zwölf Jahre später, sollte einer meiner engsten Freunde auf der weltpolitischen Ebene der japanische Premierminister Junichiro Koizumi sein.

Allerdings drehte sich die Aufmerksamkeit der Medien während der Japan-Reise meines Vaters nur geringfügig um Außenpolitik. Vielmehr konzentrierten sich die Reporter auf den Senat, wo John Tower, der als Verteidigungsminister vorgesehen war, bei seiner Bestellung mit Widerstand zu kämpfen hatte. Tower hatte sich Feinde auf Seiten des politischen Mitbewerbers gemacht, die nun während der Anhörungen vortraten. Die rau geführten Debatten waren voller Anspielungen auf Towers Privatleben. George Bush war berechtigterweise aufgebracht angesichts dieser unfairen Behandlung seines Freundes und versuchte, sich für seinen Kandidaten stark zu machen. Trotz des Rückhalts, den Dad John Tower gab, lehnte der Senat zum ersten Mal seit 30 Jahren jedoch eine Nominierung ins Kabinett ab. Daraufhin wurde ein Kongressabgeordneter aus Wyoming, der außerdem als eine Art Einpeitscher innerhalb der republikanischen Fraktion im Repräsentantenhaus fungiert hatte, anstelle von Towers nominiert – eine Entscheidung, die nicht nur sein, sondern auch mein Leben auf Jahre hinaus prägen sollte. Dieses Mal hatte der Senat kein Problem, den Kandidaten zu bestätigen, und so wurde Dick Cheney zum Verteidigungsminister bestellt.

Der nächste Halt auf der Auslandsreise meines Dads war China. Als einer der erfahrensten und sachkundigsten China-Experten kannte er alle relevanten Köpfe in Peking. Meine Eltern wurden herzlich vom Parteivorsitzenden Deng Xiaoping sowie Premierminister Li Peng willkommen geheißen. Sie bekamen zu Begrüßung ein Paar Fahrräder überreicht – eine Erinnerung an ihre liebste Beschäftigung während der Zeit im Verbindungsbüro 15 Jahre zuvor. Am Sonntagmorgen besuchten meine

Eltern den Gottesdienst in jener Kirche, die sie auch damals regelmäßig aufsuchten und in der meine Schwester Doro 1975 getauft worden war. Wie mein Dad später gestand, erinnerte sie diese Messe daran, wie sehr sie ihre Zeit in China genossen hatten – oder wie er es nannte: ihr zweites Zuhause.

Nicht alle Aspekte des China-Besuchs verliefen indes so glatt. Ein Barbecue, das meine Eltern für chinesische Würdenträger veranstalteten, führte zu einer unerwarteten Krise. Botschafter Winston Lord lud eine lange Liste von Gästen aus dem gesellschaftlichen Leben Chinas ein, darunter auch den Menschenrechtsaktivisten Fang Lizhi. Dad erfuhr später, dass die chinesischen Sicherheitskräfte Fang davon abgehalten hatten, der Veranstaltung beizuwohnen. Am nächsten Tag dominierte dieser Zwischenfall jedenfalls die Schlagzeilen. So wie schon bei der Nominierung John Towers rückten diesbezügliche Nachrichten die eigentliche Botschaft des Besuchs in den Hintergrund.

Die Episode um Fang Lizhi waren nur ein Vorgeschmack auf die Probleme, die sich in China anbahnten. Nur wenige Monate später beschlossen chinesische Aktivisten, die sich für mehr Demokratie einsetzten, für ihre Freiheit auf dem Platz des Himmlischen Friedens in Peking zu demonstrieren. Die Proteste zogen weltweite Aufmerksamkeit auf sich, teilweise auch, weil sie sich mit Michail Gorbatschows Staatsbesuch in China überschnitten. Die chinesische Regierung rief schließlich das Kriegsrecht aus und entsandte Panzer, um die Demonstrationen aufzulösen. Die Welt sah zu, wie sich das Drama in Echtzeit entwickelte. Ein Foto von einem jungen Chinesen, der sich alleine einer Kolonne aus vier Panzern entgegenstellte, wurde zum Sinnbild für den bevorstehenden Verlust unschuldiger Menschenleben.

Die Vorfälle in Peking stellten den Präsidenten vor eine heikle Aufgabe. Einerseits befürwortete er demokratische Reformen in China. Andererseits wusste er um die Bedeutung einer dauerhaft engen diplomatischen und wirtschaftlichen Beziehung mit diesem Land, das sich anschickte, zur Supermacht aufzusteigen. Er glaubte – so wie ich auch – daran, dass wirtschaftlicher Fortschritt in China auch politischen Fortschritt mit sich bringen würde. Und von seinem Aufenthalt in Peking her wusste er zudem, dass die chinesische Regierung höchst sensibel auf jede amerikanische Aktion, die sie als Einmischung in innere Angelegenheiten verstünde, reagieren würde.

Dad gelang es, eine ausgewogene Reaktion auf die Vorkommnisse auf dem Platz des Himmlischen Friedens zu finden. Er verurteilte die Gewaltanwendung seitens der chinesischen Regierung und verfügte gewisse wirtschaftliche Sanktionen über China. Gleichzeitig wies er Aufrufe des Kongresses ab, jene Handelspräferenzen, die den Zugang zu einem neuen Markt und Geldflüssen ermöglicht hatten, wieder zu entziehen. Die Chinesen weigerten sich, auf offizielle diplomatische Avancen einzugehen. Deshalb griff Dad auf seine persönlichen Kontakte zurück und schrieb einen privaten Brief an Deng Xiaoping. »Ich schreibe im Geiste aufrichtiger Freundschaft«, begann er. »Diesen Brief schickt Ihnen jemand, von dem Sie sicherlich wissen, dass er mit Leidenschaft daran glaubt, dass ein gutes Verhältnis zwischen den Vereinigten Staaten und China im fundamentalen Interesse beider Länder ist.« Er schlug außerdem vor, einen persönlichen Gesandten nach Peking zu schicken, um darüber zu diskutieren, wie die Spannungen entschärft werden könnten.

Innerhalb von 24 Stunden akzeptierte Deng Dads Vorschlag, und so wurden der Nationale Sicherheitsberater Brent Scowcroft und Vizeaußenminister Lawrence Eagleburger nach Peking entsandt, wo sie sich mit hochrangigen chinesischen Vertretern trafen. Dad schrieb daraufhin noch einen weiteren Brief an Deng, den er mit »mein guter Freund« ansprach. Er schrieb: »Wir können beide mehr für den Weltfrieden tun und zum Wohl unserer eigenen Völker beitragen, wenn wir unsere Beziehung wieder auf Kurs bringen ... Wenn es zu einer Periode der Düsternis kommen sollte, dann soll es eben so sein – aber lassen Sie uns doch versuchen, ein paar Kerzen anzuzünden.«

Niemand wusste von Scowcroft und Eagleburgers Reise, bis sie ein paar Monate später nach China zurückkehrten und dabei gefilmt wurden, wie sie mit führenden chinesischen Köpfen bei einem Glas anstießen. Dieses Bild schadete Dad in gewissen Kreisen, und Bill Clinton kritisierte ihn während des Wahlkampfs 1992 dafür, gegenüber China zu weich aufgetreten zu sein. Auf lange Sicht erwies sich George Bushs

Handhabung der Krise jedoch als geschickt. Indem er Amerikas Beziehung zu China über eine sehr gefahrvolle Phase hinwegrettete, half er dabei, den Weg zu zwei Jahrzehnten wirtschaftlichem Wachstum zu ebnen, wovon unsere beiden Nationen profitierten. Chinas Wachstum hat Hundertmillionen Chinesen den Ausweg aus der Armut ermöglicht und einen immensen neuen Markt für amerikanische Waren und Dienstleistungen geschaffen, während außerdem die Aussicht auf politische Reformen vergrößert wurde. Bei den Olympischen Sommerspielen 2008 in Peking lud Präsident Hu Jintao schließlich zu einem Mittagessen zu Ehren jenes Mannes, der sich seit über 30 Jahren höchsten Respekt in China erarbeitet hatte: George H.W. Bush.

DAS VERHÄLTNIS ZU CHINA stellte eine der Prüfungen während des ersten Jahrs von Dads Präsidentschaft dar. Die Sowjetunion war eine weitere solche Prüfung. Von Anfang an setzte Dad seine Hoffnungen auf sein Moskauer Pendant, Michail Gorbatschow. Noch als Vizepräsident war Dad 1985 der erste hochrangige US-Vertreter, der den neuen sowjetischen Staatschef traf. Dad bewunderte Gorbatschows frischen Ansatz, seine Offenheit gegenüber dem Westen und seinen Einsatz für eine Überarbeitung des sowjetischen Systems – Gorbatschow nannte dies *Perestroika*. Als er sein Amt antrat, beauftragte er sein Team für die nationale Sicherheit damit, die amerikanische Politik gegenüber der Sowjetunion einer Prüfung zu unterziehen. Als er in einer Rede im Mai 1989 seine Ausrichtung umriss, kündigte er an, dass die USA sich von ihrer Strategie des »In-Schach-Haltens« abwenden würden – weg von den negativen Implikationen des Gleichgewicht des Schreckens und hin zu einer mehr auf Kooperation beruhenden Beziehung zu einer im Wandel begriffenen Sowjetunion.

Gorbatschows Engagement, einen Wandel herbeizuführen, wurde durch dramatische Ereignisse in Osteuropa auf die Probe gestellt. In Polen etwa organisierte die Solidarność-Bewegung unter der Führung Lech Walesas – und inspiriert vom ersten polnischen Papst, Johannes Paul II. – Streiks in den Schiffswerften von Danzig. In Ungarn wurde bei großangelegten Protesten dem demokratischen Anführer Imre Nagy gehuldigt, der seit seiner Hinrichtung aufgrund seiner Rolle im ungarischen Volksaufstand von 1956 wie ein Märtyrer verehrt wurde. In der Tschechoslowakei koordinierte der Bühnenautor Václav Havel Künstler und andere Bürger in ihrem Widerstand gegen den Kommunismus, was schließlich in die »Samtene Revolution« münden sollte. Und in der DDR trafen sich jede Woche antikommunistische Gruppen, um in den Kirchen der Großstädte gemeinsam zu beten.

Während sich die bemerkenswerten Ereignisse von 1989 abspielten, stellte sich die Frage, ob Gorbatschow die Freiheitsbewegungen gewaltsam niederschlagen würde, wie es die Sowjetunion 1956 in Ungarn und 1968 in Prag und China eben erst auf dem Platz des Himmlischen Friedens praktiziert hatten. Dad verstand, dass seine Reaktion auf die Revolutionen jene der Sowjetunion beeinflussen würde. Im Juli 1989 reiste er nach Ungarn und Polen, wo er vor enormen Menschenmassen sprach. Er vermied jegliche Äußerungen, welche die Hardliner in diesen Ländern oder der Sowjetunion auf den Plan gerufen hätten. Außerdem ging er sofort auch auf Gorbatschow zu, um seinen Wunsch nach einer engen Beziehung noch einmal zu betonen. »Sehr geehrter Herr Vorsitzender«, notierte er sich an Bord der Air Force One. »Ich schreibe Ihnen diesen Brief auf meinem Rückweg von Europa in die Vereinigten Staaten. Lassen Sie mich schnell zum Grund dieses Briefes kommen«, fuhr er fort. »Ich würde mich sehr gerne mit Ihnen zusammensetzen und unterhalten.«

Gorbatschow nahm Dads Angebot an, und sie vereinbarten ein Treffen im Dezember 1989 in Malta. Im November 1989 kündigte die DDR an, dass sie ihre Grenzübergänge in den Westen öffnen werde. Innerhalb von Stunden strömten Zehntausende Menschen zur Berliner Mauer und begannen, sie einzureißen. Dad stand unter enormem Druck, an den Feierlichkeiten teilzunehmen. Die Demokraten im Kongress drängten ihn, sich nach Berlin zu begeben. Journalisten, auf der Jagd nach einer dramatischen Story, verlangten zu erfahren, warum er nicht mehr Emotion zeige. »Bushismus ist Reaganismus minus der Leidenschaft für die Freiheit«, beschwerte sich ein Schreiberling. Dad weigerte sich, dem Druck nachzugeben. Sein ganzes Leben lang war George Bush ein bescheidener Mann gewesen, und er war nicht bemüht darum, für sich selbst einen Vorteil herauszuschlagen. Ihn interessierten nur Resultate – und er wusste, dass die beste Aussicht auf solche darin bestand, die Situation aus der Position des anderen zu betrachten: Die Freiheit hatte bessere Chancen auf Erfolg in Mittel- und Osteuropa, wenn er die Sowjets nicht provozieren würde, sich nicht in die knospenden Revolutionen einmischte.

»Ich werde nicht auf der Mauer tanzen«, sagte er.

Stattdessen machte er weiter damit, seinen Kontakt zu Gorbatschow zu intensivieren. Im Dezember 1989 trafen sich die beiden Staatschefs zu einem historischen Meeting auf Malta. Dad verbrachte die Nacht an Bord der USS *Belknap* im Mittelmeer. Während er sich auf das wichtigste Aufeinandertreffen seiner Präsidentschaft vorbereitete, dachte Dad zurück an seine Zeit auf der USS *San Jacinto* im Zweiten Weltkrieg. »Ich liebe die Navy«, schrieb er in sein Tagebuch, »und ich fühlte mich, als wäre ich 31 Jahre alt, während ich über die Decks spazierte.« Sogar seine Angelrute warf er vom Heck des Schiffs aus ins Meer – allerdings fing er nur einen kleinen Happen.

Am nächsten Tag trafen sich Dad und Gorbatschow für vier Stunden auf einem Kreuzfahrtschiff, der *Maxim Gorkiy*. Sie unterhielten sich über eine große Bandbreite an Themen und einigten sich darauf, ihre Bemühungen um eine Verbesserung der beiderseitigen Beziehungen fortzusetzen. Die USA boten ein wirtschaftliches Hilfspaket, um Gorbatschow mit seiner bröckelnden Wirtschaft unter die Arme zu greifen. Gleichzeitig machte Dad klar, dass er darauf hoffe, dass die Sowjets ihren friedlichen Kurs in Bezug auf das Aufbegehren in Mittel- und Osteuropa beibehalten würden.

Diese Strategie wurde kontrovers beurteilt. Kritiker meinten, er würde nicht forsch genug agieren. Schlussendlich stellte sich seine Herangehensweise jedoch als historischer Erfolg heraus. Anders als seine Vorgänger erlaubte Kremlchef Michail Gorbatschow den Reformbewegungen in Mittel- und Osteuropa, friedlich voranzuschreiten. Zum ersten Mal seit Jahrzehnten stellte die Berliner Mauer keine Trennlinie zwischen Ost und West mehr dar. Und zum ersten Mal in der Geschichte kam der

Kontinent einer Vision nahe, die George Bush definiert hatte und welche die amerikanische Ausrichtung über Jahre hinweg prägen sollte: ein Europa – geeint, frei und in Frieden.

KURZ NACH DEM Fall der Berliner Mauer brach eine andere Krise aus. Diese ereignete sich nicht allzu weit weg von zu Hause. Panama war ein amerikanischer Verbündeter und wegen des Panamakanals ein Land von strategischer Bedeutung. Panamas Diktator Manuel Noriega hatte einst mit den USA im Kampf gegen die Ausbreitung des Kommunismus kooperiert. Mit der Zeit verstrickte sich Noriega aber immer mehr in den Drogenhandel, und sein neuer Einfluss und Reichtum ließen ihn gegen die USA aufbegehren. Die Reagan-Regierung veranlasste schließlich eine Anklage gegen ihn wegen Drogenschmuggels.

Noriegas Streitlust nahm nach Dads Amtsübernahme noch zu. Im Mai 1989 erklärte er die Ergebnisse der demokratischen Wahlen für null und nichtig. Als ein darauffolgender Putschversuch scheiterte, ließ er die Anführer der Revolte hinrichten. Ein paar Monate später erklärte Noriega, dass sich Panama »im Kriegszustand« mit den USA befinde. Die panamaischen Streitkräfte drangsalierten amerikanische Soldaten, die ihm Land stationiert waren. Ein Marine wurde schließlich an einer Straßensperre erschossen. Panamaische Soldaten griffen außerdem noch einen weiteren Marine an und erniedrigten seine Frau.

Das brachte das Fass zum Überlaufen. Diplomatische Bemühungen, Noriegas Verhalten positiv zu beeinflussen, lieferten keine Resultate. Dad stimmte deshalb einem streng geheimen Invasionsplan zu, der darauf abzielte, Noriega zu stürzen. Operation »Just Cause« sollte am Morgen des 20. Dezember 1989 starten. Ca. 20.000 Soldaten sollten beim größten Einsatz seit dem Vietnamkrieg landen, Noriega aus seinem Amt entfernen und der gewählten Regierung den Weg zur Machtübernahme ebnen.

Dad schlief unruhig in der Nacht vor der geheimen Landemission. »Ich denke an die jungen Menschen«, schrieb er, »diese 19-Jährigen, die heute Nacht abgeworfen werden.« Er wusste, dass ein paar nicht lebend zurückkehren würden. Diesen Befehl zu erteilen, war die schwierigste Entscheidung seiner noch jungen Präsidentschaft.

Unsere Familie weilte für ein paar Tage in Camp David, um Weihnachten zu feiern. Dad war ungewohnt reserviert und irgendwie betrübt. Der Druck seiner Entscheidung lastete schwer auf ihm. Er verbrachte viel Zeit in seinem kleinen, mit Holz verkleideten Büro, von wo aus er die Fortschritte der Operation verfolgen konnte. Die ersten Berichte waren positiv. Durch den Militärschlag war es gelungen, das Regime abzusetzen, und die neue Regierung war bereits vereidigt. Allerdings befand sich Noriega noch auf der Flucht.

Am Weihnachtsabend spielten meine Brüder und ich Wallyball (Volleyball auf einem Racquetball-Spielfeld) gegen ein paar der in Camp David stationierten Marines. Plötzlich erschien Dad zusammen mit Colin Powell, dem Vorsitzenden der Joint Chiefs of Staff, der etwa einem vereinigten Generalstab entspricht, auf dem Balkon über dem Spielfeld.

»Wir haben ihn!«, rief er aus.

Wir wussten genau, wen er meinte. In der Halle brach Jubel aus. Ein verschwitzter Sergeant umarmte mich. Dad berichtete, dass Noriega um Asyl in der päpstlichen Nuntiatur in Panama City ersucht habe. Ein paar Tage später wurde er den USA übergeben und nach Miami geflogen, wo er schließlich vor Gericht gestellt, verurteilt und inhaftiert wurde.

Die Mission war ein durchschlagender Erfolg. Noriega war Geschichte und die panamaische Demokratie wiederhergestellt. Und doch hatte der Sieg auch seinen Preis. 23 Amerikaner hatten ihr Leben gegeben, und mehr als 300 waren verwundet worden. Als kampferfahrener Veteran verspürte Dad eine besondere Verbindung zu den Truppen. Er kannte den Schrecken des Krieges aus erster Hand. Und er war der Meinung, dass sein Posten als oberster Befehlshaber ihn dazu verpflichtete, persönliche Anteilnahme gegenüber jenen zu zeigen, die seine Befehle ausführten. Am Silvesterabend besuchten Mutter und Dad ein Militärkrankenhaus in San Antonio, wo einige der Verwundeten aus Panama behandelt wurden. Ein Marine gab Dad eine kleine amerikanische Flagge, die er für den Rest seiner Präsidentschaft auf seinem Arbeitstisch im Oval Office aufstellte.

Kurz nach seinem Besuch berichtete mir Dad von einem Navy SEAL, den er im Krankenhaus getroffen habe. Es stellte sich heraus, dass er ein Fan der Texas Rangers war. Ich hatte unlängst erst eine Minderheitsbeteiligung an diesem Baseballteam übernommen und war dort mittlerweile als einer der aktiven Teilhaber tätig. Wir kontaktierten den verwundeten Navy SEAL und sagten ihm, dass die Rangers stolz wären, wenn er am ersten Tag der Saison von 1990 den ersten Ball werfen würde. Er stimmte zu, und das Publikum begrüßte ihn mit überwältigendem Jubel. Das war nur eine kleine Geste, aber ich war froh, einen kleinen Anteil zur Würdigung unserer Streitkräfte beitragen zu dürfen. Eine der Lektionen, die ich lernte, war die, dass das Militär wissen muss, dass der Präsident hinter ihm steht. Ich sollte dennoch die Beziehung, die ein oberster Befehlshaber zu seinen Truppen hat, für weitere zwölf Jahre nicht gänzlich verstehen – bis ich schließlich derjenige war, der unserem Militär den Befehl erteilte, sich in die Höhle des Löwen zu begeben …

NICHTS KONNTE George Bush in bessere Laune versetzen als ein Besuch auf Walker's Point – und im Sommer 1990 benötigte er dringend Aufmunterung, denn nach dem Triumph in Panama hatte er sich sechs Monate lang mit schlechten Nachrichten herumschlagen müssen. Die Wirtschaft hatte an Schwung eingebüßt. Er befand sich in puncto Budget auf Kriegsfuß mit dem Kongress, in dem die Demokraten die Mehrheit innehatten. Außerdem wurde gerade die Rolle, die mein Bruder Neil in einem fehlgeschlagenen Savings-and-Loan-Geschäft gespielt hatte, untersucht. Ende Juli besuchten Laura, die Zwillinge und ich Maine – eine willkommene Abwechslung zur Hitze in Texas. Wie üblich war George Bush ununterbrochen aktiv. Seine Vorstellung von Entspannung war es, am Morgen Golf oder Tennis zu spielen und dann am Nachmittag eine Runde zu fischen. Einige Tage nach unserer Ankunft erklärte Dad, dass er zurück nach Washington müsse. Am 2. August 1990 wurde bekannt, dass der Irak Kuwait überfallen hatte.

Der Mann, der hinter dieser Invasion steckte, war Saddam Hussein, ein despotischer und skrupelloser Diktator, der den Irak seit 1979 zugrunde gerichtet hatte. Nicht nur unterdrückte er jeglichen Widerstand, sondern hatte auch Giftgas gegen sein eigenes Volk eingesetzt und einen sinnlosen Krieg gegen den Iran vom Zaun gebrochen, in dem Hunderttausende Menschen auf beiden Seiten ums Leben gekommen waren. Dann – ohne jegliche Provokation – griff er die kleine ölreiche Nation Kuwait ein, die einer der maßgeblichen Verbündeten der USA am Persischen Golf war. Nachdem die königliche Familie die Flucht ergriffen hatte, vergingen sich die irakischen Truppen an den Bürgern Kuwaits und plünderten das Land. Es wurde gemunkelt, dass Saudi Arabien, ein weiterer enger Verbündeter der USA, Saddams nächstes Ziel sein würde. Dies würde ihm den Zugang zu einem Löwenanteil der weltweiten Ölreserven verschaffen. Nun standen Amerikas lebenswichtige diplomatische und wirtschaftliche Interessen im Nahen Osten auf dem Spiel.

Dad versammelte seine Nationalen Sicherheitsberater in Camp David. Das übliche Team umfasste dieses Mal auch General Norman Schwarzkopf, diesen bärbeißigen, selbstbewussten Kommandanten des United States Central Command. Dad erkundigte sich nach Optionen. Ein paar Mitglieder des Teams glaubten, dass rigorose Wirtschaftssanktionen Saddam zum Rückzug aus Kuwait bewegen könnten. Andere hielten eine Bombardierung aus der Luft für ein zielführendes Mittel. Alle waren sich einig, dass ein Einsatz von Bodentruppen womöglich irgendwann notwendig werden würde. Das National Security Council, der Nationale Sicherheitsrat der USA, diskutierte darüber hinaus auch, wie Saudi Arabien beschützt werden könne. Dad hatte mit König Fahd die Möglichkeit besprochen, US-Truppen zur Abschreckung der Iraker in seinem Königreich zu stationieren und eine Basis zur Befreiung Kuwaits einzurichten. Als Herr über zwei der heiligsten islamischen Stätten, Mekka und Medina, sträubte sich Saudi Arabien stark gegen die Vorstellung, ausländische Truppen auf saudi-arabischem Hoheitsgebiet zu erlauben. Der König willigte aber ein, die Angelegenheit zu überdenken, und Verteidigungsminister Dick Cheney wurde beauftragt, für die Idee zu werben.

Als Dad von Camp David ins Weiße Haus zurückkehrte, erwartete ihn bereits eine riesige Abordnung von Reportern auf dem Südrasen. Dad erklärte ihnen, dass er sich verschiedene Optionen offenhalte. Dann fügte er hinzu: »Diese Aggression gegen Kuwait darf keinen Bestand haben.« Dies war keine leere Floskel. George Bush begriff, dass der Präsident hinter seinen Worten zu stehen hatte. Colin Powell sagte später, dass er von diesem Augenblick an, in dem er diese Worte des Präsidenten hörte, gewusst habe, dass sich das Militär auf einen Kriegseinsatz vorbereiten müsse. Dieses Zitat blieb bei mir hängen, zumindest unterbewusst. Ein Jahrzehnt später, nach den Terroranschlägen der Al-Kaida vom 11. September 2001 wandte ich mich an das amerikanische Volk: »Terrorismus gegen unsere Nation wird keinen Bestand haben.«

Dads Strategie bestand darin, eine Koalition von Ländern zusammenzuschweißen, um Saddam Hussein zu zwingen, sich aus Kuwait zurückzuziehen. Dank seiner langjährigen persönlichen Diplomatie hatte George Bush das Vertrauen vieler Staatschefs für sich gewinnen können. Nun machte er sich dieses Vertrauen zu Nutzen. König Fahd stimmte schließlich einer Stationierung amerikanischer Truppen in Saudi Arabien zu (eine Entscheidung, die Osama bin Laden später als Grund dafür nannte, sich gegen Saudi Arabien zu wenden). Arabische Anführer quer durch den Nahen Osten willigten ein, die irakische Invasion Kuwaits zu verurteilen, was angesichts der Schlüsselrolle, die Saddam Hussein innerhalb der Arabischen Liga spielte, ein immenser Schritt war. Europäische Alliierte wie Margaret Thatcher und Helmut Kohl boten ihre starke Unterstützung an. Ebenso der japanische Premierminister Toshiki Kaifu, der sich an Dads frühe Entscheidung, dem Begräbnis von Kaiser Hirohito beizuwohnen, erinnerte. Ein etwas überraschenderer Unterstützer war da schon François Mitterand aus Frankreich. Dad hatte aber hart daran gearbeitet, bereits früh während seiner Präsidentschaft eine Beziehung zu ihm aufzubauen, indem er ihn nach Walker's Point einlud – und nun offerierte der französische Präsident tatsächlich seine Hilfe.

Die verblüffendste Entwicklung war allerdings, dass auch die Sowjetunion sich den USA in ihrer Ablehnung gegenüber dem irakischen Überfall auf Kuwait anschloss. Jim Baker und der sowjetische Außenminister Eduard Schewardnadse veröffentlichten einen Tag nach dem Angriff eine gemeinsame Stellungnahme – ein Augenblick, von dem Baker später sagte, dass er ihn davon überzeugt habe, dass der Kalte Krieg vorüber sei. Anfang September trafen sich Dad und Gorbatschow in Finnland, wo sie beschlossen, den Irak gemeinsam unter Druck zu setzen und ihn somit zu veranlassen, aus Kuwait abzuziehen. Ihre Vereinbarung war die bedeutendste militärstrategische Kooperation zwischen einem amerikanischen und einem sowjetischen Anführer seit Franklin D. Roosevelt und Stalin. In einer Rede vor beiden Kammern des Kongresses im September 1990 stellte Dad seine Vorstellung einer »neuen Weltordnung« vor, in der alle zivilisierten Nationen – darunter auch die Sowjetunion – zusammenarbeiteten, um Aggressoren abzuschrecken und den Frieden zu fördern.

Die diplomatische Offensive der Regierung Bush umfasste auch ein koordiniertes Vorgehen bei den Vereinten Nationen. Der UN-Sicherheitsrat hatte elf Resolutionen verabschiedet, in denen der Irak verurteilt und der Rückzug aus Kuwait gefordert wurde. Saddam hatte jede einzelne davon ignoriert. Deshalb erließ der Sicherheitsrat am 29. November 1990 die Resolution 678, in der Saddam Hussein eine »letzte Möglichkeit« erhielt, auf die Forderungen der Weltgemeinschaft einzugehen. Die Resolution umfasste ein Ultimatum, das am 15. Januar 1991 auslaufen würde. Innerhalb dieser Frist hatte der Irak seine Truppen aus Kuwait abzuziehen. Falls Hussein die UN weiterhin herausfordern sollte, würde die UN-Resolution Mitgliedsstaaten dazu bevollmächtigen, »alle nötigen Mittel« einzusetzen, um ihn dazu zu zwingen, endlich nachzugeben. Die Resolution wurde mit zwölf zu zwei Stimmen angenommen, wobei sich China einer Stimmabgabe enthielt. Dads Annäherung an François Mitterand machte sich bezahlt, da sich Frankreichs Unterstützung als ausschlaggebend bei der Verabschiedung der Resolution herausstellte. Nur Kuba und der Jemen stimmten dagegen. Nach Monaten ermüdender persönlicher Diplomatie hatte George Bush die Welt im Kampf gegen Saddam Hussein geeint.

1990 verbrachte unsere Familie Weihnachten erneut in Camp David. Es war bereits das zweite Jahr in Folge, dass eine militärische Krise den Feiertag überschattete. Wieder versuchte Dad, die Familienzusammenkunft zu genießen. Er ließ nicht zu, dass die Last, die auf seinen Schultern ruhte, unsere gemeinsame Zeit trüben würde. Allerdings war es offensichtlich, dass er mit den Gedanken woanders war. Am Silvesterabend schrieb er an meine Geschwister und mich einen Brief. »Ich habe lange darüber nachgedacht, was möglicherweise getan werden muss«, notierte er. »Ich glaube, dass ich euch als Vater wissen lassen möchte: Jedes Menschenleben ist kostbar. Wenn sich die Frage stellt: ›Wie viele Leben bist du bereit zu opfern?‹ – dann zerreißt es mir das Herz. Die Antwort lautet natürlich ›keines‹ – gar keines.« Und er fuhr fort: »Aber an Prinzipien muss festgehalten werden – Saddam darf auf keine Weise von seinem Angriff auf und seiner Aggression gegenüber dem kuwaitischen Volk profitieren.«

Rund zehn Tage vor Verstreichen des UN-Ultimatums am 15. Januar beschloss Dad, der Diplomatie noch eine letzte Chance zu geben. Wie er es ausdrückte, war er bereit, »eine Extrameile für den Frieden« zu gehen. Er verfasste einen persönlichen Brief an Saddam Hussein, in dem er ihn aufforderte der UN-Resolution Folge zu leisten. Dad kündigte an, dass er Außenminister Jim Baker entsenden werde, um den Brief Saddam zukommen zu lassen. Der irakische Außenminister Tariq Aziz traf sich in Genf mit Baker, weigerte sich jedoch, den Brief entgegenzunehmen. Saddam hatte somit sein Chance auf Frieden ungenützt gelassen.

Bevor er die Militäroperation anordnete, musste Dad noch eine weitere Entscheidung treffen, nämlich ob er sich für den Einsatz von Gewalt die Zustimmung des Kongresses einholen sollte. Der Kongress hatte seit dem Eintritt in den Zweiten Weltkrieg formell keine Kriegserklärung mehr abgegeben. Einige Militäroperationen – der Koreakrieg, Grenada und Panama – waren gemäß Artikel II der Verfassung, der den Präsidenten zum obersten Befehlshaber unserer Streitkräfte macht, und ohne Zustimmung des Kongresses initiiert worden. Dad und seine Berater gingen davon aus, dass ihnen Artikel II den nötigen Rückhalt biete, um eigenmächtig vorzugehen, doch entschied er, dass es weise wäre, den Kongress hinzuzuziehen. Die Abstimmung war knapp, besonders im Senat, wo die Kriegsgegner das Schreckgespenst Zehntausender Leichensäcke, die aus dem Irak heimgeschickt würden, an die Wand zu malen versuchten. Am 12. Januar stimmte der Senat der Resolution aber mit 52 zu 47 Stimmen zu. Das Ergebnis im Repräsentantenhaus lautete 250 zu 183.

AM 15. JANUAR 1991 verstrich das Ultimatum der Vereinten Nationen ohne eine Reaktion seitens Saddam Husseins. Um 21:01 am nächsten Abend wandte sich George Bush vom Oval Office aus an die Nation. »Vor fünf Monaten hat Saddam Hussein diesen grausamen Krieg gegen Kuwait begonnen«, sagte er. »Heute Nacht wurde dieser Kampf erweitert.«

Die erste Phase des Angriffs mit dem Namen »Operation Desert Storm« umfasste einen massiven Luftschlag gegen militärische Ziele auf Seiten der Iraker. Das Ziel war, Saddams Leistungsfähigkeit einzuschränken und ihn davon zu überzeugen, seine Truppen aus dem Kuwait zurückzuholen. Wenn dies nicht gelänge, wären Streitkräfte aus 28 Nationen bereit, einen Bodenangriff durchzuführen.

Die Stunden zuvor waren überaus aufreibend gewesen. Mutter hatte mir gesagt, dass Dad seit Tagen nicht gut geschlafen habe. Sein Freund Reverend Billy Graham kam ins Weiße Haus, um einen speziellen Gebetsgottesdienst zu leiten. Dad wusste um die Auswirkungen des Befehls, den er in Kürze erteilen würde. »Es ist meine Entscheidung«, schrieb er in sein Tagebuch, »meine Entscheidung, diese Kids in die Schlacht zu schicken, es ist meine Entscheidung, die das Leben von Unschuldigen beeinflussen wird. (…) Es ist meine Entscheidung, die den Ehemann, die Freundin oder die wartenden Ehefrau betreffen wird.« Er fuhr fort: »Und doch weiß ich, was ich zu tun habe.«

Ich bewunderte die Art, wie mein Dad mit der Situation umging. Er hatte alle Optionen gegeneinander abgewogen. Er hatte veranlasst, die amerikanischen Interessen zu wahren, einen Verbündeten zu verteidigen und für langfristigen Frieden einzutreten. Er hatte die Welt und den Kongress in dieser Sache hinter sich geschart. Es war, als wäre sein ganzes Leben – angefangen mit seiner Zeit in Uniform über seinen Dienst im Regierungsviertel bis hin zu seinen Erfahrungen als Diplomat – eine Vorbereitung auf diesen Moment gewesen.

Als Dad im Oval Office sprach, leuchtete der Himmel über Bagdad auf. Zum ersten Mal in der Geschichte der Kriegsführung konnte die Welt den Krieg live mitverfolgen – im Fernsehen, auf CNN. Ich staunte über die präzise Bombardierung, die militärische Ziele zerstörte und gleichzeitig den Verlust zivilen Lebens minimierte.

Obwohl die Luftangriffe stetig voranschritten, weigerte sich Saddam, aus Kuwait abzuziehen. Es wurde klar, dass der einzige Weg, das Land zu befreien, darin bestand, Bodentruppen einzusetzen. Dad befahl unseren Streitkräften in Saudi Arabien, am 23. Februar 1991 die Grenze nach Kuwait zu überschreiten. Während eines Gottesdienstes am nächsten

Morgen steckte Dick Cheney Dad ein erstes schriftliches Update zu. Die Mission schien ein großer Erfolg zu sein. Die Truppen hatten sich ihren Weg durch Stacheldraht und Minenfelder an der Grenze gebahnt und hielten nun via Schnellstraßenanbindung auf Kuwait City zu.

Was nun während der folgenden Tage passierte, war erstaunlich. Die Koalitionsstreitkräfte schlugen Saddam Husseins Armee in die Flucht. Tausende irakische Soldaten legten ihre Waffen nieder und ergaben sich. Genau 100 Stunden, nachdem Dad Bodentruppen nach Kuwait geschickt hatte, war der Golfkrieg vorüber. »Kuwait ist befreit. Die irakische Armee ist geschlagen. Unsere militärischen Ziele wurden erreicht«, berichtete Dad aus dem Oval Office. »Wir haben erklärt, dass die Aggression gegen Kuwait keinen Bestand haben würde – und heute Nacht haben Amerika und die Welt ihr Wort gehalten.«

Dad verkündete, dass die Koalitionsstreitkräfte mit sofortiger Wirkung jegliche aktive Kampfhandlungen einstellen würden. Alles in allem wurden 148 Amerikaner getötet und 467 weitere verwundet. Die Prophezeiungen von Zehntausenden Leichensäcken stellten sich als unwahr heraus. Das Vietnam-Syndrom – der amerikanische Widerwille, Truppen im Ausland einzusetzen, weil man befürchtete, nicht voranzukommen – war überwunden worden.

Saddam Hussein zog sich aus Kuwait zurück, aber er blieb Iraks Machthaber. Manche hatten Dad aufgefordert, seine Mission dahingehend auszuweiten, Saddam aus seiner Machtposition zu entfernen, doch er lehnte ab. Der Kongress und die anderen Alliierten hatten zugesagt, Kuwait befreien zu wollen. Das war die Mission. Dieses Ziel wurde erreicht. Nun war es an der Zeit, die Truppen heimzuholen. George H.W. Bushs Zustimmungswerte erreichten 89 Prozent, die Bestmarke, die ein Präsident seit Beginn der Umfragen jemals erzielt hatte.

IM MÄRZ UND APRIL 1991 erhoben sich irakische Rebellen in diversen Teilen des Landes gegen Saddam, nur um in Folge von seinen Bodentruppen und Helikoptern brutal niedergeschlagen und in Massengräbern verscharrt zu werden. Über die Jahre hinweg meinten einige Kritiker, dass die USA zugunsten der Aufständischen gegen Saddam hätten vorgehen sollen – manche der Kämpfer hatten sogar auf amerikanische Unterstützung gezählt. Dads Reaktion darauf war stets, dass er über kein Mandat seitens des Kongresses oder internationaler Partnern verfügt habe, um militärisch eingreifen zu können.

Geheimdienstinformationen, die während des Golfkriegs gesammelt worden waren, ergaben, dass Saddams biologische, chemische und nukleare Waffenentwicklungsprogramme weiter vorangeschritten waren, als die CIA bisher angenommen hatte. Auch im weiteren Verlauf des Jahres 1990 blieb er eine Bedrohung. So trotzte er den UN-Resolutionen, die ihn verpflichteten, seine Massenvernichtungswaffen zu deaktivieren, preiszugeben und für sie die Verantwortung zu übernehmen. Er umging die Sanktionen, die ihm die UN auferlegte, ohne ernsthafte Bestrafung. Außerdem verletzte er routinemäßig die Flugverbotszonen, die eingerichtet waren, um die Iraker im Norden und Süden des Landes zu schützen. 1998 stimmte der Kongress schließlich für den *Iraq Liberation Act*, den Präsident Clinton mit seiner Unterschrift absegnete, womit die Entmachtung Saddams und die Förderung der Demokratie im Irak zu offiziellen politischen Zielen der USA erklärt wurden.

Als ich 2001 das Präsidentenamt antrat, schien der beste Weg, dieses politische Ziel umzusetzen, Saddam in Schach zu halten und die Sanktionen gegen ihn zu verschärfen. Die Hoffnung bestand darin, dass das Regime sich ändern würde, wenn man es nur genug unter Druck setzte.

Am 11. September 2001 veränderte sich dann jedoch die Welt. Al-Kaida-Terroristen, die von Afghanistan aus operierten, töteten nahezu 3.000 Menschen auf amerikanischem Boden. In den folgenden Monaten erreichten uns ununterbrochen beunruhigende Geheimdienst-Informationen, denen zufolge die Terroristen die USA erneut angreifen wollten, nur dieses Mal in noch größerem Maßstab – etwa auch mit biologischen, chemischen oder nuklearen Waffen. Geheimdienste rund um den Globus waren der Ansicht, dass Saddam Hussein über biologische und chemische Waffen verfüge und darüber hinaus ein Programm zur Entwicklung von Atomwaffen betreibe. Eine unserer größten Ängste war, dass Saddam diese Ressourcen mit Terroristen teilen würde. Wir wussten, dass Saddam die Familien von palästinensischen Selbstmordattentätern bezahlt hatte, chemische Waffen gegen sein eigenes Volk einsetzte, zwei Nachbarstaaten überfallen hatte sowie regelmäßig auf amerikanische Flugzeuge, die in den Flugverbotszonen patrouillierten, feuern ließ. Er war ein überzeugter Feind Amerikas geblieben. Kurzum, nach dem Schrecken von 9/11 und den Drohungen, die uns erreichten, mussten wir uns um Saddam Hussein kümmern. Von Anfang 2002 an unternahm ich umfangreiche diplomatische Bemühungen – in Kombination mit der Androhung militärischer Gewalt –, um Saddam davon zu überzeugen, endlich seinen internationalen Verpflichtungen nachzukommen. Ich versuchte nicht, »zu Ende zu bringen, was mein Vater begonnen hatte«, wie manche meinten. Meine Motivation war es, die USA zu schützen – worauf ich einen Eid abgelegt hatte.

Ich dachte über die Führung meines Vaters während des Golfkriegs nach. So wie Dad wandte ich mich an den Sicherheitsrat der UN, um den internationalen Druck auf Saddam zu erhöhen. Zu diesem Zeitpunkt hatte die UN bereits 16 Resolutionen verabschiedet, in denen unter anderem gefordert wurde, dass Saddam seine chemischen, biologischen und nuklearen Waffenentwicklungsprogramme preisgeben, einstellen und für sie geradestehen müsse. Saddam hatte jeder dieser Resolutionen zuwidergehandelt. Im November 2002 arbeitete ich mit Staatschefs aus der ganzen Welt daran, einstimmig eine 17. Resolution zu beschließen, in der erklärt würde, dass der Irak die vorangegangen Resolution auf schwerwiegende Art und Weise verletzt habe, gleichzeitig aber auch Saddam eine letzte Chance eingeräumt würde, bevor er mit »ernsthaften Konsequenzen« zu rechnen hätte.

Zusätzlich zu den diplomatischen Bestrebungen bei der UN stellte meine Regierung auch noch eine große Koalition von ähnlich denkenden Nationen zusammen, um den Druck auf Saddam zu erhöhen. So wie schon Dad zog auch ich den Kongress hinzu. Dort stimmten beide Kammern sowie Vertreter beider Parteien dafür, dass ich die UN-Resolutionen mittels militärischer Maßnahmen umsetzen dürfe und das Land gegen die Gefahr, die Saddam darstellte, verteidigen solle. Der Senat stimmte mit 77 zu 23 Stimmen für die Irak-Resolution, und auch das Repräsentantenhaus war mit 296 zu 133 Stimmen dafür. (Interessanterweise distanzierten sich einige derselben Senatoren, die sich in den Neunzigerjahren von ihrer Stimme *gegen* den *ersten* Irakkrieg distanziert hatten, in den Nullerjahren und darüber hinaus von ihrer Stimme *für* den *zweiten* Irakkrieg.) Ich wies auch auf Saddams abscheuliche Verletzungen der Menschenwürde hin und drängte unsere Bürger und unsere Verbündeten dazu, unsere Bemühungen gegen Saddam als eine Angelegenheit der Menschenrechte zu verstehen und zu unterstützen. Und so wie schon Dad arbeitete auch ich eng mit unserer militärischen Führung daran, einen Plan zur Erreichung unserer Ziele zu erstellen – in diesem Fall der Entmachtung von Saddams Regime in Bagdad: Unser Vorgehen sollte entschlossen sein sowie, im Falle eines Scheiterns aller diplomatischen Bemühungen, den Verlust von unschuldigen Menschenleben so gering wie möglich halten.

Leider trotzte Saddam – bereits zum zweiten Mal innerhalb zweier Jahrzehnte – den USA, unseren Verbündeten sowie der UN. Als zunehmend klar wurde, dass Militärgewalt die einzige Option sein könnte, um sich der Gefahr, die vom Irak ausging, entgegenzustellen, schickte ich Geheimdienstler zu Dad, um ihn bezüglich der Situation auf den neuesten Stand zu bringen. (Ich schickte auch welche zum ehemaligen Präsidenten Bill Clinton.) Ich fragte Dad nie danach, was ich tun sollte. Wir wussten beide, dass dies eine Entscheidung war, die nur der Präsident treffen könnte. Wir unterhielten uns jedoch über die Sache. Während der Weihnachtsfeiertage 2002 in Camp David informierte ich Dad über unsere Strategie.

»Du weißt, wie hart der Krieg ist, Sohn, und du musst alles unternehmen, um Krieg zu vermeiden«, sagte er. »Aber wenn der Mann nicht einlenkt, dann hast du keine andere Wahl.«

Anfang 2003 ließ Saddam für kurze Zeit Waffeninspektoren in sein Land, allerdings erlaubte er ihnen nicht ausreichend Einblick, als dass sie hätten bestätigen können, dass er tatsächlich seinen Verpflichtungen nachgekommen wäre und seine Massenvernichtungswaffen zerstört hätte. Eingedenk Dads Gelöbnisses von 1991, nämlich »eine Extrameile für den Frieden« gehen zu wollen, bemühte auch im mich noch ein letztes Mal auf diplomatischem Wege, Saddam einen Ausweg anzubieten. Meine Regierung sprach mit Staatschefs aus dem Nahen Osten darüber, Saddam ins Exil zu schicken, doch war klar, dass er nicht die Absicht hatte, seinen Hut zu nehmen und zu gehen. Am 17. März 2003 gab ich ihm 48 Stunden, um das Land zu verlassen. Erneut weigerte er sich. Ein ums andere Mal hätte sich Saddam Hussein für den Frieden entscheiden können – stattdessen wählte er den Krieg.

Am 19. März 2003 gab ich den Befehl, die Operation »Iraqi Freedom« zu beginnen. Später am selben Vormittag verfasste ich einen Brief an Dad. »Ich weiß, dass ich mich für das richtige Vorgehen entschieden habe«, schrieb ich. »Der Irak wird frei und die Welt sicherer sein. Die Emotion des Augenblicks ist verflogen, und nun erwarte ich Berichte zu den geheimen Vorgängen. Ich weiß, was du durchmachen musstest.«

Nur wenige Stunden später antwortete er mir: »Deine handschriftliche Notiz, die ich gerade erhalten habe, hat mein Herz berührt. Du tust das Richtige. (…) Erinnere dich an Robins Worte: ›Ich liebe dich mehr, als die Zunge sagen kann.‹ Nun, das tue ich.«

Die Militäroperation, die von mehr als 35 Nationen unterstützt wurde, war ein umgehender Erfolg. Innerhalb eines Monats befreiten unsere Streitkräfte Bagdad und stürzten Saddams Regime. Wir kooperierten mit einer breitgefächerten Gruppe von Alliierten und irakischen Anführern, um unser Ziel zu erreichen: eine freie und repräsentative Regierung anstelle von Saddams brutaler Schreckensherrschaft, eine Demokratie im Herzen des Nahen Ostens und ein neuer Verbündeter im Kampf gegen den Terror. Aus einer Vielzahl von Gründen erwies sich die Mission aber als komplizierter, als wir angenommen hatten. Zum einen konnten die Arsenale an Massenvernichtungswaffen, von denen Geheimdienste rund um den Erdball ausgegangen waren, nicht ausfindig gemacht werden. (Allerdings fanden wir in der Tat Beweise dafür, dass er immer noch über die Kapazitäten verfügte, chemische und biologische Waffen herzustellen und geplant hatte, sein Kernwaffenprogramm von Neuem zu starten, sobald die Sanktionen gegen ihn aufgehoben gewesen wären.)

Zweitens brachen nach der raschen und erfolgreichen Befreiung des Iraks gewaltsame Unruhen aus. Die Aufstände waren teilweise durch ethnische Konflikte motiviert, die Saddam seit Jahrzehnten angestachelt hatte, und teilweise auch durch den Iran und Syrien begünstigt, die beide über Motive verfügten, sich im Irak einzumischen. So war es ihnen etwa ein Anliegen, die Entstehung einer Demokratie im Nahen Osten zu verhindern, die als Alliierter der freien Welt fungieren würde. Die gefährlichste und am wenigsten erwartbare Triebfeder hinter dem Aufruhr war jedoch Al-Kaida. In den Jahren nach Beendigung der Herrschaft Saddams und nach der Niederschlagung in Afghanistan beschloss Al-Kaida, sich den USA im Irak entgegenzustellen. Die Anführer von Al-Kaida sprachen offen darüber, eine Einsatzbasis im Irak einzurichten, von der aus sie internationale Terroranschläge organisieren könnten. Außerdem verkündeten sie, sektiererische Gewalt im Irak schüren zu wollen, indem sie unschuldige irakische Schiiten ermorden würden, um somit Chaos zu schaffen, das sie für ihre Zwecke nutzen könnten. Trotz der engagierten Bemühungen unseres Militärs, setzten Al-Kaida und seine Verbündeten im Irak diese Strategie mit erschreckender Brutalität und beängstigendem Erfolg um.

2007 beschloss ich, dass wir in Bezug auf den Irak eine Kurskorrektur vornehmen müssten. Ich veranlasste eine Truppenaufstockung, womit ich Iraks neuer demokratischer Regierung bei ihren Bestrebungen unter die Arme greifen wollte, Terroristen und Aufständische zu besiegen. Dank der historischen Bemühungen unserer Streitkräfte, Geheimdienstler und Diplomaten erwies sich die Aufstockung als Erfolg. Nach monatelangen zähen Gefechten war Al-Kaida im Irak bezwungen, und die Iraker vermochten, ihr Land wieder für sich in Anspruch zu nehmen.

Bedauerlicherweise führten darauffolgende Entwicklungen und Beschlüsse dazu, dass eine von Al-Kaida inspirierte Organisation namens Islamischer Staat im benachbarten Syrien an Einfluss gewinnen konnte, in weiterer Folge über die Grenze in den Irak vordrang, der fragilen Demokratie dort beträchtlichen Schaden zufügte und versuchte, eine Basis für terroristische Aktivitäten zu etablieren. Während ich das hier im Jahr 2014 schreibe, ist die Zukunft des Iraks ungewiss. Unserem eigenen Schutz und dem irakischen Volke zuliebe hoffe ich, dass wir unternehmen werden, was notwendig ist, um den IS in die Knie zu zwingen und Iraks demokratischer Regierung eine Erfolgschance einzuräumen. Eines ist jedoch sicher: Das irakische Volk, die USA und die Welt sind besser dran ohne Saddam Hussein an der Macht. Ich glaube, dass die Entscheidung, die Dad 1991 traf, korrekt war – und ich denke, dass das Gleiche auch auf meine Entscheidung, die ich zwölf Jahre später traf, zutrifft.

IN GERADE EINMAL zwei Jahren als Präsident hatte George Bush mit Geschick die amerikanischen Grundsätze in Bezug auf die demokratischen Strömungen in Osteuropa, bei der Befreiung Panamas sowie der Vertreibung Saddam Husseins aus Kuwait vertreten. Seine außenpolitische Bilanz brauchte sich vor der keines anderen Präsidenten der jüngeren Vergangenheit zu verstecken. Dann stellte sich ihm eine weitere Herausforderung: der Zusammenbruch der Sowjetunion.

Innerhalb einer kurzen Zeitspanne hatte sich die Sowjetunion von einer rivalisierenden Supermacht in ein bröckelndes Imperium verwandelt. Michail Gorbatschow hatte sich in Zurückhaltung geübt, als Nationen in Mittel- und Osteuropa gegen den Kommunismus aufbegehrten, aber niemand wusste, wie der Kreml reagieren würde, als nun die einzelnen Sowjetrepubliken nach Unabhängigkeit strebten.

Dads Strategie zielte darauf ab, eine Freundschaft zu Gorbatschow aufzubauen und ihn gleichzeitig im privaten Rahmen dazu zu ermuntern, die Sowjetunion friedlich aufzulösen. Diese Herangehensweise zahlte sich schließlich Anfang 1991 aus, als Gorbatschow freien Wahlen um das Präsidentenamt in der Russischen Föderation zustimmte. Die Wähler entschieden sich dabei für einen charismatischen Reformer namens Boris Jelzin.

Dads geduldiger Ansatz stieß mitunter auch auf Widerspruch. Seine Rede in Kiew, bei der er die Bedeutung eines schrittweisen Übergangs zur Demokratie betonte, musste sich den Vergleich mit »Hühnchenbrust nach Kiewer Art« gefallen lassen. George Bush ließ die Kritik indes an sich abperlen. Er vertraute darauf, dass die Freiheitsbewegungen erfolgreich sein würden, solange sie nicht gewaltsam unterdrückt würden. Darüber hinaus glaubte er, dass die beste Methode, ein hartes Durchgreifen zu verhindern, darin bestand, Gorbatschow Mut zuzusprechen – und nicht darin, sowjetische Hardliner zu reizen.

Die Bedrohung, die Verfechter einer harten Linie im Kreml tatsächlich darstellten, wurde schließlich im August 1991 offensichtlich. Wir waren gerade mit Dad in Maine, als Brent Scowcroft ihn informierte, dass sowjetische Funktionäre, die Gorbatschows Politik und Reformpläne ablehnten, einen Staatsstreich durchgeführt und ihn in seinem Ferienhaus auf der Krim unter Arrest gestellt hätten. Dad versuchte, Gorbatschow anzurufen, aber niemand wusste, wie man ihn erreichen konnte. Es sah so aus, als hätte sein Freund seinen Kampf gegen die alte Garde verloren. Dann kam es zu einer denkwürdigen Szene: Boris Jelzin kletterte auf einen Panzer und drängte die Anführer des Putsches dazu, einen Rückzieher zu machen. Schlussendlich taten sie das tatsächlich, und Gorbatschow kehrte in seine Machtposition zurück. Dad rief Jelzin an, um ihm zu danken und ihn zu ermutigen, angesichts der Hardliner stark zu bleiben. Obwohl Gorbatschow überlebte, hatte sich die Sowjetunion allerdings unwiderruflich verändert.

Am 7. Dezember 1991 reisten Mutter und Dad nach Hawaii, um an Gedenkfeiern anlässlich des fünfzigsten Jahrestages des Angriffs auf Pearl Harbor teilzunehmen. Es war ein emotionaler Tag für ihn, da er Erinnerungen an seinen Kriegsdienst und seine Kameraden zurückbrachte, die ihr Leben gegeben hatten. Bei der Gedenkfeier zu Ehren der USS *Arizona*, auf der mehr als 1.100 amerikanische Seeleute den Tod fanden, überwachte Dad eine Schweigeminute zu exakt jener Stunde, als damals die ersten japanischen Bomber erschienen waren. Er und Mutter trafen sich mit Überlebenden und ließen Blumen zu Wasser, um die Verstorbenen zu ehren. In seiner Rede betonte er das Gedenken und die Vergebung. »Ich hege in meinem Herzen keinen Groll gegen Deutschland oder Japan«, sagte er. »Und ich hoffe, dass – trotz der Verluste – auch ihr keinen in euren Herzen tragt. Dies ist keine Zeit für Schuldzuweisungen. Der Zweite Weltkrieg ist vorüber. Er ist Geschichte. Wir haben gewonnen. Wir haben den Totalitarismus zerschlagen – und indem wir das taten, halfen wir unseren Feinden, Demokratien zu etablieren.«

Am nächsten Tag erhielt er einen Anruf von Boris Jelzin, der ihn darüber in Kenntnis setzte, dass seine Amtskollegen in den übrigen Sowjetrepubliken dafür gestimmt hätten, die Sowjetunion aufzulösen. Das bedeutete, dass Michail Gorbatschow von nun an arbeitslos war.

Am Weihnachtstag unterzeichnete Gorbatschow die Dokumente, mit denen das Ende der Sowjetunion besiegelt wurde. Die Fahne, die seit Jahrzehnten über dem Kreml geweht hatte, wurde eingeholt. Bevor er sein Amt niederlegte, telefonierte Gorbatschow ein letztes Mal mit Dad.

Er teilte ihm mit, dass er in Kürze in einer Erklärung seinen Rücktritt bekanntgeben werde und vor ihm auf dem Schreibtisch ein schriftlicher Erlass liege, der das Ende der UdSSR bedeute. Gorbatschow bedankte sich beim US-Präsidenten für all seine Unterstützung. Dad versicherte ihm wiederum, dass ihn die Geschichtsschreibung für seine couragierten Entscheidungen in Erinnerung behalten werde. Dann tauschten sie noch die allerletzten Worte, die je ein sowjetischer Anführer mit einem amerikanischen Präsidenten wechseln sollte.

»Zu dieser besonderen Zeit des Jahres und in dieser historischen Epoche grüßen wir Sie und danken Ihnen für das, was Sie für den Weltfrieden geleistet haben. Danke vielmals«, sagte Dad.

»Danke, George«, antwortete Gorbatschow. »Ich verabschiede mich und schüttle Ihre Hand.«

Auf dieses Telefonat folgte eine der wohl erstaunlichsten diplomatischen Leistungen der Geschichte: ein friedliches Ende des Kalten Krieges.

MIT ZEITLICHEM ABSTAND betrachtet, war das Ende des Kalten Krieges unausweichlich. Dennoch stand eine Generation von Amerikanern, die in einer Welt geprägt von Luftschutzübungen und Atombunkern sowie der Kubakrise aufgewachsen war, unter dem Eindruck, dass er niemals enden würde – noch dazu, ohne dass ein Schuss abgefeuert würde. Trotz der imposanten Fassade konnte die erstickende Ideologie des Kommunismus nicht mit dem menschlichen Bedürfnis nach Freiheit konkurrieren. Ronald Reagan erkannte das noch vor den meisten anderen, und für seine Entschlossenheit, die Sowjetunion in die Knie zu zwingen, verdiente er sich zu Recht die Anerkennung als Architekt des amerikanischen Triumphs im Kalten Krieg. Ebenso verstand es Michail Gorbatschow, dass die Sowjetunion, um zu überleben, reformiert werden musste. Schlussendlich scheiterte er an dieser Mission. Dennoch machte ihn seine mutige Entscheidung, die Sowjetunion aufzulösen, ohne auf Gewalt zurückzugreifen, zum – wie es der Kalte-Krieg-Experte und Historiker John Lewis formulierte – »verdientesten Empfänger des Friedensnobelpreises überhaupt«.

Ich glaube nicht, dass Gorbatschow ohne einen verlässlichen Partner in den USA hätte standhalten können. Wie der Putsch vom August 1991 sichtbar machte, hatte er es mit einer erbitterten Gegnerschaft in seiner Regierung zu tun. Hätte die USA den Zusammenbruch des Kommunismus anders gehandhabt – indem man sich etwa über den Sieg hämisch gefreut oder die sowjetischen Hardliner auf andere Weise vergrämt hätte –, hätte sich Gorbatschow vermutlich dem Druck, gewaltsam zu intervenieren, beugen müssen. Schlimmer noch, er wäre vielleicht von einem sowjetischen Anführer gestürzt und ersetzt worden, der wild entschlossen gewesen wäre, mit einem nuklearen Knall unterzugehen. In gewisser Hinsicht war der Todeskampf des sowjetischen Imperiums einer der gefährlichsten Phasen des gesamten Kalten Krieges.

Zum Glück aber hatten die USA einen Präsidenten, der für diesen Moment wie gemacht war. Nur wenige Monate nach seiner Amtsübernahme hatte George Bush den Weitblick, Gorbatschows Potenzial zu erkennen, das diplomatische Fingerspitzengefühl, ihm zu helfen, die Demut, jegliche Provokation zu vermeiden, und die Charakterstärke, dem Druck der Kritiker zu trotzen. Der Präsident, der den Kalten Krieg zu einem friedlichen Ende brachte, war derselbe anständige, bescheidene, nachdenkliche Mann, den ich schon mein ganzes Leben kannte. Es ist keine Übertreibung zu sagen, dass die Lektionen, die Dorothy Walker Bush ihrem Sohn vor langer Zeit beigebracht hatte – mit Würde zu siegen, nicht zu prahlen, an den Konkurrenten zu denken –, direkt zum Weltfrieden beigetragen haben. Nicht viele andere Mütter können das von sich behaupten.

Die Historiker der Zukunft werden George Bush zweifellos für seine Führungsarbeit bei der Beendigung des Kalten Krieges Tribut zollen. Damals musste für diesen Erfolg jedoch ein unerwarteter Preis bezahlt werden. Indem er die wichtigsten außenpolitischen Themen von der Agenda für die Wahlen im Jahr 1992 strich, musste er auch auf seine größte Stärke verzichten. In einer der dramatischsten Kehrtwendungen der Geschichte verwandelte sich George Bush von einem bewunderten Anführer mit Zustimmungswerten von fast 90 Prozent in einen Mann ohne Job …

# DAS HÄRTESTE JAHR

AN HALLOWEEN 1991 suchte ein massiver Sturm die Küste Maines heim. Die Windgeschwindigkeiten erreichten bis zu 120 Stundenkilometer, und neun Meter hohe Wellen verursachten Sachschäden von 200 Millionen Dollar. Unter all den Sturmschäden befand sich auch das geliebte Eigenheim meiner Eltern, Walker's Point. »The Wave«, eine kleine Gästehütte, wurde aus dem Boden gerissen, das Haus meiner Eltern durch riesige Gesteinsbrocken, die durch das Wohnzimmer gespült worden waren, ernstlich in Mitleidenschaft gezogen. Sofas wurden hinaus aufs offene Meer gerissen. Wie Dad in einem Brief an einen Freund schrieb, hatte Kennebunkport »eine wirklich geschichtsträchtige Abreibung« einstecken müssen. Unter manchen Ortsansässigen erhielt dieses Halloween-Unwetter von 1991 den Namen »der perfekte Sturm«.

Der Sturm, der Walker's Point verwüstete, war ein Omen für das turbulente Jahr, das vor George Bush liegen sollte. Nur ein paar Monate zuvor hatten ihm seine entschlossene Handhabung des Golfkriegs und der Zusammenbruch des Kommunismus in Osteuropa einen historisch hohen Beliebtheitsgrad beschert. Und doch befand sich die Wirtschaft in einer Rezession, und das amerikanische Volk war frustriert. Innerhalb von weniger als einem Jahr waren Dads Zustimmungswerte um mehr als 40 Prozent gesunken. Er musste sich nun einem Vorwahlgegner, einem unabhängig kandidierenden Milliardär sowie einer Demokratischen Partei stellen, die entschlossen war, das Weiße Haus nach zwölf Jahren wieder zurückzuerobern. Für alle, die George Bush liebten, war 1992 ein schmerzvolles Jahr.

OBWOHL AUSSENPOLITIK seine Präsidentschaft dominieren sollte, war George Bush mit einer klar umrissenen innenpolitischen Agenda ins Weiße Haus gezogen. Er wollte das Bildungssystem verbessern, die Kriminalität reduzieren, ehrenamtliche Tätigkeiten fördern und das wirtschaftliche Wachstum mittels niedriger Steuern ankurbeln.

Diese Pläne überschnitten sich nur allzu bald mit der Realität einer problematischen Wirtschaftslage. Die Wirtschaft war seit der Rezession, mit der sich Ronald Reagan zu Beginn seiner Amtszeit in den frühen Achtzigerjahren hatte auseinandersetzen müssen, stetig gewachsen. Aber die steigende Inflation in Kombination mit der Savings-and-Loans-Krise verlangsamte das Wirtschaftswachstum, bis es schließlich zu Beginn der Neunzigerjahre beinahe zum Stillstand kam. Das Budgetdefizit wuchs auf über 200 Milliarden Dollar an, was beinahe vier Prozent des Bruttoinlandsprodukts entsprach. Wirtschaftsberater warnten, dass dieses Defizit imstande sei, die Wirtschaft in eine noch tiefere Rezession hineinzureißen.

Die Strategie des Weißen Hauses bestand darin, die Wirtschaft zu beleben, indem das Defizit mittels Ausgabenkürzungen verkleinert wurde. Das für die Wirtschaftspolitik zuständige Team hoffte, dass ein niedrigeres Defizit die Zinsen senken und das Vertrauen der Konsumenten wiederherstellen würde, was wiederum das Wirtschaftswachstum ankurbeln sollte. Im Jahr 1990 kontrollierten jedoch die Demokraten beide Kammern des Kongresses, und sie waren dafür, das Defizit zu reduzieren, indem die Steuern erhöht würden anstatt die Ausgaben zu kürzen. Nach monatelangen Verhandlungen mit den Anführern beider Parteien akzeptierte Dad einen Kompromiss bezüglich des Budgets: Im Gegenzug für bedeutende Ausgabenkürzungen würde er einer Erhöhung des Steueraufkommens zustimmen. Genau so war auch Präsident Reagan 1982 vorgegangen, als er einer Steuererhöhung im Rahmen eines Gesetzesentwurfs zur Reduzierung des Haushaltsdefizits zustimmte. Jedoch gab es einen großen Unterschied zwischen 1982 und 1990. Im Gegensatz zu Ronald Reagan hatte George Bush verkündet: »Lest es mir von den Lippen ab: Keine neuen Steuern.«

Der Kongress beschäftigte sich im Herbst 1990 mit dem Kompromiss. Die Republikaner unter Führung von Newt Gingrich aus Georgia –

er war zeitweise selbst ein Befürworter des Kompromisses gewesen – rebellierten und verweigerten dem Gesetzesentwurf ihre Zustimmung. Ohne eine solche Regelung für die Ausgaben festzulegen, kam es zu einem *Government Shutdown*, einer Handlungsunfähigkeit der Bundesregierung. Die Demokraten nutzten die Gelegenheit, um zusätzlich zu anderen Erhöhungen des Steueraufkommens auch noch eine Anhebung der Einkommenssteuer zu fordern. (Wie wir im Verlauf der Jahre gelernt haben, erwarten die Amerikaner von ihrer Regierung, dass sie funktioniert, und eine Handlungsunfähigkeit, welche die Republikaner herbeiführen, hat immer eine Stärkung der Position der Demokraten zur Folge.) Zu diesem Zeitpunkt hatte Dad Truppen nach Saudi Arabien entsandt, wo sie sich darauf vorbereiteten, Saddam Hussein aus Kuwait zu vertreiben. Er hatte das Gefühl, dass er sich zu Hause keine Budgetkrise leisten konnte, während er gleichzeitig eine nationale Sicherheitskrise im Ausland bewältigen musste. Außerdem glaubte er, dass eine Reduzierung des Haushaltsdefizits entscheidend wäre, um die Wirtschaft wieder in Gang zu bekommen. So stimmte er dem überarbeiteten Deal, inklusive der Steuererhöhungen, die die Demokraten vorgeschlagen hatten, zu.

Vom wirtschaftlichen Standpunkt aus machte der Haushaltsentwurf einigermaßen Sinn: Er schrieb strenge Finanzdisziplin vor, indem er rigorose Obergrenzen bezüglich der Ausgaben festsetzte und eine zusätzliche Kompensation von Regierungsausgaben für Programme wie Medicare und Social Security durch Einsparungen in anderen Bereichen erforderte. Für jeden Dollar, den Dad beim erhöhten Steueraufkommen akzeptierte, wollte der von den Demokraten dominierte Kongress zwei Dollar bei den Ausgabenkürzungen hinnehmen.

Vom politischen Standpunkt aus war diese Budgetvereinbarung allerdings eine Katastrophe. Dads Entscheidung, sein Versprechen zu brechen, keine neuen Steuern zu erlassen, teilte die Republikanische Partei. Das Weiße Haus leistete schlechte Arbeit bei der Vermittlung der Begründung für den Budget-Deal. Mir schien es, als wäre nicht alles getan worden, um die Sache zu rechtfertigen. Ich bin mir nicht sicher, warum dem so war. Möglicherweise wollten ranghohe Berater nicht noch mehr Aufmerksamkeit auf Dads gebrochenes Ehrenwort lenken. Wenn dem tatsächlich so war, dann war es kurzsichtig.

Rückblickend hätte das Weiße Haus eine lautstarke PR-Kampagne lancieren sollen, um diese Entscheidung besser zu erklären. Indem sich ein Präsident mit einer Angelegenheit an das Volk wendet, kann er öffentliche Unterstützung generieren und Leute in Washington dazu bewegen, ihre Meinung zu ändern. Leider verhielt sich George Bush in Bezug auf die Budgetvereinbarung von 1990 anders – und die Verbitterung aufgrund seines gebrochenen Versprechens schadete seinem Ansehen innerhalb der Partei.

Letzten Endes hielten viele Wirtschaftswissenschaftler Dads Entscheidung für die Grundlage des rasanten wirtschaftlichen Wachstums im Verlauf der Neunzigerjahre. Für George Bush kam dieser Aufschwung allerdings leider zu spät, da er sich erst unmittelbar nach den Präsidentschaftswahlen von 1992 bemerkbar machte.

DER KOMPROMISS bezüglich des Defizitabbaus überschattete viele andere innenpolitische Errungenschaften der Präsidentschaft meines Vaters. Er erfüllte eines seiner Wahlversprechen, als er den *Americans with Disabilites Act* umsetzte. Dabei handelte es sich um einen Meilenstein der Gesetzgebung, durch den es Millionen Amerikanern mit körperlichen Einschränkungen ermöglicht wurde, besser am alltäglichen Leben teilzunehmen. Ich kenne die positiven Auswirkungen dieses Gesetzes aus erster Hand. Als ich im Vorstand der Texas Rangers tätig war, entwarfen wir das neue Stadion in Arlington so, dass es Rollstuhlrampen und behindertengerechte Sitze umfasste, damit auch wirklich alle Fans die Rangers anfeuern konnten. Dad segnete mit seiner Unterschrift auch den *Civil Rights Act of 1991* ab – eine Ergänzung des Verbots rassischer oder religiöser Diskriminierung bei Verkauf und Vermietung von Unterkünften, das er bereits 1968 unterstützt hatte und Opfern von rassistisch motivierter Benachteiligung den Zugang zu den Gerichten erleichterte, ohne dabei auf Quotenregelungen zurückgreifen zu müssen. Außerdem unterzeichnete er die *Clean Air Act Amendments of 1990*, die bedeutendsten umweltpolitischen Gesetzesänderungen in diesem Bereich seit zwei Jahrzehnten. Die Gesetzesvorlage schrieb den Kräften des Marktes vor, sich aktiv und auf möglichst wirtschaftlich effiziente Weise bei der Eindämmung von Problemen wie saurem Regen zu beteiligen. Und es funktionierte. 2002 nannte das Magazin *Economist* das Gesetz »die größte grüne Erfolgsstory des letzten Jahrzehnts«.

Eine seiner für ihn befriedigendsten Leistungen war jene präsidiale Durchführungsverordnung, durch die ein Programm initiiert wurde, um die Anerkennung und Förderung ehrenamtlicher Organisationen zu regeln. In Anlehnung an seine Antrittsrede nannte er die Initiative *Points of Light* – »Lichtpunkte«. Jeden Tag würdigte das Weiße Haus jemanden, der dazu beigetragen hatte, seine oder ihre Gemeinde zu einem besseren Ort zu machen, mit dem *Point of Light Award*. Am Ende der Regierungszeit George Bushs waren mehr als tausend solcher »Lichtpunkte« ausgezeichnet worden. Aber für Dad hörte es da nicht auf. Als er aus dem Amt schied, wandelte er die Initiative in eine private Organisation um, der mittlerweile mein Bruder Neil vorsteht und die weiterhin ehrenamtliche Tätigkeiten fördert. 2013 lud Präsident Barack Obama Dad ins Weiße Haus, damit er dort den 5000. Award an ein Paar überreichen konnte, das eine Organisation gegründet hatte, welche bedürftige Kinder mit Nahrung und Wasser versorgte.

So wie andere Präsidenten vor ihm hatte auch Dad Gelegenheit, die dritte Gewalt im Staat, die Judikative, maßgeblich mitzuprägen. Am Obersten Gerichtshof ersetzte er die Richter William Brennan und Thurgood Marshall, zwei der liberalsten Richter des 20. Jahrhunderts, durch David Souter und Clarence Thomas. Souter, ein ehemaliger Richter am Obersten Gerichtshof von New Hampshire, den John Sununu und Senator Warren Rudman empfohlen hatten, stellte sich unerwarteterweise als annähernd so liberal wie Brennan und Marshall heraus. Clarence Thomas, ein Afroamerikaner, der in ländlicher Armut in Pin Point, Georgia, aufgewachsen war, bevor er sich mit Zwischenstationen am Holy Cross College und der Yale Law School nach oben arbeiten konnte, sollte sich als einer der konsequentesten und prinzipientreuesten Richter am Obersten Gerichtshof erweisen.

Um zum Obersten Gerichtshof zu stoßen, musste Richter Thomas eines der unfairsten Bestätigungsverfahren in der Geschichte des Senats durchlaufen. Der Fokus der Anhörungen schwenkte schon bald weg von seinen juristischen Qualifikationen und richterlichen Ansichten hin zu gehässigen persönlichen Verleumdungen. Die Demokraten im Senat riefen eine Reihe von Zeugen auf, die den Charakter des Kandidaten mit entsetzlichen Details zu Fällen angeblicher sexueller Belästigung anfechten sollten – ein schändliches Schauspiel, das Clarence Thomas berechtigterweise als »High-Tech-Lynchjustiz« beschrieb. Der Druck, die Nominierung zurückzuziehen, war während der Anhörungen immens. Doch ich wusste, dass George Bush einen guten Mann wie Clarence Thomas niemals fallenlassen würde. Ich erinnere mich an ein Gespräch mit ihm, nachdem ich die Berichterstattung zu den Anhörungen im Fernsehen verfolgt hatte.

»Diese Geschichte mit Thomas wird gerade ziemlich schmutzig«, sagte ich.

»Weißt du was, Sohn«, antwortete er, »je schlechter sie ihn behandeln, desto entschlossener bin ich, ihn durchzubringen.«

Dad meinte, was er sagte. Nach jeder Menge Lobbying und harter Arbeit bestätigte der Senat Richter Thomas dann mit 52 zu 48 Stimmen, wobei auch elf Demokraten für ihn gestimmt hatten.

Dads Erfahrungen mit Nominierungen für den Obersten Gerichtshof zu beobachten, erwies sich als nützlich, als sich später mir die Möglichkeit bot, neue Richter zu berufen. So lernte ich etwa, dass es für einen Präsidenten essenziell war, einen Nominierten gründlich zu prüfen. Zu Beginn meiner Amtszeit beauftragte ich das Büro meines präsidialen Rechtsberaters damit, mögliche Kandidaten unter die Lupe zu nehmen. Als Bundesrichterin Sandra Day O'Connor 2005 ihren Rücktritt verkündete, lud ich fünf Juristen zu privaten Unterredungen ins Weiße Haus ein. Ich hatte vorab ihre richterlichen Grundsätze studiert. Was mich wirklich interessierte, war aber ihr Charakter und ob sich ihre Herangehensweise mit der Zeit verändern würde. Obwohl alle Kandidaten herausragend schienen, war ich besonders beeindruckt von Richter John Roberts, einem großzügigen und bescheidenen Mann, der bereits Dutzende Fälle vor dem Obersten Gerichtshof vertreten hatte und weithin als einer der besten Rechtsanwälte seiner Generation angesehen wurde. Als Erstes nominierte ich John für den freigewordenen Sitz von Bundesrichterin O'Connor und nominierte ihn später erneut, als nach dem Tod des Obersten Bundesrichters Rehnquist dessen Sitz verwaist war. Für Bundesrichterin O'Connors Sitz wählte ich nun Sam Alito aus, einen Mann der leisen Töne und brillanten Richter, dessen Liebe zur Juristerei nur die Leidenschaft für seine liebste Baseballmannschaft, die Philadelphia Phillies, Konkurrenz machen kann. Beide Männer erfüllten mich, seit sie am Obersten Gerichtshof dienen, mit nichts als Stolz.

WÄHREND DADS AMTSZEIT gingen die meisten Leute davon aus, dass er sich auch ein zweites Mal zur Verfügung stellen würde. Er liebte seinen Job und schlug sich fabelhaft in seiner Rolle als Präsident – und dennoch war die Entscheidung keine Selbstverständlichkeit. Seine Hauptsorge galt den Auswirkungen, die ein weiterer Wahlkampf auf unsere Familie haben würde. Ein weiterer Grund war mein Bruder Neil. Er hatte im Vorstand der Bausparkasse Silverado Savings and Loan gesessen. So wie Hunderte anderer Bausparkassen hatte Silverado ihre Kreditvergaben überstrapaziert, war infolge steigender Zinsen insolvent geworden und benötigte schließlich staatliche, vom Steuerzahler finanzierte Hilfe, um ihren Kunden ihr Geld zurückzahlen zu können. Die Medien und Dads Gegner machten aus Neil so etwas wie das »Aushängeschild« der Savings-and-Loan-Krise. Neil erschien vor einem Ausschuss des Kongresses, um sich einer feindseligen Befragung zu stellen. Die Federal Deposit Insurance Corporation, ein Einlagensicherungsfonds der Vereinigten Staaten, eröffnete eine Untersuchung und machte schließlich zivilrechtliche Ansprüche geltend, was später zu einer außergerichtlichen Lösung führte.

Dad war am Boden zerstört. Er fühlte mit seinem mittleren Sohn. Wie er später schrieb, brachte es ihn fast um, dass Neil gesondert an den Pranger gestellt wurde, nur weil er der Sohn des Präsidenten war. George Bush war bereit, jedwede Angriffe, die das Amt mit sich brachte, hinzunehmen. Als sein Job jedoch begann, seine Kinder zu betreffen, war das schon eine ganz andere Geschichte. Eines Tages, als er und ich gemeinsam in Maine fischten, sagte er aus heiterem Himmel: »Sohn, ich denke darüber nach, nicht noch einmal anzutreten.«

»Warum, Dad?«, fragte ich ihn.

»Wegen dem, was Neil durchmachen muss«, antwortete er.

»Ich weiß, dass es hart ist«, sagte ich darauf, »aber du hast immer noch Arbeit vor dir, und das Land braucht dich.«

Er antwortete nicht. Es war klar, dass er es ernsthaft in Erwägung zog, auf eine Kandidatur zu verzichten, wenn er damit den Schmerz eines seiner Söhne lindern könnte.

Eines Tages im Fitnessstudio bekam ich eine Vorstellung von Neils Leid. Ich hörte jemanden sagen: »Da ist der Präsidentensohn – der wird bald angeklagt.« Ich war sauer, marschierte rüber zu dem Typen und blaffte ihn an: »Ich werde nicht angeklagt werden und auch nicht mein Bruder – und ich würde es sehr zu schätzen wissen, wenn Sie zuerst Ihre Fakten prüfen, bevor Sie Gerüchte verbreiten.« Der Fremde war verblüfft und stammelte eine Entschuldigung. Meine persönliche Erfahrung mit der Silverado-Krise war oberflächlicher Natur. Für Neil war es aber, als würde die Sache ewig dauern.

Ich erinnerte mich Jahre später an Neils Erfahrung, als ich abwog, ob ich für das Amt des Präsidenten kandidieren sollte. Mir war es sehr unrecht, meine Familie und vor allem unsere Töchter einer Behandlung, wie sie Neil erfahren musste, auszuliefern. Letzten Endes beschloss ich aber so wie Dad, dass unsere Familie stark genug war, um den prüfenden Blicken standzuhalten. Die Präsidentschaft zieht das Scheinwerferlicht an, und es gehört zum Härtesten für einen Präsidenten, dass ebendieses Licht plötzlich auch unerbittlich auf Menschen fällt, die man liebt.

Dad hatte noch einen weiteren Grund, der ihn zögern ließ, sich noch einer Wahl zu stellen: seine Gesundheit. 1989 wurde bei Mutter die Basedowsche Krankheit diagnostiziert, eine Autoimmunkrankheit der Schilddrüse, die zu Gewichtsverlust und ernsthaften Augenproblemen führen kann. Zwei Jahre später traten bei Dad ein unregelmäßiger Herzschlag und Erschöpfungszustände auf. Als Laura und ich im Mai 1991 zu einem Staatsbankett mit der Königin von England eingeladen wurden, war ich schockiert, Dad so müde und erschöpft zu sehen. Er beschwerte sich nie, aber ich konnte erkennen, dass er litt. Es war das erste Mal in meinem Leben, dass mein Vater alt aussah. Seltsamerweise kamen die

Ärzte zu dem Schluss, dass auch er die Basedowsche Krankheit habe. Sie gaben ihr Bestes, die Krankheit zu behandeln, aber es brauchte Zeit, bis er sich an die Medikamente gewöhnt hatte. Es schien so, als hätte er danach nie wieder sein altes Energie-Level erreichen können. Das war ein ernstes Problem für jemanden, der das Präsidentenamt bekleidete und eine Wiederwahl ins Auge fasste. Und doch war George Bush ein alter Kämpfer. Wie er schon 1988 beim Parteitag in seiner Rede verkündet hatte, sah er die Präsidentschaft als Mission an – und er war entschlossen, sie auch zu Ende zu führen.

Ab Sommer 1991 begann ich, mir wegen der Wiederwahl Sorgen zu machen. Die Amerikaner konzentrierten sich auf die Wirtschaft. Und mitten in einer Rezession war das keine gute Sache für den amtierenden Präsidenten – besonders für einen, der seine eigene Partei erzürnt hatte, indem er sein denkwürdigstes Versprechen gebrochen hatte.

Zusätzlich zur Wirtschaft sorgte ich mich um die politische Grundstimmung im Land. In seinen acht Jahren als Vize und seinen vier Jahren als Präsident hatte George Bush bereits eine lange Zeit im Rampenlicht gestanden. Die Amerikaner wären somit natürlich offen für ein neues Gesicht. Und auch die Demografie der Vereinigten Staaten veränderte sich. Als die Babyboomer in ihren Dreißigern und Vierzigern politisch aktiver wurden, sahen die Vertreter der Weltkriegsgeneration neben ihnen zunehmend antiquiert aus. Sogar unter den Bush-Anhängern waren das Energie-Level und der Enthusiasmus nicht mehr annähernd so groß wie noch 1988.

Um das Land davon zu überzeugen, dass er weitere vier Jahre im Amt verdient hatte, benötigte Dad eine engagierte, zukunftsorientierte Botschaft. Tragischerweise war sein Top-Stratege, Lee Atwater, 1991 an einem Gehirntumor gestorben, und niemand, der über sein Talent verfügt hätte, sprang für ihn ein, um den Wahlkampf zu lenken. Die Tücken der politischen Landschaft offenbarten sich, als im November 1991 Dick Thornburgh, Dads ehemaliger Justizminister und einst populärer Gouverneur von Pennsylvania, überraschend bei der Wahl um einen Senatsposten das Nachsehen hatte. Rückblickend hätte dies als Alarmsignal gedeutet werden sollen bezüglich der Gefahr, in die sich George Bush begab.

Das Letzte, was ein Präsident braucht, sind Familienmitglieder, die ihn mit Beschwerden oder Sorgen belästigen, aber Anfang Herbst 1991 teilte ich Dad meine Bedenken bezüglich der Wiederwahl mit. Ich wusste, dass er meine Befürchtungen teilte, als er mich bat, eine sensible Angelegenheit für ihn in die Hand zu nehmen. Er beauftragte mich zu analysieren, wie die Abläufe im Weißen Haus verbessert werden könnten, und Empfehlungen zur Strukturierung des Wahlkampfes 1992 zu geben. Er schickte allen wichtigen Beratern einen Brief, in dem er sie anwies, sich mit mir zu treffen, damit sie mir ihre ehrlichen Gedanken mitteilen könnten. Zuerst war ich überrascht, dass er mich mit einem so wichtigen Projekt betraute. Dann aber war ich angesichts dieses Vertrauensbeweises zutiefst gerührt.

Ich nahm meine Aufgabe sehr ernst und reiste einige Male von Dallas aus nach Washington, um alle hochrangigen Funktionäre im Weißen Haus und dem Wahlkampfteam zu befragen. So kam ans Licht, dass sich viele wichtige Berater vom Präsidenten abgekapselt fühlten. Sie hatten das Gefühl, dass der Präsident isoliert sei und der mangelnde Zugang zu ihm der Moral schade. Das Fazit der Befragungen war, dass Dad die Art, wie das Weiße Haus operierte, überdenken musste, was beim Stabschef anfangen sollte.

Ende November 1991 aßen Mutter, Dad und ich zu Abend im Familienspeisezimmer des Weißen Hauses. Während des ersten Gangs, einer guten Suppe, vermittelte ich ihm eine Zusammenfassung der Gespräche, die ich geführt hatte. Dad hörte sich alles an und sprach dann nicht viel während des Hauptgangs. Schließlich – wir waren zwischenzeitlich bei der Nachspeise angelangt – sagte er, dass er dem Schluss zustimme, dass das Weiße Haus restrukturiert werden müsse und er einen neuen Stabschef installieren sollte. Dann fragte er: »Wer soll es deiner Meinung nach John Sununu sagen?«

Die Frage überraschte mich. »Warum sprichst nicht du selbst mit ihm?«, fragte ich.

Er antwortete, dass er es vorziehe, wenn es jemand anderer tue. Wir gingen eine Liste mit Namen möglicher Kandidaten durch, von denen er aber letztlich keinen als geeignet ansah.

Letzten Endes und trotz meiner Bedenken, dass es eigenartig wirken könnte, wenn der Sohn des Präsidenten so eine Nachricht übermittelte, meinte ich: »Dad, hör zu, wenn es niemand sonst machen soll, dann kann ich ja mit Sununu reden, wann immer du willst.«

Zu meinem Erstaunen stimmte er nach einer längeren Pause zu.

Über die Jahre hinweg wurde viel bezüglich meiner Unterredung mit John Sununu spekuliert. Ich sagte John lediglich, dass er sich mit dem Präsidenten treffen solle, um ein vertrauliches Gespräch zu führen, und ihm die Möglichkeit geben müsse, eine Veränderung durchzuführen, wenn es das sei, was der Präsident sich wünsche. Ich weiß nicht, was danach vorfiel, aber ich weiß, dass John sich einige Tage später nach Camp David begab, um sich mit Dad zusammenzusetzen. Kurz nach Thanksgiving 1991 trat John Sununu – ein fähiger Mann und loyaler Freund von George Bush – dann von seinem Amt als Stabschef zurück.

Ich habe mich immer darüber gewundert, warum Dad nicht selbst an seinen Stabschef herantrat. Aus dieser Erfahrung zog ich meine Lehre. Als ich Gouverneur und Präsident wurde, beschloss ich, personelle Veränderungen entweder persönlich zu regeln oder einen engen Vertrauten – aber kein Familienmitglied – mit dieser Aufgabe zu betrauen, der in meinem Namen sprach. Als ich entschied, mein Team im Weißen Haus nach fünf Jahren meiner Präsidentschaft neu zu organisieren, sagte ich meinem guten Freund und Stabschef Andy Card, dass ich denke, es sei an der Zeit für einen Umbruch. Und als ich beschloss, Finanzminister Paul O'Neill und Verteidigungsminister Donald Rumsfeld abzulösen, bat ich Vizepräsident Dick Cheney, sie davon in Kenntnis zu setzen.

Beim besagtem Abendessen im Weißen Haus begannen Dad und ich auch darüber zu diskutieren, wie der Wahlkampf 1992 organisiert werden solle. Anders als 1988 hatte ich nicht vor, für den bevorstehenden Wahlkampf in Washington zu weilen, da ich zu Hause in Texas mit den Rangers beschäftigt war. Ich schlug vor, dass Dad Jim Baker bitten solle, der ihn bei all seinen landesweiten Wahlkämpfen begleitet hatte, seinen Posten als Außenminister aufzugeben und für ihn den Wahlkampf 1992 zu organisieren. Dad reagierte mit Widerwillen auf die Idee, seinen Freund zu fragen, ob er nicht sein Amt niederlegen würde, um sich erneut in die Wahlschlacht zu werfen. Ich verstand seine Entscheidung, aber da Atwater nicht mehr unter uns weilte und Baker nicht als Architekt des Wahlkampfs in den Ring zurückkehren würde, intensivierten sich meine Bedenken bezüglich der Wiederwahl Dads.

DAS JAHR 1992 begann dann für George Bush nicht unbedingt verheißungsvoll. Zuerst flog er für eine längere Reise nach Asien, wo er mehrere bedeutende Handelsabkommen aushandeln sollte. Am Ende der Reise stand ein Besuch in Japan auf dem Programm. Nach einem Tag voller Meetings nahmen Mutter und er gemeinsam mit Premierminister Kiichi Miyazawa an einem Bankett teil. Dad hatte sich schon den ganzen Tag nicht wohlgefühlt, doch er war zu höflich, um seinem Gastgeber abzusagen. Zuerst verlief alles noch gut, bis ungefähr zur Mitte des Dinners hin, als ihn Übelkeit befiel. Sein Kopf kippte nach vorne, und er verlor das Bewusstsein. Er fiel von seinem Stuhl und erbrach sich auf den Premierminister. Der Secret Service sprintete zu ihm, und auch Mutter war mit einer Serviette zur Stelle. Dad kam rasch wieder zu sich.

»Warum rollt ihr mich nicht einfach unter den Tisch und macht mit dem Bankett weiter?«, scherzte er.

Er fuhr zurück ins Hotel, während Mutter blieb und statt seiner einen Toast vortrug. Der Vorfall schaffte es in die internationalen Nachrichten – und lieferte Futter für etliche spätabendlich ausgestrahlte Comedy-Nummern.

Hingegen war nichts komisch an dem Problem, das sich in New Hampshire zusammenbraute. Im Dezember 1991 hatte der politische Kommentator und TV-Präsentator Patrick J. Buchanan angekündigt, dass er bei der Vorwahl der Republikaner in New Hampshire gegen Dad antreten werde. Buchanan war zuvor noch nie in ein Amt gewählt worden und schien unter anderem kandidieren zu wollen, um so seine Einschaltquoten aufpolieren zu können. Ein paar Monate früher war es noch unvorstellbar gewesen, dass irgendein anderer Republikaner Dad herausfordern würde. Buchanans Antreten zeigte, wie schlecht es mittlerweile um Dads Position bei den Republikanern bestellt war. Umfragen vom Jahresbeginn 1992 zeigten, dass Buchanan imstande wäre, 30 Prozent der republikanischen Stimmen für sich zu gewinnen – ein signifikanter Anteil von Protestwählern. Ich hatte schon zuvor Protestkandidaten in New Hampshire antreten sehen, etwa Eugene McCarthy im Jahr 1968, Ronald Reagan 1976 oder Ted Kennedy 1980. Jedes Mal fügten sie dem Amtsinhaber beträchtlichen Schaden zu.

Buchanans Grundaussage war, dass George Bush das konservative Vermächtnis Ronald Reagans beschmutzt habe – ein Vermächtnis, das bis heute gerne von Republikanern beschworen wird, obwohl dabei manche von ihnen die Details bei Reagans Bilanz übersehen. Er griff den Präsidenten nicht nur dafür an, dass er sein Versprechen, keine neuen Steuern zu erlassen, gebrochen hatte, sondern auch dafür, dass er den *Civil Rights Act* abgesegnete.

Buchanan beschrieb den Unterschied zwischen Dad und sich bei jener Rede, in der er seine Kandidatur verkündete: »Er denkt global, und wir denken national. Er glaubt an eine Art von *pax universalis*; wir glauben an die alte Republik. Er würde Amerika in den Dienst einer vagen neuen Weltordnung stellen. Bei uns kommt Amerika an erster Stelle.« Buchanan war ein Gegner des Golfkriegs, den er als faules Zugeständnis einordnete an »das israelische Verteidigungsministerium und jene, die in Amerika zu all dessen Wünschen ›ja‹ und ›amen‹ sagen«. Seine Botschaft erinnerte an den isolationistischen Standpunkt des America First Committee, welches sich gegen einen Eintritt der USA in den Zweiten Weltkrieg ausgesprochen hatte. Auch erinnerte es mich an die Rechtsaußen-Bewegung, die ich im Texas der Sechziger und Siebziger kennengelernt hatte und die Vorläufer der heutigen Tea Party war. Und dennoch unterstützte einer von drei Republikanern in New Hampshire Buchanan.

Nachdem sie dem Herausforderer zuerst keine Aufmerksamkeit geschenkt hatten, entschieden Dads Berater schließlich, dass der Präsident sich nach New Hampshire begeben solle, um Buchanans Angriffen die Stirn zu bieten und die republikanischen Wähler zu beschwichtigen. In einem Gemeindehaus formulierte er stark untertrieben: »Die Botschaft: Ich kümmere mich.« Ohne Zweifel kümmerte er sich, sogar sehr. Er stellte eine bescheidene Steuersenkung in Aussicht, die den Schmerz etwas lindern würde. Abgesehen davon versuchte Dad, Nutzen daraus zu schlagen, wovon ihn seine Wirtschaftsberater überzeugt hatten – dass sich die Wirtschaft nämlich auf dem aufsteigenden Ast befinde und sich auch die Arbeitsmarktlage bald bessern werde. Bis dahin hatten sich die entsprechenden Resultate jedoch noch nicht eingestellt. Am Abend der Vorwahl konnte Buchanan über 37 Prozent Stimmenanteil für sich verbuchen, was die Medien als Denkzettel für George Bush interpretierten.

Buchanan setzte seine Kampagne noch einige Monate fort und schickte seine Attacken auf den Präsidenten über den Äther. Schlussendlich stieg er aber aus dem Rennen aus und empfahl, Dad wiederzuwählen, doch hatte seine Kampfansage enthüllt, dass die Republikanische Partei gespalten war. Diese Erfahrung illustrierte eine der essenziellen Regeln des Wahlkampfes, nämlich die, wie wichtig es war, die politische Basis zu einen. Mir fiel das im Jahr 2000 einfach, da Republikaner jedweder Ausprägung danach lechzten, das Weiße Haus nach acht Jahren zurückzugewinnen. 2004 wandte ich mich dann bereits früh an die wichtigsten Führungspersönlichkeiten, wobei es mir gelang, die Sorgen verdrossener Fraktionen innerhalb der Partei abzuschwächen. Pat Buchanan verhinderte indes, dass George Bush 1992 das Gleiche bewerkstelligen konnte. Und um alles noch zu verschlimmern, ermutigte Buchanans Erfolg auch die Unabhängigen, von denen einer ins Rennen um die Präsidentschaft einsteigen sollte.

OBERFLÄCHLICH BETRACHTET, hatten H. Ross Perot und George Bush ein paar Dinge gemeinsam. So wie Dad war der auch ein Navy-Veteran und Geschäftsmann aus Texas. Perot, der Sohn eines Baumwollmaklers in Texarkana, hatte seinen Abschluss an der Marineakademie gemacht und für IBM gearbeitet. Später gründete er seine eigene Firma, Electronic Data Systems, die eine Vorreiterrolle in der IT-Branche spielte und Perot zu einem reichen Mann machte. Dad und Perot kannten einander aus der texanischen Geschäftswelt. Soweit es Dad betraf, verstanden sie sich gut. Offenbar respektierte Perot Dad einst, da er sich bei ihm einmal danach erkundigt hatte, ob er nicht daran interessiert sei, eine von Perot finanzierte Ölfirma zu leiten, nachdem er zu Beginn der Regierungszeit Jimmy Carters aus dem Staatsdienst ausgeschieden war.

Im Verlauf der Jahre muss aber in ihrer Beziehung zueinander irgendetwas ordentlich schiefgelaufen sein. Dad meinte, dass das damit zusammenhänge, dass Perot glaube, die USA hätten amerikanische Kriegsgefangene in Vietnam zurückgelassen. Als das Verteidigungsministerium Präsident Reagan berichtete, dass es keine Beweise für lebende Gefangene gebe, eröffnete Perot – der mit dieser Einschätzung nicht übereinstimmte – seine eigenen Gespräche mit der vietnamesischen Regierung. Der Präsident entschied, dass Perots diesbezügliche Reisen aufzuhören hätten, und erkundigte sich bei seinem für die nationalen Sicherheit verantwortlichen Team, wie mit der Situation umgegangen werden solle.

»Ich kenne Ross aus Texas«, meldete sich Dad freiwillig, »und ich werde ihm die Nachricht gerne zukommen lassen.«

Perot war überzeugt, dass eine Verschwörung im Gange sei, um Kriegsgefangene im Stich zu lassen. Nach seiner Unterredung mit Dad folgerte er, dass George Bush ein Teil dieser Verschwörung sein müsse. Dad drückte es später so aus: »Perot erschoss den Überbringer der Botschaft.«

Am 20. Februar 1992 – zwei Tage nach Pat Buchanans starkem Ergebnis bei der Vorwahl in New Hampshire – kündigte Perot in Larry Kings Talkshow auf CNN an, dass er für das Präsidentenamt kandidieren werde, wenn ihm die Unterstützung durch die politische Basis erlaube, in allen 50 Bundesstaaten anzutreten. Damals schien das ziemlich unwahrscheinlich. Innerhalb weniger Wochen verkündete Perot jedoch, dass er das Home Shipping Network engagiert habe, um den Tausenden von Anrufen, die er stündlich erhalte und in denen er zu einer Kandidatur gedrängt werde, Herr zu werden.

Perots politisches Programm umfasste Elemente, die beide Seiten des Politspektrums ansprachen. Er glaubte daran, dass das Defizit und überflüssige Regierungsausgaben reduziert werden müssten. Außerdem war er ein Verfechter eines populistisch-protektionistischen Ansatzes, um amerikanische Betriebe vor ausländischer Konkurrenz zu bewahren. Er war ein Abtreibungsbefürworter und gegen den Golfkrieg eingestellt. Auch sprach er sich für eine Eindämmung der Social-Security-Ausgaben aus, um das Budget auszugleichen, sowie für eine Ausweitung des Antidrogenkampfes. Sein übergeordnetes Thema lautete »Anti-Establishment«, und niemand verkörperte das Establishment mehr als der Amtsinhaber, Präsident George Bush.

Die erste Reaktion des Bush-Wahlkampfteams auf Perot war einigermaßen herablassend. Für jene, die ihn bereits seit Jahren kannten, schien es unvorstellbar zu sein, dass Perot auf der nationalen Bühne bestehen könnte. Ich machte mir jedoch Sorgen. Perot hatte viel Geld und machte sich die populistische Unzufriedenheit mit Washington zunutze. Die Medien waren begeistert, dass sie nun über eine neue schillernde Persönlichkeit berichten konnten, und überschütteten ihn anfänglich mit Lob. Ich beobachtete seine Entwicklung inzwischen von meinem Bürogebäude in Dallas aus, von wo aus ich Perots Wahlkampfzentrale überblicken konnte. Tag für Tag sah ich, wie Leute aus BMWs und SUVs ausstiegen, um sich für Schilder für ihren Rasen und Stoßstangenaufkleber anzustellen. Es war, als würde man in Zeitlupe dem Zerfall einer politischen Basis beiwohnen.

Spätestens im Sommer 1992 blieb den Wahlkämpfern nichts anderes mehr übrig, als Perot doch ernst zu nehmen. So wie schon Pat Buchanan vor ihm ritt Perot unnachgiebig Attacken gegen Dad und das Washingtoner Establishment, die ihren Tribut forderten. Dann, ganz plötzlich, verkündete er, dass er aus dem Rennen aussteigen werde. Seine Erklärung war schwer nachzuvollziehen. Zuerst sagte er, dass er nicht das Wahlmännergremium lahmlegen und das US-Repräsentantenhaus dazu zwingen wolle, die Wahlen zu entscheiden. Später behauptete er dann (ohne ersichtlichen Beweis), dass der Wahlkampf meines Vaters gedroht habe, die Hochzeit seiner Tochter zu ruinieren. Ich war verblüfft, dass dieser Mann als Präsidentschaftskandidat ernst genommen wurde. Auch hatte ich gelernt, Ross Perot nicht zu unterschätzen. Gegenüber Freunden prophezeite ich nach seinem Rückzug: »Der kommt wieder.«

1988 WAR DAD gegen die Geschichtsschreibung in Form des Van-Buren-Faktors angetreten. 1992 versuchte er etwas zu erreichen, das noch niemandem gelungen war. Kein einziger zweifacher Vizepräsident, der im

Anschluss zum Präsidenten gewählt wurde, hatte je zwei Mal den Einzug ins Weiße Haus geschafft. John Adams war es fast geglückt, aber Thomas Jefferson kam ihm in die Quere. Zwei Jahrhunderte später bekam es George Bush nun mit William Jefferson Clinton zu tun.

Gouverneur Bill Clinton aus Arkansas war kein naheliegender Kandidat für die Demokraten. 1991, als Dad gerade in allen Umfragen obenauf war, hatten sich viele der offensichtlicheren Kandidaten – Gouverneur Mario Cuomo aus New York und Senator Bill Bradley aus New Jersey etwa – bereits gegen ein Antreten entschieden. Clinton, der 45 Jahre alt und somit einen Monat jünger als ich war, betrat ein weites, offenes Feld innerhalb der Demokratischen Partei. Clinton hatte eine charmante Persönlichkeit und war ein superber Wahlkämpfer, der fünf Mal zum Gouverneur gewählt worden war. Er galt als einer der hellsten Politköpfe in seiner Partei und stand für einen »dritten Weg«, der sich in der Mitte zwischen traditionellem Liberalismus und Konservativismus bewegte. Ich weiß noch, dass Dad mir erzählte, er sei bei einem vom Weißen Haus gesponserten Bildungsgipfel vom Gouverneur von Arkansas beeindruckt gewesen.

Clinton hatte eine fesselnde Lebensgeschichte vorzuweisen. Sein Vater war drei Monate vor seiner Geburt bei einem Autounfall ums Leben gekommen. Er wurde von seiner Mutter aufgezogen und arbeitete sich aus dem provinziellen Arkansas an die Georgetown University, zu einem Rhodes-Stipendium und bis an die Yale Law School hoch. Ein Detail, das keinem Strippenzieher eines Wahlkampfes hätte einfallen können, bestand darin, dass seine Heimatstadt Hope – wie Hoffnung – hieß.

Der Mann aus Hope musste aber auch viele Schwierigkeiten überwinden. Manche hielten ihn für undiszipliniert, und er wurde von Gerüchten bezüglich privater Indiskretionen verfolgt. Er erhielt gerade einmal drei Prozent bei den Vorwahlen in Iowa, und in New Hampshire berichteten die Medien über eine angebliche Affäre mit einer ehemaligen Fernsehnachrichten-Reporterin in Arkansas. Clinton reagierte mit einem umfangreichen Interview in der Sendung *60 Minutes* im direkten Anschluss an den Super Bowl. Er gab zu, Fehler gemacht zu haben, und seine Frau Hillary verteidigte ihren Mann sowie ihre Ehe. Kurz darauf schockierte er die Politwelt, indem er in New Hampshire gleich hinter dem haushohen Favoriten, Senator Tsongas aus Massachusetts, Zweiter wurde. In seiner Rede nach der Vorwahl in New Hampshire bezeichnete Clinton sich selbst als »Comeback Kid«. Und das war er auch. Er räumte bei den Vorwahlen im Süden ab und bezwang Paul Tsongas und den Gouverneur Kaliforniens, Jerry Brown, im Kampf um die Nominierung der Demokratischen Partei.

Während sich der politische Wettstreit entwickelte, wurde klar, dass Bill Clinton ein schwieriger Gegner werden würde. Er verstand die Bedeutung klar formulierter und einfacher Wahlkampfthemen. Eines dieser Themen hieß Veränderung. Nach acht Jahren Reagan-Bush sowie weiteren vier Jahren Bush-Quayle wusste Clinton, dass den Wählern der Sinn nach unverbrauchten Gesichtern stand. Er begriff außerdem den Generationswechsel, der im Wahlvolk vor sich ging. Clinton kultivierte sein Image, spielte in der spätabendlichen Show von Arsenio Hall sein Saxofon und trat gemeinsam mit Collegestudenten auf MTV auf. Clinton verdoppelte seinen Einsatz in puncto des Veränderungsthemas, indem er sich als Kandidaten für das Amt des Vizepräsidenten Senator Al Gore Jr. aus Tennessee aussuchte, der ebenfalls aus der Generation der Babyboomer stammte. Ihre Botschaft war klar und deutlich: Die Zeit für ihre Generation war angebrochen!

Clinton und Gore betonten noch ein weiteres Thema: die Wirtschaft. Bill Clinton wusste, dass er wenig Chancen auf einen Sieg gegen George Bush hätte, wenn Außenpolitik im Zentrum des Wahlkampfes stünde, und er ortete Dads Schwachstelle richtigerweise im Bereich Wirtschaft. Sein Wahlkampf stand von nun an unter dem Motto »It's the Economy, Stupid« – also in etwa: »Um die Wirtschaft geht's, Dummerchen.« Er warf Dad vor, den Anschluss verloren zu haben. Clinton gelang es sogar, Dads außenpolitische Erfolge gegen ihn zu verwenden, indem er ihm unterstellte, sich nicht ausreichend um inneramerikanische Angelegenheiten gekümmert zu haben. Auch wenn es ihm in anderen Lebensbereichen an Disziplin mangelte, so war er doch diszipliniert genug, was die Botschaft seines Wahlkampfes betraf.

Bill Clinton profitierte außerdem von einer freundlich gesinnten Presselandschaft. Mit ihrem Babyboomer-Background, ihren liberalen

Ansichten und ihren Qualifikationen als Elite-Uni-Juristen waren die Clintons vom selben Schlag wie viele der Babyboomer-Journalisten. Natürlich sollte sich die Presse noch früh genug auf Clinton einschießen. Während des Wahlkampfes von 1992 wirkte es jedoch auf mich, als ob die Begeisterung für Veränderung die hohen Standards mancher Berichterstatter bezüglich ihrer journalistischen Objektivität negativ beeinflusste. (Das gleiche Muster sollte sich später bei einem weiteren spannenden Kandidaten, der Veränderung versprach, wiederholen: Barack Obama.)

Ein klassisches Beispiel für die Feindseligkeit der Medien gegenüber George Bush brachte der Februar 1992, als Dad eine Messe für Lebensmittelhändler in Florida besuchte. Neben anderen Produkten warf Dad auch einen Blick auf eine neue Version eines elektronischen Warenscanners. Als er seinen Gastgebern ein Kompliment zu ihrer neuen technologischen Errungenschaft machte, konstruierte ein Reporter daraus die Story, dass Dad noch nie zuvor so ein Gerät gesehen habe. »Dieser Karrierepolitiker, der seit Jahrzehnten das abgeschottete Leben als hochrangiger Spitzenbürokrat in Washington lebt, hat Schwierigkeiten, sich dem Wahlvolk als ein Mann zu präsentieren, der Zugang zum Leben der Mittelklasse hat«, berichtete die *New York Times*. Später stellte sich übrigens heraus, dass der Reporter, der für diesen Artikel »aus erster Hand« verantwortlich war, gar nicht auf der Messe gewesen war.

Der Parteitag der Demokraten im Juli 1992 in New York lieferte Clinton und Gore die perfekte Möglichkeit, ihren Wahlkampf ins Blickfeld eines landesweiten Publikums zu rücken. Er wurde sorgfältig orchestriert, um das Thema Veränderung hervorzustreichen – bis hin zum Songtext des Fleetwood-Mac-Songs, der nach Clintons Rede gespielt wurde: »Don't stop thinking about tomorrow.« Die Botschaft kam an. Die Demokraten waren vor dem Parteitag noch ungefähr gleichauf mit Dad und Quayle gelegen, lagen danach aber um 24 Prozentpunkte vorne.

NACH DEM PARTEITAG der Demokraten herrschte unter den Bush-Unterstützern allgemeine Niedergeschlagenheit. Auch ich war besorgt, hatte aber noch nicht die Hoffnung verloren. Ich war dabei gewesen, als Dad 1988 Michael Dukakis noch abfing. Und ich glaubte, dass er davon profitieren würde, dass das Wettrennen um das Weiße Haus nur ein Duell zweier Kandidaten sein würde. Nach monatelangen zermürbenden Attacken seitens Buchanans, Perots und Clintons würde Dad nun in der Lage sein, einen für ihn vorteilhaften Kontrast zu seinem Gegner in Bezug auf Führungsqualitäten und Kompetenz herauszuarbeiten. Angefangen mit seinem Parteitag würde er seinen Wahlkampf wiederbeleben, indem er die Wahrnehmung, er hätte den Anschluss verloren, entkräften und klarstellen würde, wohin er das Land führen wollte.

Um zu demonstrieren, dass er seinem Wahlkampf neues Leben einzuhauchen gedachte, nahm er eine wichtige Veränderung vor. Im August holte Dad Jim Baker zurück ins Weiße Haus, wo er von nun an als Stabschef und im bevorstehenden Herbst als Koordinator des Wahlkampfes fungieren sollte. Ich weiß, dass es hart für Jim war, seinen geliebten Job als Außenminister hinter sich zu lassen, aber er war seinem Freund gegenüber loyal.

Ein Bereich, in dem Dad keine Änderungen vornehmen wollte, war die Wahl seines Vizepräsidentschaftskandidaten. Dan Quayle hatte dem Präsidenten treu gedient, und Dad fühlte sich wohl mit seinem Vize. Obwohl ihm bewusst war, dass ein neuer *running mate* die Startaufstellung durcheinanderwürfeln könnte, wusste er auch, dass eine Entscheidung dieser Größenordnung in einem Wahljahr nach Verzweiflung aussähe und seinen Freund blamieren würde. Das Gespann Bush-Quayle blieb also unangetastet.

Mit Baker zurück am Ruder entwickelten Dad und seine Berater eine Wahlkampfstrategie für den Herbst. Zuallererst musste er leider erst einmal die Basis seiner eigenen Partei davon überzeugen, ihn zu unterstützen – eine Grundvoraussetzung, die bereits Monate vorher hätte erfüllt werden sollen, doch durch die Herausforderer Buchanan und Perot verzögert worden war. Um dies zu erreichen, orientierte sich der Wahlkampf nun zu großen Teilen eng am Vorgehen von 1988, als Dad erfolgreich die Werte, die den Republikanern wichtig waren, in den Vordergrund gerückt hatte. Dan Quayle war im großen Stil in die Schlagzeilen geraten, nachdem er Hollywood dafür kritisiert hatte, die Bedeutung der Institution Familie zu untergraben. Am denkwürdigsten war wohl, dass er die populäre TV-Serie *Murphy Brown* angriff, weil sie eine Protagonistin zeige, »die vermutlich die intelligente, hochbezahlte berufstätige Frau verkörpert, dabei aber die Bedeutung von Vätern verspottet, indem sie ein Kind alleine aufzieht und es einfach als eine weitere ›Lifestyle-Alternative‹ bezeichnet«. Während es mir ein wenig skurril vorkam, sich mit einer fiktiven Figur anzulegen, brachte Quayle aber ein wichtiges Argument: Hollywood war bezüglich der Werte, die den Amerikanern wichtig erschienen, nicht auf dem neuesten Stand. Von George Bush und Dan Quayle ließ sich das hingegen nicht behaupten.

Die beste Gelegenheit, die Partei gegen Clinton zu vereinen, bot der Parteitag der Republikaner in Houston, wo die Bedeutung von Dads Familienwerten betont werden sollte. Jebs Sohn George P., damals ein Teenager, hielt eine tolle Rede, in der er seinem Großvater seine Unterstützung aussprach. Er nannte ihn den großartigsten Mann, den er je kennengelernt habe, und schloss seine Ansprache, indem er das Publikum aufforderte, mit ihm gemeinsam einen »Viva Bush!«-Sprechchor anzustimmen. Mutter sprach rührende Worte über den Mann, den sie beinahe 50 Jahre zuvor geheiratet hatte. »Als George und ich nach dem Zweiten Weltkrieg gen Westen aufbrachen, hatten wir bereits unser erstes Kind«, erzählte sie. »George war Veteran. Er war College-Absolvent und hatte hier in Texas eine Anstellung. Und wir ließen uns schließlich in Midland nieder, einer kleinen, anständigen Gemeinde, in der sich die Nachbarn halfen – ein wunderbarer Ort, um eine Familie zu gründen, damals wie heute. In vielerlei Hinsicht waren dies die besten Jahre unseres Lebens.« Wie Mutter es ausdrückte, waren George Bushs Arbeitstage auf den Ölfeldern staubig, lang und von harter Arbeit geprägt. »Aber immer, wenn er nach Hause kam, fand er noch die Zeit, Ball zu spielen oder den Kindern zuzuhören.« Abschließend fasste sie zusammen: »Ihr wisst, für uns bedeutet Familie, die Arme umeinander zu legen und füreinander da zu sein.« Mutter war eine wichtige politische Bereicherung für George Bush. Sie war eine unmissverständliche Rednerin, die ihren Ehemann liebte und viele Amerikaner mit ihrer Unverblümtheit und ihrem scharfen Witz ansprach.

Manche der anderen Redner schlugen bezüglich der Familienwerte andere Töne an. Um die Parteibasis auf Linie zu bringen, hatten die

Organisatoren des Parteitages eingewilligt, Pat Buchanan eine Rede zur besten Sendezeit halten zu lassen. Er gab eine starke Empfehlung für Dad ab und rief seine »Buchanan-Brigaden« auf, »nach Hause zu kommen und sich an George Bushs Seite zu stellen«. Jedoch verkündete er auch, dass ein »Religionskrieg« um die Seele der Nation entbrannt sei. Er ergriff Partei für die »jüdisch-christlichen Werte und Glaubensvorstellungen, auf denen Amerika gegründet worden ist«, und warf Hillary Clinton vor, einen »radikalen Feminismus« umsetzen zu wollen. Obwohl das womöglich bei gewissen Elementen der Basis gut angekommen sein mag, vermittelte Buchanans Ansprache nicht unbedingt das Bild einer liebenswürdigeren und sanftmütigeren Republikanischen Partei. (Da der Parteitag bereits dem Zeitplan hinterherhinkte, verdrängte Buchanans Beitrag die starke Rede des ehemaligen Präsidenten Reagan – die letzte seiner öffentlichen Karriere – aus der Hauptsendezeit.)

Mit seiner Rede am letzten Abend des Parteitages bot sich Dad die Möglichkeit, den Rückstand auf Clinton aufzuholen. Wie schon bei seiner Ansprache im Jahr 1988 versuchte er die Wähler daran zu erinnern, warum seine Erfahrung, Integrität und Vision für die Zukunft ihn zum richtigen Mann für den Job machten. Anders als in seiner damaligen Rede, die bereits lange im Voraus fertiggestellt worden war, um Dad ausreichend Zeit zu geben, sie einzustudieren, war die Rede von 1992 das Resultat eines chaotischen Prozesses. Ich erinnere mich noch an den Schock, den ich erlitt, als ich den Konferenzraum im Houstonian Hotel betrat und hochrangige Berater des Bush-Wahlkampfs sah, wie sie gerade einen ersten Entwurf der Parteitagsrede zusammenzimmerten – gerade einmal drei Tage, bevor sie gehalten werden sollte. Die Vorgehensweise bei dieser Rede symbolisierte die Fehler, die während Dads Wahlkampf des Jahres 1992 gemacht wurden: Es wurde nicht der Ton angegeben, sondern bloß reagiert.

Dad begann seine Rede, indem er über den Irak und den Kalten Krieg sprach, bevor er sich schließlich der Wirtschaft zuwandte. »Als die Berliner Mauer fiel«, scherzte er, »erwartete ich mir fast die Schlagzeile: ›Mauer fällt, drei Grenzwächter verlieren ihre Jobs.‹ Darunter würde dann vermutlich stehen: ›Clinton gibt Bush die Schuld.‹« In der zentralen

Passage der Rede sagte Dad, dass er bedauere, die Steuererhöhung, die von den Demokraten gefordert worden sei, im Rahmen des Budgetkompromisses akzeptiert zu haben. Anders als seine Rede von 1988, die sich kontinuierlich gesteigert und einen positiven Ausblick auf die Zukunft geboten hatte, war die Rede von 1992 defensiv ausgerichtet und relativ flach. Trotzdem kam es zum traditionellen Anstieg der Umfragewerte nach dem Parteitag. Dennoch liefen Bush und Quayle mit einem Abstand von immer noch zehn Prozentpunkten hinter den Herausforderern Clinton und Gore her. Obwohl das Bush-Comeback nun angelaufen war, hatte Dad immer noch einen steilen Anstieg zu bewältigen.

DER STEILE ANSTIEG wurde noch steiler, als Ross Perot seine Absicht erklärte, ab dem 1. Oktober wieder ins Wettrennen um den Einzug ins Weiße Haus einsteigen zu wollen. Perots Kampfansage bedeutete, dass er an den TV-Debatten teilnähme und auch wieder seine Clips, die sich gegen den Amtsinhaber richteten, auf Sendung schicken würde. Gerade als Dad begonnen hatte, wieder Boden gutzumachen, musste er sich nun auf einen Zweifrontenkrieg einstellen.

Perots Rückkehr war nicht der einzige Rückschlag. Ende August suchte der Hurrikan Andrew die Küsten von Florida und Louisiana heim und verursachte Schäden von 25 Milliarden Dollar. Außerdem verloren Zehntausende Menschen ihr Dach über dem Kopf. Dad rief umgehend den Katastrophenzustand aus, was den betroffenen Bundesstaaten erlaubte, Katastrophenhilfe vom Bund zu beziehen. Allerdings, so wie üblich bei einer großangelegten Hilfsaktion, dauerte es, bis die benötigten Mittel bei den Opfern eintrafen. Dad reiste nach Florida, um seinen Einsatzwillen zu zeigen, entsandte Truppen, um die Hilfseinrichtungen zu besetzen, und beauftragte Verkehrsminister Andy Card damit, die Operation zu überwachen. All dies hielt aber weder Bill Clinton noch offizielle Vertreter der Demokratischen Partei in Florida oder die Medien davon ab, die »langsame Reaktion« der Regierung heftig zu kritisieren. Diese Kritik passte zum Vorwurf, Dad habe den Bezug zur Wirklichkeit verloren oder würde sich nicht kümmern. Selbstverständlich sind auch einem Präsidenten Grenzen gesetzt, wenn es darum geht, Eis und Wohnwagen zu liefern. Diese Lektion sollte ich selbst einige Jahre später noch lernen, als ich mich 2005 nach Hurrikan Katrina mit der politischen Seite von Naturkatastrophen auseinandersetzen musste. Es war frustrierend, Kritiker und Gegner dabei zu erleben, wie sie aus der schwierigen Aufgabe, mit den Naturgewalten zurechtzukommen, politischen Nutzen für sich schlugen.

Als er in den Wahlkampf zurückkehrte, legte Dad seinen Fokus noch stärker auf das Thema Werte. Er übte Kritik an Clintons Haltung zu sozialpolitischen Themen wie Abtreibung und verurteilte sein Verhalten während des Vietnamkriegs, als er die Einberufung umging und auf ausländischem Boden, während seines Studienjahrs in Oxford, gegen den Krieg protestierte. Und doch tat er sich schwer, vom Fleck zu kommen. Bill Clinton war kein Michael Dukakis. Obwohl er die meisten der traditionellen Anliegen der Demokraten unterstützte, befürwortete er auch die Todesstrafe, eine Sozialreform, das Nordamerikanische Freihandelsabkommen sowie eine Steuererleichterung für die Mittelklasse. (Allerdings wurde aus der Steuerkürzung für die Mittelklasse, als er schließlich ins Amt gewählt war, eine Steuererhöhung.) Es war nicht leicht, ihn als liberalen Linken hinzustellen. Ebenso wichtig war, dass Bill Clinton nur selten eine Attacke unbeantwortet ließ. Und seine Antworten führten immer wieder zu seinen beiden Lieblingsthemen: Veränderung und Wirtschaft.

Im Herbst des Jahres 1992 verließen sich viele innerhalb des Wahlkampfteams darauf, dass die TV-Debatten die Dynamik des Wettstreits ums Präsidentenamt verändern würden. Das war kein gutes Zeichen. Solche Debatten verliert man schnell und gewinnt sie nur schwer. Ich sah die erste Debatte, die in St. Louis stattfand, unterm Strich als Unentschieden. Ross Perot landete den besten Spruch des Abends, als er eine Antwort zu seinem Plan zur Reduzierung des Haushaltsdefizits mit einer Pointe abschloss: »Sollte es eine fairere Möglichkeit geben, dann bin ich ganz Ohr.« (Perots Ohren waren sein auffälligstes Merkmal.)

Die zweite Debatte fand in Richmond statt und war die erste, die im Format einer Bürgerversammlung abgehalten wurde. Die meisten Fragen wurden von Leuten aus dem Live-Publikum im Studio gestellt. Statt hinter Rednerpulten zu stehen, saßen die Kandidaten auf Stühlen, wurden aber dazu ermutigt, über die Bühne zu wandern. Erneut vermied ich es, bei der Debatte anwesend zu sein. Allerdings wirkte es im Fernsehen, als würde Dad sich nicht wohlfühlen mit dem neuen Format: Er mühte sich mit einer ungeschickt formulierten Frage ab, wie der nationale Schuldenstand ihn persönlich betroffen habe. Er blieb relativ unbeweglich auf seinem Sessel sitzen, während er die Frage abwehrend beantwortete. Im Gegensatz dazu schlenderte Clinton über die Bühne, sah seinem Fragesteller direkt in die Augen und legte ihm seine Vorstellung von der Wirtschaft dar. Der denkwürdigste Moment des Abends war, als die Kameras einfingen, wie Dad auf seine Uhr blickte, während Perot eine langatmige Antwort gab. Das Bild, das sich den meisten Wählern einprägte, vermittelte den Eindruck von Langeweile. (Al Gore lernte übrigens nicht aus Dads Fehler, da er im Jahr 2000 bei einer TV-Debatte »unterlag«, weil er während einer meiner Antworten laut seufzte. Andererseits lernte auch ich nichts daraus: Immerhin verlor ich ein TV-Duell mit John Kerry, weil ich während seiner Antworten Grimassen schnitt. Es ist ein Symptom für die Seichtheit des Formats Fernsehdebatte, dass das, was am meisten in Erinnerung bleibt, nicht etwa sachliche Themen, sondern Gesten oder witzige Bemerkungen betrifft.)

Für die dritte Konfrontation waren die Rollen verteilt. Clinton war der Spitzenreiter, Perot blieb eine Kuriosität, und George Bush steckte in ernsthaften Schwierigkeiten. Seine Tagebucheinträge zeigen, dass er sich ab Mitte Oktober mit einer möglichen Niederlage zu beschäftigen begann. Er notierte: »Falls wir verlieren sollten, wartet hinter dem Horizont großes Glück – doch wird es ein sehr schmerzlicher Prozess –, nicht wegen der Niederlage, sondern weil die Leute enttäuscht sein werden.« Trotz seiner Zweifel war George Bush kein Drückeberger. Er würde ein starkes Finish hinlegen. Im letzten Monat des Wahlkampfes erhielt er endlich positive Nachrichten bezüglich der Wirtschaft. Die Schätzungen für das dritte Quartal zeigten, dass die Wirtschaft um 2,7 Prozent wachsen würde – damit wäre es das beste Quartal seit zwei Jahren. Die Umfragewerte näherten sich nun an. Dad holte gegenüber Clinton auf, und Perot-Sympathisanten fingen an, es sich noch einmal zu überlegen. Eine Woche vor der Wahl bewegten sich die Umfragewerte innerhalb der normalen Fehlerspanne. Das Momentum lag nun auf Dads Seite.

Dann setzte es noch einen letzten Rückschlag. Am Freitag vor der Wahl verkündete ein Sonderermittler eine Anklage gegen Caspar Weinberger, Präsident Reagans Verteidigungsminister, wegen Falschaussage vor dem Kongress in Bezug auf die Iran-Contra-Untersuchungen. Und dann waren da noch die Anrufer in den TV-Sendungen. »Wir haben hier einen Anruf aus Little Rock«, sagte Larry King an, »von George Stephanopoulos.« Wenn es noch Zweifel gegeben hatte bezüglich der Präferenzen der Medien im Wahlkampf von 1992, dann dürften sie spätestens dann verflogen sein, als Larry Kings Produzenten eine Frage von Bill Clintons Kommunikationsdirektor ausstrahlten. Ein höflicher Stephanopoulos fuhr fort damit, Dad wegen der Iran-Contra-Affäre zu löchern. Das war ein passender Abschluss für den Wahlkampf. Von Buchanan über Perot über Hurrikan Andrew bis hin zu (noch einmal) Perot und dann der Iran-Contra-Sache: Dad hatte sich mit einer Ablenkung nach der anderen abmühen müssen. Er wäre womöglich in der Lage gewesen, jede dieser Herausforderungen zu meistern, wenn sie nicht gemeinsam über ihn hereingebrochen wären – wie der Sturm von Halloween 1991 über Walker's Point.

* * *

MONTAG, DER 2. NOVEMBER 1992, war der letzte Tag von George Bushs letztem Wahlkampf um ein öffentliches Amt. Ich begleitete ihn in der Air Force One, während er noch einmal von einem umkämpften Staat in den nächsten flog, um Wahlreden zu halten. Ich gab mir Mühe, positiv zu bleiben, aber mir wurde bange ums Herz, dass dieser gute Mann in eine Wahlniederlage laufen könnte. Dads liebste Country-Band, die Oak Ridge Boys, flogen auch mit ihm. Während wir uns im Anflug auf eine unserer letzten Stationen befanden, versammelten sich Dad und das Wahlkampfteam, um den Oaks, wie sie Dad nannte, bei ihrer Version von »Amazing Grace« zu lauschen. Als der Song vorüber war, mussten wir alle unsere Tränen trocknen. Ich weiß noch, wie ich dachte, dass die Nummer – sie wird üblicherweise bei Begräbnissen gesungen – uns gewissermaßen auf schlechte Neuigkeiten vorbereiten würde.

Am Wahltag war George Bush körperlich verbraucht. Er schien erleichtert darüber, dass der Wahlkampf vorüber war. Und er war, ganz typisch für ihn, optimistisch. Nachdem er in Houston seine Stimme abgegeben hatte, zogen Mutter und er weiter ins Houstonian Hotel, wo sich unsere Großfamilie bereits eingefunden hatte. Als Wahlkampfmanager Bob Teeter mich anrief, um mich über die ersten Wahltagsbefragungen zu informieren, wusste ich, dass es eine harte Nacht werden würde. Nachdem er mich zum zweiten Mal auf den neuesten Stand gebracht hatte, wusste ich, dass es vorbei war. Ich begab mich in die Hotelsuite meiner Eltern. Sie waren die Einzigen, die sich im Raum befanden.

»Wie sieht es aus, mein Sohn?«, erkundigte Dad sich gutgelaunt.

»Nicht so gut«, sagte ich sanft. »Die Befragungen sagen vorher, dass du verlieren wirst.«

Er wurde ganz still. Es wirkte, als würde er sich für die Enttäuschung, die vor ihm lag, bereitmachen. Er hatte sein Bestes gegeben, er hatte alles gegeben. Aber dies hier sollte einfach nicht sein. Nach seinem jahrzehntelangen Dienst für die Öffentlichkeit, davon acht Jahre als Vizepräsident und vier Jahre als Präsident der USA, hatte das amerikanische Volk George Bush eine Absage erteilt. Es bestand kein Zweifel daran, dass von all den Wahlniederlagen, die er hatte einstecken müssen, diese die schmerzhafteste war.

Wie immer gab sich Dad jedoch hochanständig. Bald nachdem die Wahllokale an der Westküste ihre Pforten geschlossen hatten, rief Dad Clinton an, um die Niederlage einzugestehen. Er hielt eine herzliche Ansprache, in der er seinen Unterstützern dankte und dem designierten Präsidenten gratulierte. Als das endgültige Wahlergebnis vorlag, hatte Bill Clinton 43 Prozent der Stimmen auf sich vereinigt. Dad kam auf fast 38 Prozent, und Ross Perot beanspruchte 19 Prozent Stimmenanteil für sich. Alles in allem hatten fast 20 Millionen Menschen für Perot ihre Stimme abgegeben. Man wird nie mit Sicherheit sagen können, wem diese 20 Millionen ihre Stimme gegeben hätten, wenn nur zwei Kandidaten angetreten wären. Ich glaubte allerdings schon damals – und tue das heute noch –, dass Dad die Wahlen von 1992 gewonnen hätte, wäre der Name Perot nicht auf dem Stimmzettel gestanden. Und ich weiß, dass Dad genauso dachte. Zwar ist er kein nachtragender Mann, doch als er in einem Dokumentarfilm, der 2012 ausgestrahlt wurde, zu Perot befragt wurde, sagte er: »Ich denke, dass er mich die Wahl gekostet hat, und ich mag ihn nicht.« (Interessanterweise und trotz des Wahlkampfes von 1992 sollte ich mich später gut mit Ross Perots Sohn, Ross Jr., sowie auch mit Bill Clinton anfreunden.)

Selbstverständlich ist die Schuld nicht alleine bei Ross Perot zu suchen. Nach zwölf Jahren, in denen George Bush sowohl als Präsident als auch als Vizepräsident gedient hatte, war das amerikanische Volk bereit für eine Veränderung. Das Wahlvolk setzte sich zusehends aus Mitgliedern der Babyboomer-Generation zusammen, und Bill Clinton verkörperte das unverbrauchte Gesicht, nach dem sich die Wähler sehnten. Und dann war da noch die Wirtschaft. Bill Clinton lag falsch, als er behauptete, dass George Bush sie nicht verstehe oder sich nicht darum kümmere. Dad begriff die Besorgnis in puncto Wirtschaft, die das Land ergriffen hatte, und hatte bereits diesbezügliche Maßnahmen ergriffen. 1993 legte das Wirtschaftsministerium überarbeitete Zahlen bezüglich der Schätzungen aus dem Vorjahr vor. Und es stellte sich heraus, dass die Wirtschaft tatsächlich in allen vier Quartalen des Jahres 1992 gewachsen war – das wichtige vierte Quartal, in dem die Wahl stattfand, wies sogar eine Wachstumsrate von 5,7 Prozent auf. Dieses Wachstum bildete das Fundament für den Wirtschaftsboom der Neunzigerjahre, der hauptsächlich Bill Clinton gutgeschrieben wurde. Es war schon eine der größten Ironien des Schicksals, dass Bill Clinton mir schließlich eine Wirtschaftslage hinterließ, die vordergründig gesund wirkte, aber eigentlich in Richtung einer Rezession wies. Die Lektion daraus war, dass Timing ein wichtiger Bestandteil der Politik ist – als schließlich die harten Fakten über die Wirtschaft auf dem Tisch lagen, war es schon zu spät für George Bush.

ETWAS MEHR ALS zwei Wochen nach seiner Wahlniederlage flog Dad nach Greenwich, Connecticut. Er war immer noch niedergeschlagen angesichts des Wahlergebnisses, doch nun musste er sich noch mit weiteren schlechten Neuigkeiten auseinandersetzen. Seine geliebte Mutter, Dorothy Walker Bush, lag auf ihrem Sterbebett. Für fast die gesamte Dauer ihrer 91 Lebensjahre war sie eine aktive, lebhafte und scheinbar alterslose Frau gewesen. Bis in ihre Achtziger hinein spielte sie Golf und schwamm gerne. Sie verlor niemals ihren Ehrgeiz, ihren unbeugsamen Glauben oder ihre Fähigkeit, Liebe zu schenken. Dad und meine Schwester Dorothy, die nach meiner Großmutter benannt war, saßen still neben ihrem Bett, während sie schlief. Einmal bat seine Mutter ihn, ihr aus ihrer Bibel vorzulesen. Als er das zerlesene Bush öffnete, viel ein Papierbündel heraus. Es waren Briefe, die er ihr vor über 50 Jahren geschrieben hatte. Sie hatte sie all die Zeit in ihrer Bibel aufbewahrt – und jeden Tag hatte sie für ihren Sohn gebetet. Er betete nun ein letztes Mal mit ihr, verabschiedete sich von ihr und begab sich zurück ins Weiße Haus. Wenige Stunden später starb sie. In dieser Nacht schrieb er in sein Tagebuch: »Mum, ich hoffe, du weißt, wie sehr wir dich alle lieben. Heute Nacht findet sie Frieden in Gottes liebevollen Armen und bei Dad.«

Inmitten all dieser Trauer und Enttäuschung war George Bush entschlossen, das Beste aus seinen letzten Tagen im Amt zu machen. Typischerweise wollte er seine Macht dafür einsetzen, anderen zu helfen. Als der UN-Generalsekretär Boutros Boutros-Ghali die USA bat, bei einer Lösung der Hungersnot in Somalia mitzuhelfen, sagte Dad zu. Er entsandte US-Marines ins vom Krieg zerrissene ostafrikanische Land, um dabei behilflich zu sein, die Infrastruktur abzusichern und zu ermöglichen, dass Lebensmittellieferungen ins Land gebracht werden konnten. Anfang Januar reiste Dad schließlich selbst nach Somalia, um diejenigen Angehörigen der Streitkräfte zu besuchen, die die Mission ausführten. Er war ein engagierter Oberbefehlshaber und wollte seine letzte Auslandsreise dafür nutzen, um sich bei den Truppen zu bedanken.

Dad war nicht der Einzige, der von seiner Niederlage enttäuscht war. In den Wochen nach den Wahlen war die Moral bei den Angestellten seines Stabes im Weißen Haus am Boden. Da er sich erhoffte, sie damit ein wenig aufmuntern zu können, beschloss er, einen Überraschungsgast einzuladen. Während seiner Präsidentschaft war er ihm Rahmen der Comedy-Show *Saturday Night Live* vom Komiker Dana Carvey dargestellt worden. Dieser hatte nun eine ausgefeilte Parodie auf Dad parat, bei der er dessen Sprachmuster, Gesten und Reputation für »Besonnenheit« persiflierte. Zum Erstaunen des Comedians rief ihn Dad ein paar Wochen nach der Wahl an und lud ihn samt seiner Ehefrau Paula ins Weiße Haus zu einer Veranstaltung ein. Zu den Klängen von »Hail to the Chief« betrat Dana Carvey den East Room, stellte sich hinters Rednerpult und ergötzte das Publikum mit seiner berühmten Imitation des Präsidenten. Neben vielen anderen Gags kreierte er ein Szenario, in dem Dad den Secret Service anrief, um mitzuteilen, dass er plane, nackt joggen zu gehen. Der Raum explodierte förmlich vor lauter Lachen. Die Idee dahinter war urtypisch für George Bush: Er dachte an andere, lachte über sich selbst und brachte Freude in den Alltag von leidgeprüften Menschen.

Auch ich litt mit. Es tat weh, mitansehen zu müssen, wie ein guter Mann von den Wählern abgewiesen wurde. Um über den Wahlausgang hinwegzukommen, beschloss ich, im darauffolgenden Januar den Marathon in Houston zu laufen. Während der 30-Kilometer-Läufe, die ich als Training absolvierte, war ich in der Lage, den Schmerz über die Niederlage zu verkraften. Außerdem empfand ich nach Dads Abschied aus dem Weißen Haus ein Gefühl der Befreiung. Nun stand ich nicht mehr unter dem Dauerschutz des Secret Service und konnte nun zum ersten Mal seit vier Jahren meinen Lincoln durch die Straßen von Dallas fahren. Das tat ich dann auch, bis ich zwei Jahre später zum Gouverneur gewählt wurde. Ich habe seit 1995 kein Auto mehr auf irgendeiner Straße gefahren.

MUTTER UND DAD luden die gesamte Familie zu Weihnachten 1992 nach Camp David ein. Es war ein bittersüßer Besuch. Wir genossen das schöne Ambiente und gingen davon aus, dass es unser letzter Aufenthalt in Camp David sein würde. Dad gab sein Bestes, um gutgelaunt zu wirken, und klagte über nichts. In einem Brief an seinen Bruder erinnerte er sich an einen Läufer bei den Olympischen Spielen, der weit hinter den Siegern über die Ziellinie humpelte. Der Läufer hatte gesagt: »Mein Land hat mich nicht hierher geschickt, um das Rennen zu starten. Sie haben mich hierher entsandt, damit ich es beende.« Mein Dad sah das ebenso. »Ich habe die Strecke nicht bewältigt«, schrieb er, »und ich werde das immer bereuen.«

Wir erinnerten ihn alle daran, dass er so viel habe, worauf er stolz sein könne. Er hatte in seiner Amtszeit mehr erreicht als andere Präsidenten in zwei. Er würde als Befreier von Kuwait in die Geschichte eingehen und als Präsident, unter dessen Aufsicht der Kalte Krieg ein friedliches Ende fand. In mancherlei Hinsicht glich er Winston Churchill, der nur ein paar Monate nach dem siegreichen Ende des Zweiten Weltkriegs aus seinem Amt gewählt worden war. Die britischen Wähler standen unter dem Eindruck, dass Churchill seine Mission erfüllt hatte, und wollten jemand anderen für die nächste Phase ihres Landes. Letzten Endes war es das Gleiche, was 1992 George Bush widerfuhr. In Großbritannien bereuten die Menschen ihre Entscheidung und wählten Churchill später erneut ins Amt. Dieses Schicksal war Dad nicht beschieden. Und doch eröffnete seine Niederlage von 1992 neue Möglichkeiten für andere, etwa Jeb und mich – und obwohl ich es mir damals nur schwer vorstellen konnte, sollte dieses Weihnachten in Camp David nicht das letzte für die Familie Bush sein.

# DAS LEBEN DANACH

*Nun strebe ich nicht länger nach Glückseligkeit (...) Ich habe die Glückseligkeit gefunden. Ich muss sie nicht länger suchen, da sie schon mein ist.*
George H.W. Bush, August 2001

AM 21. JANUAR 1993 erwachte George H.W. Bush in einem Mietshaus in Houston. Zum ersten Mal seit 12 Jahren wurde er am Morgen nicht vom Geheimdienst auf den neuesten Stand gebracht und hatte keinen vollgepackten Terminplan durchzugehen. Jeder, der jemals das Privileg genossen hat, im Weißen Haus zu wohnen, muss sich nach dem Auszug mit einer gewaltigen Umstellung auseinandersetzen – ein Prozess, den Laura und ich einmal als »das Leben danach« bezeichnet haben.

Dieser Übergang fiel Dad besonders schwer, weil sein Abschied aus dem Weißen Haus zu früh kam. Der Stachel saß auch noch lange nach Bill Clintons Amtseinführung tief. Im Großen und Ganzen ließ sich Dad seine Enttäuschung nicht anmerken. Er war erzogen worden, ein guter Verlierer zu sein, und er verachtete Selbstmitleid. Als Bill und Hillary Clinton am Tag der Vereidigung im Weißen Haus eintrafen, hießen Mutter und Dad sie mit aufrichtiger Freundlichkeit willkommen. Jahre später fragte ich ihn, wie er es geschafft habe, sich so zu verhalten. »Ich hatte keine Wahl«, antwortete er. Aber in Wahrheit hatte er sehr wohl die Wahl gehabt. Er hätte sich dafür entscheiden können, verbittert oder missgünstig zu sein. Stattdessen hinterließ er Präsident Clinton im Oval Office einen Brief, in dem er schrieb, dass er ihm fest die Daumen drücke.

Es war nicht leicht für Dad, sich ans Privatleben zu gewöhnen. Mein Vater war 68 Jahre alt und verfügte über die Energie eines nur halb so alten Mannes. Es schien, als wären die früheren gesundheitlichen Beschwerden verflogen. Er hatte sein ganzes Leben damit verbracht, eine Mission nach der anderen in Angriff zu nehmen. Im Laufe der vorangegangenen vier Jahre hat er den geistig stimulierendsten, herausforderndsten und beglückendsten Posten der Welt innegehabt. Im Verlauf der 30 Jahre zuvor hatte er all seine Energie in unterschiedliche Unterfangen gesteckt. Und dann auf einmal hatte er nichts mehr zu tun. Ich drückte es später einmal so aus, dass sich das anfühlte, als ob man von 150 Stundenkilometer auf einen Schlag auf nur mehr zehn herunterbremsen würde.

In Houston betrat Dad sein neues Büro um sieben Uhr morgens und verbrachte den Großteil des Tages damit, seine Post zu sichten. Er tätigte Anrufe, um Gelder für seine präsidiale Bibliothek zu sammeln. Außerdem trat er als Redner in Aktion, was er augenzwinkernd als »Weiße-Kragen-Kriminalität« bezeichnete.

Ein Vorteil seiner unfreiwilligen Pensionierung war, dass Mutter und Dad sich nun auf Erholungsreisen begeben konnten. Kurz nachdem er aus dem Amt geschieden war unternahmen sie eine Kreuzfahrt auf einem der Schiffe aus *Love Boat*. Jedes Mal, wenn sie ihre Kabine verließen, wurden sie von beeindruckten Mitreisenden belagert. Dad war besonders amüsiert, als er eines Tages nackt aus der Sauna trat und ihn ein Mann ansprach: »Stört es sie, wenn ich ein Foto mache?« Positiv daran war aber, dass er immer noch eine Anhängerschaft hatte. Ein paar Jahre später dann organisierte Dad eine Überraschungsfeier anlässlich des 50-jährigen Jubiläums seiner Hochzeit mit Mutter in der Grand Ole Opry in Nashville. Wie Mutter sagte: »Dein Vater hat die Angewohnheit, Veranstaltungen ohne meine Zustimmung zu planen.«

Dad verbrachte seine Zeit außerdem damit, sich dem Schreiben zu widmen. So beschloss er, gemeinsam mit Brent Scowcroft ein Buch über seine Außenpolitik zu verfassen. Die Entscheidung, mit jemand anderem zusammen ein Buch zu schreiben, war vielsagend. Noch nie hatte ein Präsident sich mit einem seiner Helfer die Autorenschaft geteilt. Doch Dad wollte die Anerkennung mit seinem Freund teilen. Auch wollte er vermeiden, Memoiren vorzulegen, die sich ausschließlich auf ihn konzentrieren würden. Ich vermute, dass auch seine Enttäuschung über die Wahlniederlage eine Rolle dabei spielte. Zu diesem Zeitpunkt war er womöglich nicht in der Lage, die Energie aufzubringen, ein Buch zu schreiben, das kein politisches Happy End für den Leser bereithielt. Er sollte übrigens nie ein Buch über seine Erinnerungen an die Präsidentschaft schreiben.

Obwohl die Reden und das Schreiben George Bushs Zeit ausfüllten und Geld auf sein Konto spülten, trugen diese Tätigkeiten wenig dazu bei, den Mangel an Aufregung und Intensität zu kompensieren, den der Auszug aus dem Weißen Haus mit sich gebracht hatte. Auch heilten sie nicht die Wunde, die die Niederlage bei ihm hinterlassen hatte. Um alles noch schlimmer zu machen, starb Dads geliebter Hund Ranger ein paar Monate nach seiner Rückkehr nach Houston. Kurze Zeit danach besuchten Dad und James Baker den französischen Präsidenten François Mitterand in Paris. Zu Beginn seiner Amtszeit war die Beziehung zwischen dem französischen Staatsoberhaupt und seinem amerikanischen Pendant noch frostig gewesen. Dies begann sich jedoch zu ändern, als Dad den Präsidenten nach Kennebunkport einlud. Seine persönliche Diplomatie zahlte sich aus, und die beiden Präsidenten wurden zu Freunden. Beim Dinner während dieses Besuchs im Jahr 1993 brachte Mitterand einen Toast auf Dad und ihr herzliches Verhältnis aus. Als Dad den Trinkspruch erwiderte, flossen Tränen. Dieser Moment hatte ihn daran erinnert, wie sehr er das Präsidentenamt liebte. Der Gefühlsausbruch an diesem Tag – und bei anderen Anlässen nach seinem Abschied aus dem Weißen Haus – symbolisierte seine Niedergeschlagenheit. Ich fühlte mich mutlos, als ich später das Amt hinter mir ließ, und bin mir sicher, dass es auch anderen Präsidenten so gegangen sein dürfte. Das Gefühl der Zurückweisung aber machte es für Dad noch schlimmer.

Was meine Mutter betraf, so schien sie der Herausforderung etwas entspannter zu begegnen – und mit ihrer üblichen Unverblümtheit. Schon kurz nach den Wahlen offenbarte sie der Familie: »Gut, dann liegt das jetzt eben hinter uns. Es ist an der Zeit, nach vorne zu sehen.« Und das tat sie dann auch. Sie beschäftigte sich etwa mit dem Bau ihres neuen Eigenheims in Houston und begann mit der Arbeit an ihren Memoiren, die schließlich ein Bestseller wurden. Außerdem erstand sie einen Mercury Sable, einen Kombi, und fuhr zum ersten Mal seit den späten

Siebzigerjahren wieder mit dem Auto. Dad witzelte, dass die gefährlichste Gegend der USA nun die Straßen in ihrer Nachbarschaft seien.

Mutter kochte nun sogar. In der Nacht vor dem Marathon in Houston, den ich vier Tage nach dem Abschied meiner Eltern aus Washington lief, kam ich in den Genuss eines ihrer ersten Gerichte. Um mich für den Lauf mit genügend Kohlenhydraten zu versorgen, bat ich Mutter darum, mir Nudeln zu kochen. Sie stimmte zu. Sie brachte das Wasser erfolgreich zum Kochen und gab die Pasta hinein. Dann schob sie einen Deckel auf den Topf, was dazu führte, dass das Wasser mitsamt den Spaghetti überkochte. Wie Dad bemerkte, war die Mahlzeit sehr gut – wenn man seine Nudeln nicht ganz durch mochte.

Am nächsten Tag kamen meine Eltern, um mich beim Marathon anzufeuern. Als ich an ihnen vorbeilief, rief Dad: »Das ist mein Junge!« Mutter wählte bei ihrer Form der Unterstützung einen anderen Ansatz. »Lauf weiter, George«, rief sie mir zu. »Da sind noch ein paar fette Leute vor dir.«

IM SOMMER DES JAHRES 1993 rief ich meine Eltern an, um ihnen ein paar Neuigkeiten mitzuteilen: »Ich werde für das Amt des Gouverneurs von Texas kandidieren.«

Mutters Antwort kam postwendend. »Du hast keine Chance gegen so eine populäre Gegnerin«, platzte es aus ihr heraus.

Dad blieb still. Ich war nicht überrascht, dass Dad nicht viel zu sagen hatte. Schon mein ganzes Leben lang hatte er nie versucht, mich in die eine oder andere Richtung zu lenken. Seine Herangehensweise an seine Vaterrolle war es, Werte zu vermitteln, ein gutes Beispiel abzugeben und uns bei allem, für das wir uns entschieden, zu unterstützen.

Trotz seines Schweigens in dieser Angelegenheit war George Bush ein großer Einfluss bei meiner Entscheidung, für das Gouverneursamt zu kandidieren. Durch seine Worte und sein Leben hatte er allen seinen Kindern den Wert öffentlicher Ämter gelehrt. Indem ich ihm über die Jahre hinweg half, hatte ich sehr viel über Wahlkämpfe gelernt. Und indem ich seine Präsidentschaft verfolgte, begriff ich, dass richtige Grundsätze zu einer guten Politik führten – und nicht andersherum. Ich hatte starke

Überzeugungen bezüglich einer Richtungsänderung in Texas entwickelt, die ich als notwendig erachtete, was vor allem die Bildungspolitik, eine Reform des Strafrechts, die Sozialhilfe und das Jugendstrafrecht betraf. Die einzige Frage war, ob das Timing passen würde.

Dads Niederlage half, diese Frage zum Teil zu beantworten. Wäre er 1992 wiedergewählt worden, hätte ich 1994 nicht für den Posten des Gouverneurs kandidiert. Ich trat gegen eine populäre Amtsinhaberin an, und als Sohn eines Präsidenten wäre ich ständig mit Fragen zu Entscheidungen der Regierung meines Vaters konfrontiert worden beziehungsweise mit der Frage, ob ich mit jeder einzelnen davon einverstanden sei.

Ich wusste, dass die Möglichkeit einer Niederlage bestünde. Wie ich es sah, konnte ich entweder kandidieren und verlieren – die Leute würden dann sagen: »Was für ein lausiger Kandidat.« –, oder ich konnte zur Wahl antreten und gewinnen. Dann würden die Menschen sagen: »Was für ein lausiger Gouverneur.« Aber nichts von alldem ist wirklich wichtig, solange man sich der Liebe eines Mannes, den man bewundert, gewiss sein kann. Und ich bewundere George H.W. Bush mehr als irgendjemanden sonst.

Ich war nicht der Einzige, den George Bush inspirierte. Ungefähr zur selben Zeit kündigte auch mein Bruder Jeb an, dass er für das Amt des Gouverneurs von Florida kandidieren wolle. Jeb und ich waren beide der Meinung – und Dad teilte diese Ansicht –, dass er keine öffentliche Rolle bei unseren Wahlkämpfen spielen sollte. Uns war wichtig, dass die Wähler uns als das sahen, was wir tatsächlich waren: unabhängige Männer. Dad intervenierte nie oder erteilte ungefragt Ratschläge, aber es war klar, dass er unsere Wahlkämpfe genau verfolgte. Von Zeit zu Zeit meldete ich mich bei ihm, und er ergriff jedes Mal die Gelegenheit, um mir zu einem aktuellen Wahlkampfauftritt zu gratulieren oder mir nach einem ätzenden Leitartikel den Rücken zu stärken. Mir fiel auf, dass wir die Rollen getauscht hatten. Nach all den Jahren, in denen ich ihn in der Politik unterstützt hatte, unterstützte er nun mich. Ich denke, dass mein beziehungsweise Jebs Wahlkampf im Jahr 1994 einen wichtigen Beitrag dazu leisteten, dass Dad sich besser in seinen neuen Lebensabschnitt einleben konnte. So wie das schon sein Vater, nach seinem Rückzug aus dem Senat im Jahr 1964, getan hatte, gefiel ihm seine neue Rolle als moralischer Rückhalt der nächsten Generation. Und er gewann auch seiner Wahlniederlage von 1992 etwas Positives ab – sie hatte schließlich die politischen Karrieren zweier Menschen, die er aufgezogen hatte und liebte, möglich gemacht.

In der Wahlnacht 1994 wurde ich zum Gouverneur von Texas gewählt. Jeb hingegen verlor die Wahl in einem engen Rennen gegen den amtierenden demokratischen Gouverneur Lawton Chiles. Als ich Dad anrief, um ihm mitzuteilen, dass ich nun meine Siegesansprache halten würde, sagte er mir, wie glücklich er sei. Allerdings konnte ich fühlen, wie sehr ihn Jebs Niederlage beschäftigte. »Die Freude liegt heute in Texas«, informierte Dad die Reporter, »aber unsere Herzen sind in Florida.« Manche überraschte seine Reaktion. Nicht aber mich. Es war typisch für George Bush, sich auf die Person zu konzentrieren, die gerade zu leiden hatte.

Am Morgen des Tages meiner Vereidigung als Gouverneur von Texas – beinahe zwei Jahre nach dem Abschied meiner Eltern aus dem Weißen Haus – überreichte mir Mutter einen Briefumschlag. Darin befanden sich eine handgeschrieben Karte und zwei kleine Gegenstände aus Metall. Auf der Karte stand folgender Text:

*Lieber George,*
*diese Manschettenknöpfe sind mein wertvollster Besitz. Ich bekam sie am 9. Juni 1943 von Mum und Dad, an jenem Tag, an dem ich mein Navy-Abzeichen in Corpus Christi erhielt. Ich möchte, dass von nun an du sie hast, da du, auf eine gewisse Art – und obwohl du deine Air-Force-Abzeichen, indem du diese Jets geflogen bist, bereits erhalten hast – noch einmal »deine Sporen verdienst«, wenn du deinen Amtseid als unser Gouverneur ablegst. (…)*

*Du hast uns mehr gegeben, als wir jemals verdient hätten. Du hast dich für uns aufgeopfert. Du hast uns deine unbeugsame Loyalität und Hingabe geschenkt. Jetzt bist du an der Reihe.*

Dads Worte rührten mich sehr. Ich war mir bewusst, wie viel ihm die Manschettenknöpfe – und ihre Verbindung zu seinem Vater – bedeuteten. Indem er sie an mich weitergab, gab er seine Liebe und die Unterstützung, die er von seinem Dad erhalten hatte, an mich weiter. Als der

Zeitpunkt für die Vereidigung gekommen war, hielt Laura die Familienbibel, und die Zwillinge standen neben mir. Meine Eltern saßen hinter mir. Ich war nicht überrascht, als ich später ein Foto von diesem Moment sah: Während ich den Eid ablegte, wischte sich Dad eine Träne aus dem Auge.

EIN PAAR JAHRE später erhielt ich eine weitere, etwas andere Grußkarte von Dad. »Liebe Kinder«, schrieb er da. »Okay, nun, vielleicht denkt ihr jetzt, dass ich den Verstand verloren habe. Ich habe vor, einen Fallschirmsprung zu machen. Da habt ihr's!« Ich kann nicht sagen, dass ich auf diese Idee meines 74-jährigen Vaters vorbereitet gewesen wäre. Sein letzter Sprung hatte 1944 stattgefunden, als er unter heftigem japanischen Beschuss aus seiner TBM Avenger ausgestiegen war. An diesem Tag war er mit dem Kopf gegen die Maschine geprallt und hatte seine Reißleine zu früh gezogen. Er scherzte, dass er diesen Fehler nun korrigieren wolle. Was er jedoch wirklich beabsichtigte, war ein Abschluss – die Erfahrung, noch einmal und zu seinen eigenen Bedingungen aus einem Flugzeug zu springen.

Mutter war weniger überzeugt. Ihre erste Reaktion war, Dad und jedem anderen sonst mitzuteilen, dass sie den Plan für verrückt halte. Trotz ihrer vordergründigen Ablehnung der Idee, wusste sie jedoch, wie wichtig der Sprung für ihn war. Sie freute sich, dass er seinen Traum ausleben konnte. Dad bat die Golden Knights, die Vorzeigefallschirmspringer der Army, ihn zu begleiten. Colin Powell erkundigte sich, ob es Dad ernst sei mit seinem Vorhaben. »Im Pentagon sprechen alle darüber«, meinte Powell, bevor er Dad ins Kreuzverhör nahm: Habe er sich auch Gedanken bezüglich der Risiken gemacht? Seien denn seine Gelenke und Knie gut in Schuss? Der Wind? Offenbar war der Army-Recke nicht erpicht darauf, einen Fallschirmunfall seines vormaligen Oberbefehlshabers zu riskieren. Allerdings hatte er keine Vorstellung davon, gegen wen er sich da stellen wollte: George Bush befand sich auf einer Mission und würde sich nicht davon abhalten lassen.

Eines Tages erhielt ich in meinem Gouverneurs-Büro einen Anruf von Dad, in dem er mich informierte, dass der Sprung am 25. März 1997 auf der Army-Basis in Yuma, Arizona, über die Bühne gehen werde.

Ich gratulierte ihm dazu, dass er seinen Traum verwirklichte. »Erzähl aber bloß niemandem von deiner 18-jährigen Freundin«, scherzte ich.

Als der große Tag gekommen war, trug Dad das, was er als sein Elvis-Kostüm bezeichnete – weißer Helm und weiße Handschuhe – und sprang solo, ohne Golden Knight auf dem Rücken, aus ungefähr dreieinhalb Kilometern ab. Dieses Mal kam es zu keinem Kontakt zwischen seinem Schädel und der Außenhülle des Flugzeugs. Dank des guten Trainings, das er von den Golden Knights erhalten hatte, zog er im richtigen Moment an der Reißleine und glitt sicher zur Erde. Mutter wohnte der Landung bei. Wie Dad es später beschrieb: »Ich war unten. Es war gut verlaufen. Ich hatte meinen Traum ausgelebt. Bar umarmte mich und lächelte. Alles war gut mit der Welt.«

Wie sich noch herausstellte, sollte dies allerdings nicht sein letzter Fallschirmsprung bleiben. Er sprang auch noch an seinen Geburtstagen Nummer 75, 80, 85 und 90. Seine Abenteuer enthielten eine Botschaft für andere Amerikaner seiner Generation: Älter zu werden, sollte einen nicht davon abhalten, aktiv zu bleiben und neue Dinge auszuprobieren. Man ist vielleicht ein wenig langsamer und grauer, aber das Leben bietet genügend Möglichkeiten, sodass man stets neue Bereiche erkunden und neue Wege finden kann, sich selbst zu pushen. Ich glaube, dass mir Dad als Vorbild diente, als ich mit 66 Jahren zum ersten Mal einen Pinsel in die Hand nahm.

Zwei von Dads Fallschirmsprüngen fanden bei seiner Präsidentenbibliothek statt, die 1997 an der Texas A&M eröffnet wurde. Solche Bibliothekseröffnungen gehören zu den wenigen Anlässen, bei denen der amtierende Präsident auf seine Vorgänger trifft – und alle Clubmitglieder waren an diesem Tag da: Präsident Clinton (er hatte erst 1996 gegen Bob Dole erneut die Wahl gewonnen), die ehemaligen Präsidenten Ford und Carter sowie Lady Bird Johnson und Nancy Reagan, die jeweils in Vertretung ihrer Gatten erschienen waren. (Da Präsident Reagan ein paar Jahre zuvor erklärt hätte, an Alzheimer erkrankt zu sein, konnte er nicht persönlich an der Zeremonie teilnehmen.)

Als Präsident von Dads Bibliotheksstiftung gab Jeb den Zeremonienmeister. Als amtierendem Gouverneur von Texas fiel mir die Ehre zu, die

Begrüßungsrede zu halten. Ich ergriff die Gelegenheit, meine Sicht auf das Vermächtnis meines Vaters zusammenzufassen, sowohl als Präsident als auch als Mann:

*Präsident Bush war ein Mann, der die politische Bühne betrat und sie mit voller Integrität wieder verließ. Präsident Bush war ein Anführer, welcher der Tyrannei ohne mit der Wimper zu zucken ins Gesicht starrte. George Bush war ein großartiger Präsident der Vereinigten Staaten von Amerika, weil er in erster Linie ein großartiger Mann ist – ein Mann, der immer wusste, was im Leben am allerwichtigsten ist: der Glaube und die Familie. Während der vier Jahre voller Weltkrisen und enormer Herausforderungen blieb ein Anruf von mir, meinen Brüdern oder meiner Schwester nie unbeantwortet. Die Welt kennt George Bush als Meister der persönlichen Diplomatie. Die Welt kennt George Bush als den weltbesten Dad.*

Dads Rede war klassisch George Bush. Er dankte Präsident Clinton dafür, dass er nun sein wunderbares Privatleben genießen könne. Er entschuldigte sich, falls seine Präsidentenbibliothek gegen das Gebot seiner Mutter, niemals anzugeben, verstoßen sollte. Er beabsichtige nicht, sein Vermächtnis aufzupolieren, sondern lediglich den zukünftigen Generationen zu ermöglichen, sich selbst ein Bild mittels der dort untergebrachten Schriften zu machen. Er schloss mit den Worten: »Nun, da meine politische Karriere vorüber ist, kann ich ehrlich sagen, dass die drei lohnendsten Titel jene sind, die mir noch geblieben sind – Ehemann, Vater und Großvater. (…) Ich weiß nicht, ob Lou Gehrig, der mein großes Idol ist, es zuerst gesagt hat, doch ich weiß, dass er es am besten ausgedrückt hat – heute fühle ich mich wie der glücklichste Mensch der Welt.«

ALS DIE JAHRE vergingen und der Schmerz über die Niederlage nachließ, akzeptierte Dad sein neues Leben vollauf. Nichts bereitete ihm dabei größere Freude, als mit seiner Familie auf Walker's Point Zeit zu verbringen. Er liebte es, Tennismatches zu organisieren, Hufeisen zu werfen, Speedgolf bei Cape Arundel zu spielen (die Punktevergabe beruhte dabei auf einer Kombination aus der Anzahl der benötigten Schläge und der

Zeit, die man dafür benötigte) sowie Angehörige und Besucher willkommen zu heißen. Womöglich war seine Lieblingsbeschäftigung, sein mit einem Mercury-Motor ausgestattetes Speedboot der Marke Fountain, das er auf den Namen *Fidelity* getauft hatte, zu lenken – und zwar mit voller Geschwindigkeit. Im Alter von 79 Jahren schickte er seinen Enkeln eine E-Mail, in der er verkündete, dass er mit beinahe 100 Stundenkilometern unterwegs gewesen sei. »Ich habe mich wie ein Neunzehnjähriger gefühlt«, schrieb er. Obwohl er die Politik genau verfolgte, hatte er kein Problem damit, sich aus dem Geschäft herauszuhalten. Es gefiel ihm, seine Rolle mit einer Mandarin-Redewendung zu umschreiben: »Stehe auf der Seite mit verschränkten Armen.«

Obwohl sich Dad aus den Regierungsangelegenheiten zurückgezogen hatte, war sein Dienst an der Öffentlichkeit noch nicht vorüber. Er gab seine Zeit und seinen Namen für Anliegen her, die ihm wichtig erschienen, so wie er das schon sein ganzes Leben getan hatte. So war er Vorsitzender des Board of Visitors am MD Anderson Cancer Center in Houston, einem weithin anerkannten, auf Krebs spezialisierten Krankenhaus. Außerdem gründete er die Bush School of Government and Public Service an der Texas A&M und liebte es, als Überraschungsredner zu Lehrveranstaltungen zu erscheinen. Er unterstützte wohltätige Aktionen des Militärs und besuchte die Truppen rund um den Globus. Auch Mutter betätigte sich weiterhin im Dienste der Öffentlichkeit, indem sie die Barbara Bush Foundation for Family Literacy ins Leben rief und jeden Sommer Kindern im Maine Medical Center in Portland aus Büchern vorlas. Ihr ganze Leben hindurch waren George und Barbara Bush zwei hell strahlende *Lichtpunkte*.

Mutter und Dad reisten weit umher während ihres Ruhestands. Dad liebte das Fliegenfischen und bereiste ein paar der weltweit besten Orte dafür in Islamorada, Florida, mit seinem Freund Ted Williams, Kanada mit seinem Enkel Jeb Jr. sowie den Fluss Test in England. Er hielt auch die Golf-Tradition unserer Familie aufrecht, indem er ehrenhalber als Chairman of the First Tee fungierte und dem Ryder Cup und dem Presidents Cup beiwohnte. Gelegentlich nutzte er seinen Status als ehemaliger Präsident, um auf tollen Golfplätzen wie Augusta National oder Pine

Valley spielen zu dürfen. Und er liebte es, interessante Vierergespanne zusammenzustellen, so wie das eine Mal, als er und Jeb gemeinsam mit Arnold Palmer und Joe DiMaggio spielten.

Im November 1998 unternahmen Mutter und Dad eine ihrer bedeutungsvollsten Reisen. Sie charterten ein Flugzeug nach Florida, um am Wahlabend der Gouverneurswahlen bei Jeb zu sein, denn der hatte sich ein zweites Mal um das Amt beworben. Er hatte eine großartige Performance im Wahlkampf abgeliefert und gewann schließlich 55 Prozent der Wählerstimmen. Zum ersten Mal seit über zwei Jahrzehnten regierten zwei Brüder gleichzeitig als Gouverneure in unterschiedlichen Bundesstaaten. Mutter gefiel es zu betonen, dass einer von acht Amerikanern in einem Bundesstaat lebe, dem einer ihrer Söhne vorstand. Dad brachte seinen Stolz ein wenig zurückhaltender zum Ausdruck. Am Vortag der Wahl schrieb er: »Die Leute werden uns anrufen, um uns zu gratulieren, aber sie werden nicht einmal ansatzweise die Gefühle, die ich für meine Söhne empfinde, verstehen können. Es wird das sein, worum sich mein Leben genau jetzt dreht.«

Auch ich war von Jebs Wahlsieg begeistert. In unseren frühen Jahren schienen die sieben Lenze, die uns trennten, etwas auszumachen, aber als wir älter wurden, waren wir nicht mehr bloß Brüder, sondern auch Freunde. Er ist ein Mann mit Überzeugungen und einer ordentlichen Portion innerer Stärke. Ich war mir sicher, dass die Menschen in Florida von seinen Führungsqualitäten profitieren würden – und ich sollte Recht behalten. Er war ein starker und fähiger Gouverneur.

NACH MEINER WIEDERWAHL zum Gouverneur im Jahr 1998 prophezeite Dad, dass über eine mögliche Präsidentschaftskandidatur meinerseits spekuliert werden würde. Er hatte Recht. Potenzielle Berater, Spendensammler und Organisatoren aus dem ganzen Land drängten mich dazu, in den Ring zu steigen. Wie ich David Broder, einem Reporter der *Washington Post*, mitteilte, fühlte ich mich wie ein Korken in einem wilden Fluss. Ich war wild entschlossen, mich nicht fortreißen zu lassen. Ich würde die Entscheidung aus den richtigen Gründen und zu meinen eigenen Bedingungen fällen.

Mehr als jeder andere Kandidat in der jüngeren Vergangenheit – mit Ausnahme von Hillary Clinton – wusste ich Bescheid darüber, auf was ich mich da einlassen würde. Trotz all der angeblichen Bürden wusste ich, wie sehr Dad den Job geliebt hatte – es war eine Ehre, ein großartiges Land zu führen, und eine Gelegenheit, Entscheidungen zu treffen, die die Geschichte beeinflussten. Nach meiner Erfahrung als Gouverneur hatte ich das Gefühl, dass ich diese Aufgabe würde meistern können. Ich wusste um die prüfenden Blicke, denen meine Familie ausgesetzt sein würde, und machte mir Sorgen um unsere Töchter. Jedoch wusste ich von den Erfahrungen, die mein Vater gemacht hatte, dass man das Präsidentenamt bekleiden und das Weiße Haus schließlich mit einer noch stärkeren Familie wieder verlassen konnte.

Auch das Beispiel meiner Mutter gab mir Vertrauen. Einer ihrer wichtigsten Beiträge zur politischen Karriere meines Vaters war, dass sie ihm versicherte, er müsse sich keine Sorgen darum machen, ob sie dem Druck einer Präsidentschaft würde standhalten können oder nicht. Dieses Vertrauen ist befreiend. Ich hatte das Glück, dass auch Laura mir diese Sicherheit vermittelte.

Außerdem glaubte ich so wie Dad daran, dass man das Leben voll und ganz auskosten muss – und zwar, indem man sich selbst an seine Grenzen heranführt und hart für die Anliegen, an die man glaubt, arbeitet. Ich war fest davon überzeugt, dass Amerika eine neue Richtung in puncto Bildungspolitik, Steuern und militärischer Bereitschaft nötig hätte. Und ich glaubte auch, dass ich die Führungsqualitäten mitbrächte, nach denen das amerikanische Volk suchte.

Ich verspürte nie das Bedürfnis, Dad nach seiner direkten Meinung bezüglich einer Kandidatur zu fragen. Schließlich wusste ich ja, dass er mich unterstützen würde, egal wie denn nun meine Entscheidung aussähe. Und da ich ihn schon mein ganzes Leben lang beobachtet hatte, wusste ich, dass er daran glaubte, dass jeder verpflichtet wäre, einen Beitrag zu leisten. Nachdem ich lange intensiv darüber nachgedacht hatte, beschloss ich, es zu versuchen. Ich verkündete mein Antreten am 12. Juni 1999 – zufälligerweise also genau am 75. Geburtstag meines Vaters.

Ich war mir bewusst, dass Vergleiche zwischen mir und Dad unvermeidbar sein würden, wovon einige gut und andere weniger gut wären. Er hatte mir versichert, dass ich die Freiheit besäße, egal welche seiner Entscheidungen zu kritisieren – er würde deswegen nicht gekränkt sein. Wie er in einem Brief von 1998 an Jeb und mich schrieb: »Irgendwann werdet ihr vielleicht sagen wollen: ›Ganz ehrlich, da lag Dad aber falsch.‹ Tut es einfach. Geht euren eigenen Weg, nicht nur in Bezug auf solchen Angelegenheiten, sondern auch, wenn ihr euch selbst definiert. Nie wird wer eure Liebe zu eurer Familie in Frage stellen – eure Zuneigung zu euren Eltern.«

Als mich Reporter befragten, inwiefern mein Vater den Wettlauf um die Nominierung beeinflusse, scherzte ich, dass ich die Hälfte seiner Freunde und alle seine Feinde geerbt hätte. Tatsächlich besaß er nicht viele Feinde, und ich war in der Lage, viele seiner Freunde zu erreichen, und hatte keine Bedenken dabei, dass sie mich unterstützten. Immerhin hatte ich es mit einem amtierenden Vizepräsidenten zu tun – zu einer Zeit, in der das Land sicher schien und die Wirtschaft offenbar stark war. Wie sich herausstellen sollte, konnte ich jede einzelne Stimme gut gebrauchen.

Am Abend der Wahl führten Mutter und Dad einen riesigen Konvoi aus Familienmitgliedern nach Austin an. Am späten Abend setzte schließlich Feierstimmung ein, nachdem Vizepräsident Al Gore angerufen hatte, um mir zum Sieg zu gratulieren. Er rief mich dann allerdings erneut an, um seine Gratulation zurückzunehmen. Mein Vorsprung im Bundesstaat Florida, der die Entscheidung bedeutete, betrug weniger als eintausend Stimmen – zu wenig, um mich meines Sieges sicher zu fühlen. Eine mehrwöchige Neuauszählung wurde anberaumt. Ich bat Jim Baker darum, mein juristisches Team in Florida anzuführen, während Laura und ich uns auf unsere Ranch in Crawford, Texas, zurückzogen, um auf die Verkündung meines Schicksals zu warten. Dad andererseits war völlig besessen davon, über Neuigkeiten unterrichtet zu werden. Ständig telefonierte er mit Karl Rove und Jim Baker, um nach Updates zu fragen. Auch mich rief er regelmäßig an. Ich konnte am Klang seiner Stimme erkennen, dass er besorgt war. »Dad, ich bin ruhig«, sagte ich. »Hör auf fernzusehen.«

Schließlich landete der Rechtsstreit um die Wahlen vor dem Obersten Gerichtshof. Am 12. Dezember 2000, 35 Tage nach der Präsident-

Dad unterschrieb auf diesem Foto von uns beiden, das uns im Sommer 1991 auf dem Boot *Fidelity* zeigt. „George – Meine Vorstellung vom Himmel! Hingebungsvoll, Dad.“ Dem kann ich mich nur anschließen. *(GBPLM/Carol Powers)*

Das Unwetter, das dem geliebten Eigenheim meiner Eltern, Walker's Point, im Jahr 1991 „eine wirklich geschichtsträchtige Abreibung“ bescherte, sollte ein Omen für das turbulente Jahr sein, das auf George Bush zukam. *(GBPLM/David Valdez)*

Trotz seiner eigenen Enttäuschung nach der Wahlniederlage lud Dad Dana Carvey, der ihn bei *Saturday Night Live* persiflierte, ins Weiße Haus ein, um seinen Stab aufzuheitern. *(GBPLM/Susan Biddle)*

Als der designierte Präsident und Mrs. Clinton am Tag der Vereidigung im Weißen Haus eintrafen, empfingen Mutter und Dad sie mit aufrichtiger Freundlichkeit und Herzensgüte. Wie er in einem Brief, den er Bill Clinton auf seinem Schreibtisch im Oval Office hinterließ, zum Ausdruck brachte, drückte er seinem Nachfolger fest die Daumen.
*(GBPLM/Joyce Naltchayan)*

Am Morgen meiner Vereidigung zum Gouverneur von Texas überreichte mir Mutter einen Briefumschlag von Dad, in dem sich eine von Hand beschriebene Karte und sein „wertvollster Schatz“ befanden: Manschettenknöpfe, die ihm einst seine Eltern geschenkt hatten.
*(David Woo/*The Dallas Morning News*)*

Als ich den Amtseid ablegte und formell ins Amt des Gouverneurs von Texas eingeführt wurde, wischte sich Dad eine Träne aus dem Auge. Mir fiel auf, dass wir nun unsere Rollen getauscht hatten. Nachdem ich ihn Jahre lang in seinen öffentlichen Ämtern unterstützt hatte, unterstützte er nun mich. *(Fort Worth Star-Telegram/Rodger Mallison)*

Im Verlauf meiner Amtszeit als Präsident hatte ich viele denkwürdige Treffen im Oval Office – aber keines davon war wie jenes an meinem ersten Tag, als ich mit meinem Vater in diesem majestätischen Raum stand.

*(George W. Bush Presidential Library and Museum (GWBPLM)/Eric Draper)*

Nachdem ich drei Tage nach dem 11. September eine emotionale Ansprache in der National Cathedral gehalten hatte, beugte sich Dad zu mir rüber und drückte sanft meinen Arm. Seine einfache, liebevolle Geste spendete mir Trost und vermittelte mir Mut und Stärke. *(GWBPLM/Eric Draper)*

Der 41. Präsident und ich unterhielten uns während meiner Amtszeit nicht oft übers Geschäft. Dad wusste, dass ich etliche Berater um mich hatte. Er verstand auch den Druck, den dieses Amt mit sich brachte. Mithilfe seiner Liebe und seines Humor erleichterte er mir meinen stressigen Alltag. (Im Hintergrund hängt ein Porträt von Präsident John Quincy Adams, dem Sohn von Präsident John Adams.) *(GWBPLM/Eric Draper)*

Ich liebe dieses Foto von Mutter und Dad, das sie während Lauras Rede beim Parteitag der Republikaner 2004 zeigt. Als ich wiedergewählt wurde, verheilte seine Wunde von 1992 ein wenig mehr. *(GWPLM/Paul Morse)*

Während meiner Präsidentschaft bat ich die ehemaligen Rivalen George H.W. Bush und Bill Clinton wiederholt, sich zusammenzutun und Geldspenden für die Katastrophenhilfe zu sammeln. Dieses außergewöhnliche Duo trieb Hunderte Millionen Dollar auf und entwickelte eine bemerkenswerte Freundschaft zueinander. *(GWBPLM/Eric Draper)*

Unsere Familie zu Weihnachten 2008 in Camp David. *(GWBPLM/Eric Draper)*

An einem meiner letzten Tage im Oval Office lud ich alle noch lebenden Expräsidenten sowie den nächsten Präsidenten, Barack Obama, zu mir ein. Der designierte Präsident war höflich und besonders respektvoll gegenüber Dad, den er später mit der Presidential Medal of Freedom würdigte. *(GWBPLM/Joyce N. Boghosian)*

LINKS: George Herbert Walker Bush und seine erste Urenkelin, Georgia Helena Walker Bush, im Jahr 2001. *(Barbara Bush)* RECHTS: Als Dad herausfand, dass einer seiner Agenten vom Secret Service einen zweijährigen Sohn mit Leukämie hatte, rasierte sich mein 89-jähriger Vater seinen Kopf, um so seine Solidarität mit dem Jungen auszudrücken. *(Barbara Allison)*

Bei der Einweihung des George W. Bush Presidential Center auf dem Campus der SMU in Dallas. Mein ganzes Leben lang konnte ich mit George H.W. Bush gemeinsam lachen. *(George W. Bush Presidential Center/Eric Draper)*

70 Jahre, nachdem sein Torpedobomber abgeschossen worden war und Dad in den Pazifik plumpste, sprang er an seinem neunzigsten Geburtstag aus einem völlig intakten Helikopter.

*(CA Smith Photography)*

schaftswahl, fällte das Gericht sein Urteil. Mit sieben zu zwei Stimmen bestimmten die Richter, dass der planlose Auszählungsprozess in Florida den Gleichheitssatz der Verfassung verletze. Und mit fünf zu vier Stimmen entschieden sie, dass Florida nicht in der Lage sein würde, rechtzeitig eine faire Neuauszählung zu organisieren, um die Frist des Wahlmännergremiums einzuhalten. Das Wahlergebnis stand somit fest. Ich hatte gewonnen. Nachdem ich die Nachricht erhalten hatte, dass ich neuer Präsident sei, galt mein erster Anruf Mutter und Dad. Sie waren begeistert.

Am nächsten Tag hielt ich vom texanischen Staatskapitol aus eine Rede an die Nation. Als Mutter und Dad meine Ansprache von ihrem Bett in Houston aus verfolgten, holte sie die Realität des Augenblicks ein. Dad schrieb später: »Ich sah eine Reihe von Einstellungen von George und Laura, wie sie sich an den Händen hielten. In erkannte in seiner Haltung, der Art, wie er ging, in seinem Lächeln die gleichen Eigenarten und Ausdrucksweisen, die wir schon gekannt hatten, als er noch ein kleiner Junge war.« Und er fuhr fort: »Als die Kamera sich auf George und Laura richtete, wie sie den Raum betraten, durchfuhr meinen Körper ein schier unkontrollierbares Schluchzen. Es passierte einfach. Ohne Vorwarnung, ohne zu denken, dass dies zu emotional für eine Mutter oder einen Dad wäre – einfach nur ein Ausbruch aus meinem tiefen Inneren, der meinen Körper buchstäblich erschütterte. Auch Barbara weinte. Wir hielten uns an den Händen. Kurz bevor er zu sprechen begann, sahen wir in Georges Augen die Emotion, die er verspürte. Wir kennen das so gut. Er tickte nicht aus, aber er war offensichtlich bewegt – und seine Mutter und sein Vater waren sich dessen absolut gewiss.«

Kurz vor diesem Moment, von dem sich Dad so gerührt zeigte, hatte Vizepräsident Gore eine höfliche Rede gehalten, in der er seine Niederlage einräumte. Das führte zu einen unerwarteten Telefonat. George H.W. Bush rief Al Gore an, um ihm zu seinem Wahlkampf und seiner couragierten Rede zu gratulieren. »Ich habe ein paar Mal selbst verloren«, sagte ihm Dad, »und kann nachvollziehen, wie Sie sich fühlen.«

* * *

NUR ZWEI MAL in der amerikanischen Geschichte wurde ein Präsident in Gegenwart seiner beiden Elternteile vereidigte. Das erste Mal war 1961, als Joseph und Rose Kennedy anwesend waren, wie ihr Sohn vom Obersten Bundesrichter Earl Warren vereidigt wurde. Das zweite Mal fand 2001 statt, als meine Eltern meiner Amtseinführungsfeier beiwohnten. Ich war beruhigt zu wissen, dass Mutter und Dad hinter mir saßen, als mir der Oberste Bundesrichter Rehnquist meinen Amtseid abnahm.

Nach der Vereidigung, einem Mittagessen im Kapitol und der traditionellen Parade über die Pennsylvania Avenue begab ich mich zum ersten Mal als Präsident ins Oval Office. Dad war in den ersten Stock, in die Wohnräume des Weißen Hauses gegangen, um ein warmes Bad zu nehmen und die Kälte der unter frostigen Bedingungen abgehaltenen Parade aus seinen Knochen zu vertreiben, aber als ihm Angestellte mitteilten, dass ihn der Präsident im Oval Office erwarte, erhob er sich aus der Wanne und zog einen Anzug an, um vorbeizukommen. Ein paar Minuten später schwangen die Türen auf, und er kam herein. Wir verbrachten ein paar Minuten gemeinsam, um einfach in der Atmosphäre des Augenblicks zu schwelgen. Im Verlauf meiner achtjährigen Amtszeit als Präsident hatte ich viele denkwürdige Treffen im Oval Office – aber keines davon war wie jenes an meinem ersten Tag, als ich mit meinem Vater in diesem majestätischen Raum stand.

Ich stellte klar, dass Mutter und Dad jederzeit im Weißen Haus willkommen wären. Laura und ich waren glücklich darüber, dass sie Washington regelmäßig besuchten, so etwa auch am 10. September 2001, als sie einer Vorstandssitzung einer landesweiten Vereinigung zur Bekämpfung von Krebs, bei deren Gründung sie behilflich gewesen waren, beiwohnten. An diesem Tag flog ich nach Florida, wo ich am nächsten Morgen an einem Bildungs-Event in einer Schule in Sarasota teilnehmen sollte. Mutter und Dad verließen Washington früh am Morgen des 11. Septembers, um einer Einladung nachzukommen, in Minnesota eine Rede zu halten. Später am selben Vormittag wurde Amerika von der schwersten terroristischen Attacke in unserer Geschichte heimgesucht. Es handelte sich um den ersten großen Angriff auf amerikanischem Boden seit Pearl Harbor im Jahr 1941.

Ich wusste, dass Mutter und Dad sich Sorgen um mich machen würden. Während ich mich Richtung Washington vorarbeitete, versuchte ich sie mehrmals aus der Air Force One anzurufen. Als ich sie schließlich erreichte, fragte ich sie, wo sie seien. »In einem Motel in Brookfield, Wisconsin«, lautete die Antwort meiner Mutter. »Was um alles in der Welt macht ihr denn dort?«, erkundigte ich mich. »Sohn, du hast unser Flugzeug vom Himmel geholt«, antwortete Mutter. Manche Dinge ändern sich nie. Ihr Kommentar war ein Lichtblick an einem finsteren Tag.

Drei Tage nach den Anschlägen vom 11. September nahm ich an einem Gottesdienst in der National Cathedral teil. Die ehemaligen Präsidenten Clinton, Carter und Ford sowie die Richter des Obersten Gerichtshofs, die Mitglieder beider Kammern des Kongresses und – was mir am wichtigsten war – Laura und meine Eltern waren auch da. »Nach nur drei Tagen, die nun vergangen sind, verfügen die Amerikaner noch nicht über den Abstand, den man zu geschichtlichen Ereignissen hat«, sagte ich. »Aber unsere Verantwortung vor der Geschichte steht bereits fest: nämlich auf diese Angriffe zu reagieren und die Welt vom Bösen zu befreien. Es wurde ein hinterhältiger, heimtückischer und mörderischer Schlag gegen uns geführt. Diese Nation ist friedlich, aber auch unerbittlich, wenn man ihren Zorn erweckt. Der Zeitpunkt und die Bedingungen dieses Konflikts wurden uns aufgezwungen. Doch wird er auf eine Weise und zu einer Stunde enden, die wir bestimmen werden.«

Diese Ansprache vorzutragen, ohne dabei die Fassung zu verlieren, war sehr schwer. Vielen Menschen in der Kathedrale flossen Tränen über ihre Wangen, darunter auch einigen Armeeangehörigen. Meine Strategie war es, nicht zu Laura oder meinen Eltern hinüberzusehen, weil ich wusste, dass es das Fass zum Überlaufen bringen würde, wenn ich sie anblickte. Zum Glück schaffte ich es, die Rede zu beenden, und kehrte zu meiner Kirchenbank zurück. Die ehemaligen Präsidenten und ihre Familien saßen in der Reihenfolge ihrer Präsidentschaft, aber Dad hatte Bill Clinton gefragte, ob es nicht möglich sei, die Plätze zu tauschen, sodass Mutter und er neben Laura und mir sitzen könnten. Bill hatte freundlicherweise zugestimmt. Ich hatte mich nun gerade hingesetzt, als Dad sich zu mir beugte und sanft meinen Arm drückte. Ich stand emotional auf der Kippe, doch seine einfache, liebevolle Geste spendete mir Trost und vermittelte mir Mut und Stärke.

MUTTER UND DAD besuchten mich über die Jahre hinweg noch viele weitere Male im Weißen Haus. Einer ihrer schönsten Besuche ereignete sich im Januar 2005, als Laura und ich anlässlich ihres 60-jährigen Hochzeitsjubiläum zu einer Feier luden. Die ganze Familie kam zu einem Dinner, die Herren im Smoking. Liebevolle Trinksprüche wurden vorgetragen, und es wurde viel gelacht. Nach ihrem 54. Hochzeitstag hatten meine Eltern John und Abigail Adams als am längsten verheiratetes präsidiales Ehepaar abgelöst. Zum jetzigen Zeitpunkt fehlen ihnen nur mehr wenige Monate, um ihren Rekord auf 70 Ehejahre auszubauen. Auf seine für ihn so typische Art und Weise schrieb mir Dad ein paar Worte nach der Feier. »Ich nehme an, ich mit meinen über 80 Lenzen darf behaupten, dass ich schon vielen wunderbaren Veranstaltungen beigewohnt habe; aber für uns reicht keine an diese Gala heran. … Jung und alt, Verwandte und Nichtverwandte, Patrizier und Plebejer, alle amüsierten sich großartig. Ich danke dir so viele Male und aus alleraller-tiefstem Herzen.«

Dad und ich unterhielten uns regelmäßig während meiner Präsidentschaft, obwohl das nicht gezwungenermaßen die Themen betraf, von denen manche Leute ausgingen. In der Limousine nach einer Rede zur Lage der Nation oder irgendeiner anderen wichtigen Ansprache erhielt ich oft einen Anruf vom Telefonisten des Weißen Hauses: »Mr. President, Ihr Vater ist in der Leitung.« Dad bot mir stets aufmunternde und tröstende Worte an. Während meiner Präsidentschaft kommunizierte ich nicht mittels E-Mail, aber Dad schickte dennoch oft Kalauer oder kurze, witzige Bemerkungen an meine hochrangigen Berater, da er wusste, dass sie sie ins Oval Office weiterleiten würden, um meinen Tag zu erhellen. 2007 schickte er etwa diese Nachricht: »Ein 80 Jahre alter Mann wird wegen Ladendiebstahls festgenommen. Als er dem Richter vorgeführt wird, fragt ihn dieser, was er denn gestohlen habe. Er antwortet ihm: ›Eine Dose Pfirsiche.‹ Daraufhin will der Richter wissen, wie viele Pfirsiche sich in der Dose befinden. ›Sechs‹, antwortet der Mann. ›Dann verurteile ich Sie zu sechs Tagen im Gefängnis‹, sagte der Richter. Da meldet sich die Frau des Mannes zu Wort: ›Er hat auch ein Dose Erbsen geklaut!‹« George Bush verstand den Druck des Präsidentenamtes und die Kraft des Lachens, um Stress abzubauen. Sein Humor war oftmals genau das Richtige für mich.

Ab und zu unterhielten wir uns aber auch über den Job an sich. Eine häufiges Thema waren dabei Personalentscheidungen. Als ich mir Gedanken dazu machte, wen ich für das Amt des Vizepräsidenten vorschlagen sollte, rief ich ihn an, um ihn zu fragen, was er von seinem ehemaligen Verteidigungsminister Dick Cheney in diesem Amt halte. Ohne zu Zögern antwortete er: »Dick wäre eine großartige Wahl. Er würde dir mit aufrichtigem und zuverlässigem Rat zur Seite stehen. Und du müsstest dir nie Sorgen machen, dass er etwas hinter deinem Rücken macht.« Er lag damit genau richtig. Acht Jahre lang durfte ich mich glücklich schätzen, Vizepräsident Cheney an meiner Seite zu haben.

Kurz nach den Wahlen rief ich Dad wegen eines weiteren ehemaligen Mitglieds seines für die nationale Sicherheit zuständigen Teams an, den Ex-Vorsitzenden der Vereinigten Stabschefs. Ich trug mich mit dem Gedanken, ihn zu meinem Außenminister zu machen. Es wäre meine erste Entscheidung bezüglich meines Kabinetts. »Colin wird auf der ganzen Welt respektiert«, meinte Dad. »Er wäre ein toller Außenminister.«

Jahre später, als ich einen Wechsel an der Spitze des Verteidigungsministeriums in Erwägung zog, erkundigte ich mich telefonisch nach seiner Meinung zu Bob Gates, seinem vormaligen Deputy National Security Adviser und CIA-Direktor, der in weiterer Folge als Präsident der Texas A&M tätig war.

»Dad, ich überlege, Bob Gates zum Verteidigungsminister zu ernennen«, sagte ich. »Hast du dazu irgendwelche Gedanken?«

»Ja, habe ich«, sagte er. »Ich habe den allerhöchsten Respekt vor Bob Gates und denke, dass er einen erstklassigen Job machen wird.«

»Denkst du, dass er zusagen wird?«, fügte er noch hinzu.

»Alles deutet darauf hin, dass er das wird«, antwortete ich.

»Ihn zu verlieren, wäre ein großer Verlust für A&M, aber ein großer Gewinn für das Land«, meinte Dad.

Da hatte er Recht. Bob Gates leistete gute Arbeit als Verteidigungsminister – und Präsident Obama behielt ihn, nachdem er ins Weiße Haus eingezogen war, im Amt, womit Bob Gates zum ersten Verteidigungsminister wurde, der unter zwei Präsidenten aus zwei verschiedenen Parteien diente.

Während meiner Präsidentschaft unterhielt ich mich mit Dad nicht viel über die politische Ausrichtung. Er verstand besser als jeder andere, dass der Präsident umgeben ist von Experten, die ihn mit detaillierten Informationen bezüglich der Kernthemen versorgen. Wenn ich ihn um Rat zu einer politischen Angelegenheit gebeten hätte, wäre seine Antwort gewesen: »Schick mir deine Jungs, die mich auf den neuesten Stand bringen, damit ich weiß, worüber ich spreche.« Er wusste, dass ich mit vielen Meinungen konfrontiert war. Als Vater des Präsidenten hatte er etwas anderes zu bieten: die Liebe und den Zuspruch, die ich brauchte, um mit dem Druck, den der Posten mit sich brachte, zurechtzukommen.

Ein Aspekt, der Dad besonders interessierte, war mein Verhältnis zu anderen Staatschefs. Während seiner Politlaufbahn war er stets ein Meister der persönlichen Diplomatie gewesen – davon, Menschen kennenzulernen und ihr Vertrauen zu gewinnen. Ich hatte mit eigenen Augen gesehen, wie effektiv diese Herangehensweise gewesen war. Ich führte Hunderte privater Gespräche (und noch mehr Telefonate) mit meinen wichtigsten Amtskollegen rund um die Welt. Ich lud sie nicht nur ins Weiße Haus ein, sondern auch nach Camp David, auf unsere Ranch in Crawford sowie nach Walker's Point.

Anfang 2007 rief ich Dad an und fragte ihn, ob er den russischen Präsidenten Wladimir Putin nach Walker's Point einladen würde. Ich war der Meinung, dass dies der perfekte Ort wäre, um die Raketenabwehrsysteme zu besprechen, die wir in Polen und Tschechien installieren wollten.

Dad war von der Idee begeistert. »Lass mich einfach wissen, was du brauchst, Sohn«, ließ er mich wissen.

Als Putin am 1. Juli 2007 eintraf, holte ihn Dad vom Flughafen in New Hampshire ab und begleitete ihn auf dem Helikopterflug nach Walker's Point. Dann nahm er uns beide noch mit auf eine Fahrt mit seinem Speedboot. Obwohl er zuerst noch Bedenken hatte, sich von einem

83-jährigen Ex-Präsidenten in dessen Boot bei maximaler Geschwindigkeit kutschieren zu lassen, liebte Putin den wilden Ritt. (Sein Dolmetscher wirkte hingegen, als würde er gleich heckseitig aus dem Boot ins Wasser plumpsen.) Am nächsten Morgen hatten wir eine lange Unterredung bezüglich der Raketenabwehr, in der wir uns bezüglich dieses Themas ein wenig näherkamen. Im Anschluss daran gingen wir fischen. Passenderweise war Putin der Einzige, bei dem irgendetwas anbiss.

ALS DIE WAHLEN 2004 nahten, dachte ich natürlich zurück an die Niederlage meines Vaters im Jahr 1992. In mancherlei Hinsicht ähnelte meine Situation jener von Dad. So wie er hatte auch ich während meiner ersten Amtszeit zeitweise Zustimmungswerte von um die 90 Prozent: in meinem Fall nach dem 11. September, in seinem nach dem Golfkrieg. Diese Zahlen nahmen mit der Zeit ab, und mein Wettstreit gegen den Kandidaten der Demokratischen Partei, Senator John Kerry aus Massachusetts, schien eng zu werden. Am Wahlabend versammelte sich meine gesamte Familie im Weißen Haus. Ich denke, dass Dad dieses Mal noch nervöser war als vier Jahre zuvor. Er erinnerte sich an die Agonie von 1992 und wollte nicht, dass ich den gleichen Schmerz erleiden müsse. Am Ende der Wahlnacht hatte ich einen soliden Vorsprung, aber Kerry hatte sich noch nicht geschlagen gegeben. Früh am nächsten Morgen brachen Mutter und Dad nach Houston auf. Später am selben Morgen rief schließlich John Kerry an, um höflich zu gratulieren. Ich wurde zum ersten Präsidenten seit Dad im Jahr 1988, der die absolute Mehrheit der Wählerstimmen im ganzen Land erreichen konnte. Als ich ihn anrief, um ihm die guten Nachrichten zu übermitteln, schwang in seiner Reaktion mehr Erleichterung als Begeisterung mit. Die Wunde, die 1992 bei ihm hinterlassen hatte, verheilte ein wenig mehr.

AM TAG NACH Weihnachten 2004 verwüstete ein schrecklicher Tsunami im Indischen Ozean die Küsten mehrerer asiatischer Staaten. Die Flutwelle – mancherorts 30 Meter hoch – tötete über 200.000 Menschen. Ich entsandte die Navy, um bei der Rettungsaktion zu helfen. Außerdem beschloss ich, Dad und Bill Clinton darum zu bitten, die Leitung einer privaten Spendensammlung zu übernehmen. Ich ging davon aus, dass eine solche Initiative unter der Schirmherrschaft dieser beiden ehemaligen Rivalen ein wichtiges Signal in Bezug auf Amerikas Engagement an jene senden würde, die von der Katastrophe betroffen waren.

Ich telefonierte mit Dad und Clinton, um sie in meinen Plan einzuweihen. Beide stimmten bereitwillig zu und sammelten eine eindrucksvolle Geldsumme für die Katastrophenhilfe. Ihre Anstrengungen umfassten unter anderem auch einen längeren gemeinsamen Besuch im Katastrophengebiet. Sie waren sich im Laufe der Jahre zwar oftmals im Rahmen offizieller Veranstaltungen begegnet, doch kannten sie einander nicht wirklich. Dies sollte sich während ihres Trips ändern. Ihr Militärflugzeug verfügte nur über ein Bett und Clinton überließ es großzügig George Bush, damit dieser jede Nacht darin schlafen konnte. Dad wusste diese rücksichtsvolle Geste zu schätzen. So wie viele bewunderte er Clintons überschäumende Energie und sein aufrichtiges Interesse an Menschen. Abseits des politischen Dampfdrucktopfes eines Wahlkampfes war es schwer, den Mann nicht zu mögen. Die Freundschaft, die sich zwischen den beiden entwickelte, war etwas, das ich so nicht erwartet hatte.

Nach den Hurrikans Katrina und Rita, welche die Golfküste im Jahr 2005 heimgesucht hatten, entschied ich, das ungewöhnliche Duo erneut zusammenzuspannen. Wieder erklärten sie sich gerne bereit, der Region etliche Besuche abzustatten und gemeinsame Clips zu drehen, um der Öffentlichkeit die Not der Opfer vor Augen zu führen. Ihre überparteiliche Zusammenarbeit brachte schließlich über 100 Millionen Dollar an Privatspenden ein. Als dann 2008 Hurrikan Ike zuschlug, rief ich die Präsidenten Nummer 41 und 42 noch ein drittes Mal zu Hilfe – und wieder leisteten sie hervorragende Arbeit.

Die Freundschaft, die sich durch ihren gemeinsamen Dienst an der Öffentlichkeit ergab, sollte andauern. Bill Clinton besucht meine Eltern regelmäßig in Maine. Mit der Zeit kristallisierte sich heraus, dass Clinton in Dad eine Art Vaterfigur sah, womöglich deshalb, weil Clinton seinen eigenen Vater nie kennengelernt hatte. Mutter fing sogar an, ihn ihren »lange verschollenen fünften Sohn« zu nennen. Für Marvin ist er ein »Bruder von 'ner andern Mutter«. Clinton griff das Bild gerne auf und bezeichnete sich in weiterer Folge als »schwarzes Schaf der Familie Bush«. Er scherzte, dass Barbara Bush einfach alles tue, um noch einen Präsidenten für ihre Familie reklamieren zu können. Rückblickend wundere ich mich nicht über die Beziehung, die sich zwischen George Bush und Bill Clinton ergab. Dad ist ein höflicher Mann, dem es immer gelang, das Beste in anderen Menschen zu sehen. Nicht einmal der schmerzlichste Moment seiner politischen Karriere stellte ein Hindernis dar, sich mit jenem Mann, der ihm diese Niederlage zugefügt hatte, anzufreunden.

Als 2009 meine zweite Amtszeit ihr Ende fand, war ich der erste Präsident, dem das Glück zuteilwurde, dass bei seinem Auszug aus dem Weißen Haus noch seine beiden Elternteile am Leben waren. Zu einem meiner letzten Meetings im Weißen Haus lud ich die drei noch lebenden ehemaligen US-Präsidenten – Bill Clinton, Dad und Jimmy Carter – sowie meinen Nachfolger im Amt, Barack Obama, zu mir ins Oval Office ein. Obwohl wir politisch für unterschiedliche Ausrichtungen standen, genossen wir die Möglichkeit, in diesem Büro, in dem wir alle tätig gewesen waren, beisammen zu sitzen und dem Neuankömmling ein paar Ratschläge zu geben. Der designierte Präsident war besonders höflich gegenüber Dad. Es war offensichtlich, dass er George Bush aufrichtig respektierte und bewunderte. Zwei Jahre später sollte Präsident Obama ihn schließlich mit der Presidential Medal of Freedom, der höchsten zivilen Auszeichnung, die ein Präsident verleihen kann, auszeichnen. Nachdem er Dads Leistungen noch einmal in Erinnerung gerufen hatte, sagte Präsident Obama: »Sein Leben ist der Beweis dafür, dass der Staatsdienst eine noble Berufung ist.«

In einer Ära, die durch erbitterte Rivalität zwischen den Parteien gekennzeichnet war, setzte George Bush ein Zeichen, indem er Anstand und Verbindlichkeit über die hässlichen Abgründe der Politik stellte. Als der einflussreiche demokratische Kongressabgeordnete Dan Rostenkowski wegen der Rolle, die er in einem Korruptionsskandal – dem sogenannten *Congressional Post Office Scandal* – gespielt hatte, zu einer Haftstrafe verurteilt wurde, wandten sich die meisten seiner ehemaligen Kollegen in Washington von ihm ab. Nicht so George Bush. Er und Rosty kannten sich bereits seit ihrer gemeinsamen Zeit im Steuerbewilligungsausschuss.

Dad rief Rosty im Gefängnis an, in der Hoffnung, ihn aufheitern zu können und ihm die Zeit zu vertreiben. Vielleicht half es Rosty ja auch ein wenig, dass der Gefängnisdirektor wusste, dass zu jeder Zeit der ehemalige Präsident anrufen konnte.

Anfang 2014 legte Präsident Obama, der in Texas nicht gerade beliebt ist, auf dem Weg zu einem Event, in dessen Rahmen das bürgerrechtliche Vermächtnis von Lyndon B. Johnson gefeiert werden sollte, einen Zwischenstopp in Houston ein, um an einer politischen Spendenveranstaltung teilzunehmen. Als er aus der Air Force One ausstieg, erwartete ihn auf dem Asphalt des Rollfeldes bereits George H.W. Bush in seinem Rollstuhl. »Wenn der Präsident deine Heimatstadt besucht«, sagte dieser, »dann lässt man sich blicken, um ihn willkommen zu heißen.«

Dad ging auch in mancherlei anderer Hinsicht mit gutem Beispiel voran. Er spielte weiterhin Golf, angelte und unternahm bis weit ins seine Achtziger hinein lange Spaziergänge. Wie er in einem Interview nach seinem Fallschirmsprung anlässlich seines achtzigsten Geburtstags erklärte: »Bloß weil man ein alter Kerl ist, muss man nicht unbedingt sabbernd in einer Ecke herumsitzen. Mach dich auf und unternimm etwas. Geh hinaus und genieße das Leben.«

Um 2010 herum begann Dads trainierter Körper, langsam seinen Dienst zu quittieren. Bei ihm wurde Parkinsonismus diagnostiziert, wobei es sich um ein der Parkinsonschen Krankheit ähnliches Leiden handelt, das die Fähigkeit, seinen Unterkörper zu bewegen, stark einschränkt. Er kann nun nicht länger trainieren, wie er das einst so gerne tat. Irgendwann konnte er auch nicht mehr gehen und musste in einem Rollstuhl Platz nehmen. Bald fiel ihm dabei auf, dass nun seinen Socken eine viel prominentere Rolle zufiel, weshalb er anfing, bunte zu tragen. Seine Lieblingsfarben hierbei sind die amerikanischen Landesfarben: rot, weiß und blau. Obwohl es ihm Mühe bereitet, sich aus seinem Rollstuhl zu erheben und sich hineinzusetzen, nimmt er immer noch Einladungen zu öffentlichen Veranstaltungen wahr. Immerhin ist er ja der Präsident, der den *Americans with Disabilities Act* unterzeichnet hat. Auch schreibt er weiterhin fleißig Briefe und empfängt unablässig Leute bei sich zu Hause in Houston und besonders gern auf Walker's Point. Wie immer schon kümmert er sich mit Vorliebe um die Anliegen jener, die sich in einer Notlage befinden. Als er etwa erfuhr, dass der zweijährige Sohn eines seiner Secret-Service-Leute wegen Leukämie behandelt wurde, rasierte sich mein 89-jähriger Vater aus Solidarität mit dem Jungen den Schädel kahl.

Dad tut solche Dinge nicht, um die Aufmerksamkeit auf sich zu lenken. Er orientiert sich nur an den Werten, die schon sein ganzes Leben bestimmt haben. Eines seiner Lieblingszitate lautet: »Verbreite die Frohe Botschaft zu jeder Zeit – und wenn dir nichts anderes übrigbleibt, verwende eben Worte.« Mit der Zeit fingen die Leute an, davon Notiz zu nehmen, und Dad wurde eine Welle der Zuneigung seitens der Öffentlichkeit zuteil. Ich bin so glücklich, dass George Bushs Leistungen sowie sein Charakter jene Anerkennung erhalten, die sie sich verdient haben – und dass er das auch mitbekommen darf. Zahlreiche Institutionen haben Dinge nach ihm benannt: Da gibt es etwa den George Bush Intercontinental Airport in Houston, das CIA-Hauptquartier namens George Bush Center for Intelligence in Langley, Virginia, den George Bush Turnpike in Dallas sowie – was ihm wahrscheinlich am besten gefällt – die USS *George H.W. Bush*, ein Flugzeugträger der Nimitz-Klasse.

SO HINGEBUNGSVOLL er auch stets seinem Dienst an der Öffentlichkeit nachgekommen war, am wichtigsten ist George H.W. Bush seine Familie. Als er sagte, dass er nun nicht länger nach Glückseligkeit zu streben brauche, da er sie bereits gefunden habe, meinte er damit seine Familie. Seine besondere Zuneigung gilt seinen Enkel- und Urenkelkindern. Er investiert enorm viel Zeit und Energie, um zu jedem einzelnen von ihnen eine Beziehung aufzubauen, und umhegt sie mit seiner Liebe. So verschickt er Karten und E-Mails, um ihnen zu einer Rolle in einer Schulaufführung oder einem gelungenen Auftritt bei einem Baseballspiel zu gratulieren. Und im sommerlichen Maine genießt er es, wenn sie endlich zu Besuch kommen.

Im November 2012 musste Dad wegen eines schweren Hustens ins Houston Methodist Hospital einchecken. Als Laura und ich ihn dort ein paar Tage später besuchten, trug er ein Korsett um seinen Bauch und litt offenbar unter starken Schmerzen. »Wie fühlst du dich, Dad?«, erkundigte ich mich. Er lächelte und munterte uns mit witzigen Kommentaren auf – wie es eben seine Art ist.

Sein Zustand verschlechterte sich Anfang Dezember. Aus dem brutalen, trockenen Husten wurde schließlich eine Lungenentzündung. Ich telefonierte oft mit ihm, da ich seine Stimme hören wollte, um einschätzen zu können, wie stark er noch war. Am Ende jedes Gesprächs sagte ich ihm, dass ich ihn liebe. Er antwortete darauf immer mit: »Ich liebe dich noch mehr.«

Da wir das Schlimmste befürchteten, versammelte sich unsere Familie um Dad. Mein Bruder Neil verbrachte Stunden an seiner Seite und las ihm vor. Jeb, Marvin und Doro kamen jeweils mit ihren Familien auf Besuch. Laura und ich statteten ihm im Dezember einen weiteren Besuch ab. Dieses Mal begleiteten uns Barbara und Jenna, die im fünften Monat schwanger war. Bevor wir zu ihm hineingingen, erklärte ich allen, dass sie nicht weinen sollten. Ich wollte nicht, dass Dad unsere Verzweiflung mitbekam. Als wir eintraten, konnte er kaum seine Augen öffnen. Sein Stimme war schwach.

»Hi, George, wie geht es dir? Und da ist ja Laura. Hi, Hübsche.« Er lehnte sich entspannt zurück, während ihm Barbara und Jenna den Kopf streichelten. Dann streckte er seinen Arm aus und legte sanft seine Hand auf Jennas Babybauch.

»Es gibt den Tod«, sagte er, »und es gibt neues Leben.« Wir alle verließen den Raum unter Tränen.

Vor langer Zeit war Lieutenant Bush nur knapp dem Tod im Pazifik entronnen. Im Verlauf der nächsten 70 Jahre machte er das Beste aus dem Leben, das Gott damals verschont hatte. Er und meine Mutter zogen sechs Kinder auf, die sie alle sehr liebten. Er diente seinen Mitbürgern auf höchster Ebene, indem er vor allem danach strebte, den Frieden zu fördern. George Bush lebte ein gottesfürchtiges Leben und war seiner Familie ergeben. Im Winter 2012, als er sich immer noch schwach fühlte, erinnerte ich ihn daran, dass im folgenden April meine Präsidentenbibliothek eröffnet würde.

»Ich werde da sein, Sohn«, sagte er.

Und tatsächlich, als an einem wunderschönen sonnigen Tag in Dallas der gegenwärtige und die vormaligen Präsidenten sich auf dem Gelände der SMU versammelten, war auch George H.W. Bush zur Stelle. Er hatte sich durch die Krankheit gekämpft, war wieder gesund geworden und saß nun aufrecht in seinem Rollstuhl. Als er an der Reihe war, ein paar Worte vorzutragen, klang seine Stimme kräftig. »Es ist mir ein großes Vergnügen, heute zu Ehren meines Sohnes – unseres ältesten Sohnes – hier zu sein«, sagte er und gab sein Bestes, seine Emotionen unter Kontrolle zu behalten. »Das hier ist etwas ganze Besonderes für Barbara und mich. (...) Wir sind froh, hier zu sein. Gott schütze Amerika, und danke vielmals.« Die versammelte Menschenmenge würdigte ihn mit stehenden Ovationen. Ich wusste den Moment zu schätzen, denn wenige Monate zuvor hatte er noch wie ein unwahrscheinlicher Traum gewirkt. Dann wandte er sich mir zu.

»Zu lange?«, fragte er mit einem Glitzern in den Augen.

»Perfekt, Dad«, sagte ich.

# DANKSAGUNGEN

MEIN VATER LEHRTE MICH, das Rampenlicht zu teilen – und ich kann mich glücklich schätzen, so vielen Menschen für ihre Mithilfe an diesem Buch meinen Dank aussprechen zu dürfen. Auf meiner Liste ganz oben steht natürlich George Herbert Walker Bush. Als ich die Arbeit an diesem Buch in Angriff nahm, hatte das Gedächtnis meines Vaters bereits nachgelassen. Außer einer gelegentlichen Erinnerung trug er nicht direkt zur Recherche oder dem Schreibprozess bei. Doch sein Archiv an Briefen und Tagebüchern stellte eine schier unbezahlbare Ressource für mich dar. Seine Aufzeichnungen brachten mich regelmäßig zum Schmunzeln, und mitunter musste ich mir auch eine Träne aus dem Auge wischen.

Ich stellte Mutter während der Entstehung dieses Buchs viele Fragen. Sie versorgte mich mit einigen Fakten und etlichen Meinungen. Sie verfügt immer noch über ein erstaunliches Gedächtnis bezüglich ihrer 70 Jahre als Mrs. Barbara Bush – und die Schärfe ihres Witzes hat kein bisschen abgenommen. Ihren geschichtlichen Status muss sie höchstens mit Abigail Adams teilen, und sie ist definitiv ihr eigenes Buch wert. Ich habe nicht vor, es zu schreiben, aber eines kann ich verraten: Meine Mutter beeinflusste mich keinen Deut weniger als mein Vater. Jeden Tag meines Lebens war ich dankbar für ihr Engagement, ihren Humor und ihre Liebe.

Ich bin nicht das erste Kind George Bushs, das eine Biografie über ihn verfasst hat. Meine Schwester Dorothy schrieb das ausgezeichnete *My Father, My President*, das mich mit Ideen und Inspiration versorgte. Mein Bruder Marvin las das Manuskript dieses Buchs durch, und es stellte sich heraus, dass er ein fähiger Lektor ist. Meine Brüder Neil und Jeb versorgten mich mit Anekdoten, obwohl Jeb sich ja dieser Tage eigentlich mit anderen Gedanken zu befassen hat. Auch die Geschwister meines Vaters – meine Tante Nancy, Onkel Jonathan und Onkel Buck – nahmen sich die Zeit, um sich mit mir über dieses Projekt zu unterhalten. (Leider verstarb mein Onkel Prescott schon 2010.) Ich weiß die Erinnerungen, die sie mit mir teilten, und ihre Liebenswürdigkeit, die sie mir mein ganzes Leben lang zum Ausdruck brachte, sehr zu schätzen.

Wie alles in meinem Leben wurde auch dieses Buch besser durch die Anteilnahme meiner Frau und meiner Töchter. Laura, Barbara und Jenna beantworteten Fragen, steuerten von sich selbst aus Ideen bei und schenkten mir unablässig ihre Liebe und Unterstützung – das gilt ebenso für meinen Schwiegersohn Henry und meine Enkelin Mila, die am 13. April 2013 in unser Leben trat (ungefähr zwei Monate vor dem 89. Geburtstag ihres Urgroßvaters). Wie Dad so gerne betont: Die Familie ist es, die am meisten zählt. Somit darf ich mich einen sehr glücklichen Mann schätzen.

Außerdem durfte ich mich glücklich schätzen, auch von vielen Menschen abseits meines Familienkreises Unterstützung zu erhalten, wobei ich mich zuerst einmal bei meinem lieben Freund Chris Michel bedanken möchte. Chris ist einer der hellsten Köpfe in unserem Land, und ich will mich aufrichtig bei ihm bedanken.

Auch Bob Barnett gebührt mein Dank. In der Welt der Veröffentlichung von politischen Büchern gibt es nämlich Bob Barnett – und dann eben noch die anderen. Ich bin dankbar für seinen Humor, seinen Rat und seine Geduld (die man vermutlich etwas leichter aufbringen kann, wenn man nach Stundentarif abrechnet). Bob ist jedenfalls mehr als ein Agent – er ist ein Freund.

Als ich anfing, dieses Buch zu schreiben, war ich mir nicht sicher, wann (und ob) ich es veröffentlichen würde. Einer der Gründe, warum es schließlich gedruckt wurde, ist das umwerfende Team von Crown Publishers. Zum zweiten Mal innerhalb von vier Jahren hatte ich das Glück, mit Maya Mavjee und Tina Constable zusammenzuarbeiten. Sie waren schon daran beteiligt, mein letztes Buch zu einem Bestseller zu machen, und ermutigten mich, das literarische Äquivalent zu einer Wiederwahl zu versuchen. Dieses Mal profitierte ich darüber hinaus von der exzellenten Anleitung der Lektorinnen Mary Choteborsky und Molly Stern. Mary und Molly waren stets einfallsreich, ermutigend und zugänglich – und das oftmals kurzfristig. Ich danke ihnen und allen anderen bei Crown, die dabei halfen, dieses Projekt erfolgreich umzusetzen, darunter etwa auch dem stellvertretenden Verleger David Drake und dem Audioproduzenten Dan Zitt sowie dem ganzen Team, das für das Design und die Produktion zuständig war: Emma Berry, Amy Boorstein, Chris Brand, Linnea Knollmueller, Rachel Meier, Aja Pollock, Elizabeth Rendfleisch und Neil Spitkovsky.

Dieses Buch profitierte auch von der Recherche und der Hilfe vieler anderer. Emily Kropp Michel begab sich auf die Spur obskurer historischer Details, sammelte illustre Storys und Zitate und verifizierte zahllose Fakten. Zwei gute Freunde – die ehemalige Außenministerin Condi Rice sowie der ehemalige Nationale Sicherheitsberater Steve Hadley – lasen das Manuskript und halfen mir mit zahlreichen wertvollen Vorschlägen.

Eine weitere vertrauliche Vorableserin war die unvergleichliche Jean Becker, die seit 20 Jahren als Stabschefin meines Vaters fungiert und im Grunde bereits ein Mitglied der Familie Bush ist. Jean unterstützte dieses Projekt vom ersten Tag an, und es wäre ohne ihre Hilfe nicht durchführbar gewesen. Ich bin auch Dads anderen gegenwärtigen und ehemaligen Stabsmitgliedern wie etwa Jim McGrath und Coleman Lapointe dankbar dafür, dass sie meine Anrufe entgegennahmen. Außerdem möchte ich auch meine Wertschätzung für die Angestellten der George Bush Presidential Library sowie der George W. Bush Presidential Library – unserer Präsidentenbibliotheken – zum Ausdruck bringen. Sie verbrachten viele Stunden in den jeweiligen Archiven, um mir bei diesem Projekt unter die Arme zu greifen. Vor allem Bob Holzweiss, Debbie Wheeler und Mary Finch in der Bibliothek des 41. sowie Jodie Steck und Sarah Barca in der Bibliothek des 43. Präsidenten gilt mein großer Dank.

Abschließend bedanke ich mich auch noch beim Team meines persönlichen Büros, das von meinem kompetenten Stabschef Mike Meece geleitet wird, der mir ebenfalls mit wertvollen Ratschlägen zur Seite stand. Freddy Ford war mehr als nur ein sehr guter Lektor. Er war es auch, der die wunderbaren Fotostrecken zusammenstellte, während er mir als Communications Director und persönlicher Assistent diente. Logan Dryden und Caroline Nugent lieferten wichtige Beiträge während der gesamten Dauer des Projekts, und jeder im Office half, um das Buch Wirklichkeit werden zu lassen: Brian Cossiboom, Harrison Horowitz, Christina Piasta, Carol White und Tobi Young ebenso wie Caroline Hickey und Audrey Akers, die Lauras Stab angehören.

Als ich mit diesem Projekt begann, wusste ich, dass viele Menschen George H.W. Bush zu schätzen wissen. Was ich allerdings noch nicht gänzlich begriffen hatte, war die Tatsache, wie viele ihn tatsächlich verehren. Meine größte Aufgabe bestand darin, festzuhalten, was für eine umfangreiche Auswirkung mein Vater auf mein Leben sowie das Leben vieler anderer hatte. Ich folgte einem Rat, den ihm seine Mutter gegeben hatte, und versuchte, stets mein Bestes zu geben. Ich hoffe, das Resultat ist ein gutes Buch, denn ich weiß, dass die Geschichte dahinter wahrlich großartig ist.

# REGISTER

George W. Bush

**ENTSCHEIDUNGPUNKTE**

Hardcover, ca. 576 Seiten

Mit 32 Seiten Privatfotos
der Familie Bush

ISBN 978-3-85445-488-5

Auch als E-Book erhältlich mit
der ISBN 978-3-85445-489-2

Erscheint im Frühjahr 2016

**„Eine unerwartet fesselnde Autobiografie"**
***– Los Angeles Times***

**„Interessant … überzeugend … beinhaltet wunderbare und aufschlussreiche persönliche Beobachtungen."**
***– Wall Street Journal***

www.bushcenter.com

George W. Bush, der 43. Präsident der USA, lenkte acht Jahre lang die Geschicke seines Landes – acht Jahre, die zu den folgenreichsten in der amerikanischen Geschichte zählten. Die Entscheidungen, die über seinen Schreibtisch gingen, beeinflussten das Schicksal von Menschen auf der ganzen Welt und gestalteten die Zeit, in der wir heute leben.

In seiner bewegenden Biografie berichtet George W. Bush über die kritischen Augenblicke, die seine Präsidentschaft und sein Privatleben prägten. Der Leser begleitet ihn dabei, wie er in der Gouverneursresidenz von Texas die Wahlnacht 2000 erlebt und in den schrecklichen Stunden nach den Angriffen am 11. September 2001 an Bord der Air Force One sitzt, wie er mit seinen Beratern den Beginn des Irakkriegs beobachtet und im Oval Office seine historischen und umstrittenen Beschlüsse zur Finanzkrise, Hurrikan Katrina, Afghanistan, Iran und anderen weltumspannenden Problemen fasst. Ehrlich und direkt schreibt er von seinen Fehlern und Schwächen, aber auch von den Erfolgen bei der Bildungsreform, dem Kampf gegen AIDS in Afrika und beim Schutz seines Landes vor terroristischen Angriffen. Und auch Privates kommt zur Sprache – seine Alkoholprobleme, seine Rückkehr zum Glauben und das Verhältnis zu seiner Familie.

Eine bahnbrechende Autobiografie, die Kritikern wie Freunden dieses umstrittenen Politikers neue Einsichten vermitteln wird!